0914-3
4,04

ES

Organisation von Telearbeit

Rechtliche und
betriebswirtschaftliche Lösungen

von

Prof. Dr. Frank Bieler, Braunschweig
Prof. Dr. Jens Cordes, Burgdorf
Prof. Dr. Axel Kaune, Hildesheim
Prof. Dr. Klaus Lammich, Berlin
Prof. Dr. Georg Westermann, Wernigerode

sämtlich Hochschule Harz, Wernigerode

ERICH SCHMIDT VERLAG

Die Deutsche Bibliothek – CIP-Einheitsaufnahme

Bieler, Frank:
Organisation von Telearbeit : rechtliche und betriebswirtschaftliche Lösungen / Frank Bieler . . . . - Berlin : Erich Schmidt, 2001
 ISBN 3-503-06040-5

ISBN 3 503 06040 5

Alle Rechte vorbehalten
© Erich Schmidt Verlag, Berlin 2001
www.erich-schmidt-verlag.de

Dieses Papier erfüllt die Frankfurter Forderungen
der Deutschen Bibliothek und der Gesellschaft für das Buch
bezüglich der Alterungsbeständigkeit und entspricht sowohl den
strengen Bestimmengen der US Norm Ansi/Niso Z 39.48-1992
als auch der ISO Norm 9706.

Satz: multitext, Berlin
Druck: Hubert & Co., Göttingen

Vorwort

Telearbeit erscheint zunehmend als Begriff in der Arbeitswelt. Auch wenn er mit Schlagworten wie Arbeitszeit-Flexibilisierung, Familienfreundlichkeit, Humanisierung der Arbeitswelt, Umweltbewusstsein, Kostenersparnis und virtuellen Betrieben, aber auch mit Vereinsamung und Isolation, Verschlechterung von Einkommensmöglichkeiten und Karrierechancen, Selbstausbeutung, Entsolidarisierung und Wegfall sozialer Schutzregelungen und -mechanismen verbunden wird, die Bewertungen nicht nur positiv sondern auch z.T. sehr zurückhaltend ausfallen, wird die Einführung von vielen Instanzen und Organisationen befürwortet und forciert.

Bereits Ende 1993 hatte die Europäische Kommission in ihrem Weissbuch „Wachstum, Wettbewerbsfähigkeit, Beschäftigung" auf die immer stärker wachsende Bedeutung der Informations- und Kommunikationstechnologien und die Schaffung von Informations- und Datennetzen für die Arbeitsplätze in Europa hingewiesen. Dem folgte Mitte 1994 der Bericht einer Expertengruppe zum Thema „Europa und die globale Informationsgesellschaft", der in den Aktionsplan der Europäischen Kommission „Europas Weg in die Informationsgesellschaft" ausmündete. Einer von dessen Anwendungsbereichens ist der Ausbau von Telearbeit gewesen mit einer Zielprognose von mindestens 20.000 Arbeitsplätzen in Pilot-Telearbeitszentren bis 1995 verteilt auf 20 Städte, einer Beschäftigung von 2 v.H. aller leitenden Angestellten in Telearbeit bis 1996 und der Einrichtung von mindestens 10 Millionen Telearbeitsplätzen bis zum Jahr 2000 in Europa[1]. Diese prognostizierten Zielvorstellungen sind noch nicht erreicht. Auch in Deutschland ist das mögliche Potential von 2 bis 4 Millionen Telearbeitsplätzen noch nicht ausgeschöpft. 1997 lagen die Zahlen in Deutschland bei etwa 150.000 Telebeschäftigten[2], für 1998 nach einer Schätzung des Instituts der deutschen Wirtschaft und des Bundesforschungsministeriums bei 800.000 Telearbeitern[3], die etwa Ende 1999 erreicht wurde[4] und für das Jahr 2000 wurden zwei Millionen Telearbeiter erwartet[5].

In der Zeit bereits vor der EU-Initiative haben eine Reihe von Unternehmen Telearbeit eingeführt, so z.B. schloss IBM im Jahre 1991 die erste deutsche Betriebsvereinbarung über Telearbeit, 1997 folgte auch die BASF AG, in den Zwischenzeiten führten eine Reihe von Versicherungen und Banken Telearbeit auf

---

[1] Vgl.: EU-Informationen 2/1995, S. 8
[2] Weyerer, Telearbeit – feine Arbeit?, Die Zeit Nr. 28/1997, S. 57
[3] Weber, Neue Gefährdungspotentiale bei der Telearbeit, Abs. 1, gibt 375.000 Telearbeitsplätze für Ende 1998 an.
[4] BMWi, Innovation und Arbeitsplätze, S. 55
[5] Meyer-Timpe, Einsamkeit und Recht und Freiheit, Die Zeit Nr. 43/1998, S. 38

ausgewählten Arbeitsplätzen ein, die Deutsche Telekom schloss mit der Deutschen Postgewerkschaft einen Tarifvertrag ab, Bundes- und Landesministerien haben mit ihren Personalräten Dienstvereinbarungen getroffen, so z.B. 1995 die Bundesministerien für Arbeit und Sozialforschung, für Wirtschaft und Technologie sowie des Innern, die ihre Pilotprojekte Ende 1999 abschlossen[6], das nordrhein-westfälische Innenministerium im Februar 2000, und unterstützen in großem Umfang Initiativen und Forschungsprojekte zur Telearbeit. Im Mai 2000 hat die Bundesregierung im Rahmen ihres Programms „Moderner Staat – moderne Verwaltung" ihre Initiative „Telearbeit" gestartet. Davon losgelöst zeigt sich in den Kommunalverwaltungen wie auch in anderen Bereichen staatlicher Tätigkeit die zunehmende Bereitschaft, auf entsprechende Wünsche der Beschäftigten einzugehen. Initiativen und Untersuchungen aus Nordrhein – Westfalen zeigen Wirkung[7]. In anderen Bundesländern gehen diese Aktivitäten mit weniger Öffentlichkeitswirksamkeit vonstatten. Im Internet nimmt die Information über Telearbeit täglich zu, selbst eine Reihe von Arbeitsplatzvermittlern ist in der Zwischenzeit dort etabliert.

Gleichwohl bleibt eine deutliche Zurückhaltung bei der Nutzung von Telearbeit zu verzeichnen. Nach einer dpa – Meldung vom Juli 2000[8] haben Untersuchungen der Hans-Böckler-Stiftung gezeigt, dass Vorbehalte existieren. Zwar seien in den Betriebsvereinbarungen die Inhalte des Arbeitnehmerstatus nicht angetastet worden, also sind Arbeitnehmer mit der Telearbeit nicht in den Status von Selbstständigen überführt oder in den Status von Scheinselbstständigen gedrängt worden[9], es bestünden aber deutliche Befürchtungen hinsichtlich eines großen Restrisikos: „Haftungsfragen bei Schäden und Verletzungen von Arbeits- und Datenschutzpflichten seien nicht abgeklärt". In diesem Zusammenhang wurde von einem Regelungsvakuum gesprochen, dessen Ausfüllung durch den Gesetzgeber bereits vor Jahren gefordert[10], dem durch die Bundesregierung aber regelmäßig widersprochen wurde, weil die gesetzlichen Regelungen ausreichen und der Telearbeit 1995 noch „eine geringe praktische Bedeutung" zukäme[11]. Die hier unterlassenen Regelungen eröffnen indes den Spielraum, der notwendig ist, um den spezifischen Bedürfnissen einzelner Betriebe gerecht werden zu können. Dies gibt Anlass, im Rahmen von Vereinbarungen eigene betriebsbezogene Regelungen vorzunehmen, für die Anhaltspunkte gegeben werden sollen.

Auch wenn die nachfolgenden Projekte und Förderungen die Bedeutung der Telearbeit eindeutig höher einstufen und ihr mehr Beachtung zollen, bleibt das Bedürfnis nach betriebswirtschaftlicher und rechtlicher Klärung bestehen und

---

[6] BMI, Initiative Telearbeit der Bundesregierung, S. 7 ff.
[7] Vgl. dazu die Hinweise in: Bundesregierung, Moderner Staat – Moderne Verwaltung, S. 25
[8] Braunschweiger Zeitung vom 22.7.2000: „Telearbeit ist noch Neuland"
[9] So aber noch die Kritik von Weyerer, a.a.O., S. 58; s.a die Warnungen: Rensmann/Gröpler, S. 166 f.
[10] Vgl. die Hinweise auf die Forderungen des DGB bei: Welsch, PersR 1991, 462
[11] Antwort auf eine Kleine Anfrage (BT-Drs. 13/2540) durch die Bundesregierung vom 14.11.1995 (BT-Drs. 13/2736).

Vorwort

bedarf der Lösungsansätze hinsichtlich der Implementierung von Telearbeit im einzelnen Betrieb, Fragen des Vergleichs von Nutzen und Kosten und Probleme vielfältiger Art im Hinblick auf mögliche Telearbeiten, die Ausgestaltung von Arbeitsplätzen, die Verbindung des Telearbeiters zum Betrieb sowie rechtliche Fragen im Umgang mit ausgelagerten Arbeitsplätzen, importierter Arbeit und der Einhaltung von betrieblichen und vertraglichen Verpflichtungen. Gerade unter diesem Gesichtspunkt wollen wir uns der Ein- und Durchführung von Telearbeit stellen. Dass die Überlegungen auf einen möglichst reibungslosen Verlauf von Telearbeit im Betrieb abzielen, ist eine Notwendigkeit für eine betriebsgerechte Organisation. Das gilt sowohl für die Einführung von Telearbeit als auch für ihr Management, wenn der Prozess des Umdenkens stattgefunden hat, die Vorbehalte beseitigt und die entsprechende Arbeitsplätze geschaffen sind. Darüber hinaus wollen wir allerdings auch möglichst umfassend die auftretenden Fragen ansprechen, um Lösungshinweise für den betrieblichen Alltag zu geben. Dass es dabei keine Patentlösungen geben kann und dass unsere Überlegungen – auf unterschiedliche Betriebe und unterschiedlichste Arbeitsplätze angewendet – einer möglichst „maßgeschneiderten" Anpassung bedürfen, liegt auf der Hand. Dem wollen wir mit Anregungen und Lösungsansätzen entgegen kommen, damit Einführung und betrieblicher Ablauf optimiert werden können.

Im Januar 2001   Die Verfasser

Inhaltsverzeichnis

(Verfasserhinweis: B – Bieler; C – Cordes; K – Kaune; L – Lammich; W – Westermann)

		Seite	Rdnr.
Vorwort		5	
1.	**Einleitung (W)**	13	1–20
1.1	Warum ist Telearbeit derzeit ein wichtiges Thema (W)	14	2–4
1.2	Definition von Telearbeit (W)	16	5
1.3	Volkswirtschaftliche Konsequenzen betrieblicher Informationsverarbeitung (C)	17	6–20
1.3.1	Einleitung (C)	17	6
1.3.2	Arbeitsmarktpotential der Telearbeit (C)	18	7–8
1.3.3	Regionalwirtschaftliche Effekte der Telearbeit (C)	23	9–12
1.3.4	Ressourceneffekte (C)	25	13–15
1.3.5	Arbeitsmarktpotential betrieblicher Informationsverarbeitung für Frauen (C)	29	16–20
2.	**Organisation von Telearbeit (W)**	33	21–82
2.1	Elemente der Organisation von Telearbeit (W)	33	22–61
2.1.1	Teletauglichkeit von Arbeitsplätzen und Arbeitnehmern (L)	34	23–30
2.1.1.1	Arbeitnehmeranforderungen (L)	38	31
2.1.1.1.1	Geeignetes häusliches Umfeld (L)	38	32
2.1.1.1.2	Fachkenntnisse und Medienkompetenz (L)	39	33–34
2.1.1.1.3	Verantwortungsbewusstsein und Eigeninitiative (L)	40	35–36
2.1.1.1.4	Selbstdisziplin (L)	42	37
2.1.1.1.5	Verschwiegenheit und Vertrauenswürdigkeit (L)	43	38–40
2.1.1.1.6	Kommunikationsbereitschaft (L)	44	41
2.1.1.2	Soziale Rahmenbedingungen (L)	45	42
2.1.1.2.1	Isolation (L)	45	43–44
2.1.1.2.2	Arbeitsbereitschaft und Stress (L)	46	45
2.1.1.2.3	Motivation (L)	47	46–47
2.1.1.2.4	Kommunikation (L)	49	48
2.1.1.2.5	Kooperation (L)	49	49
2.1.2	Aufgaben (W)	50	50–61

2.1.3	Technik/Information (W)	54	57– 61
2.1.3.1	Technische Ausstattung und Kosten für Telearbeitsplätze	54	58
2.1.3.2	Nutzenkomponenten von Telearbeitsplätzen (W)	55	59– 61
2.2	Organisatorische Konzepte für Telearbeit (W)	57	62– 82
2.2.1	Mobile Telearbeit (W)	59	65– 67
2.2.2	Teleheimarbeit (W)	61	68– 70
2.2.3	Telearbeitszentren (W)	63	71– 74
2.2.4	Alternierende Telearbeit (W)	65	75– 76
2.2.5	Telearbeit als Import aus dem Ausland (B)	65	77– 80
2.2.6	Schema für die rationale Auswahl einer Organisationsform der Telearbeit (W)	71	81
3.	**Ökonomische Kriterien und Gefahren** (L)	73	82– 92
3.1	Aus der Sicht des Arbeitgebers (L)	73	82
3.1.1	Produktivitätssteigerung (L)	73	83
3.1.2	Kostenreduzierung (L)	74	84– 85
3.1.3	Servicesteigerung (L)	75	86
3.1.4	Personalwirtschaftliche Flexibilisierung (L)	76	87
3.2	Aus der Sicht des Arbeitnehmers (L)	76	87
3.2.1	Steigerung der Zeitsouveränität (L)	77	87
3.2.2	Einkommensverbesserung (L)	77	88– 90
3.2.3	Schwächung einer zentralen Interessenvertretung (L)	78	91– 92
4.	**Implementierungsüberlegungen und -strategien** (K)	81	93–116
4.1	Moderne Organisationsentwicklung als Ansatz des Veränderungsmanagements (K)	81	94
4.1.1	Ausgewählte Merkmale moderner Organisationsentwicklung im Überblick (K)	82	95– 99
4.1.2	Eisbergmanagement (K)	85	100–106
4.2	Eckpunkte für den Ablauf eines Telearbeits-Einführungsprozesses (K)	91	107
4.2.1	Information und Bestandsaufnahme (K)	91	108–110
4.2.2	Planung und Umsetzung (K)	93	111–113
4.2.3	Auswertung und weitere Schritte (K)	95	114–115
4.3	Zusammenfassung	95	116
5	**Telekommunikationsrecht und -infrastruktur, Datenschutz und Datensicherheit** (L)	97	117–129
5.1	Telekommunikationsinfrastruktur und Zulassung (L)	97	117–119
5.2	Datenschutz (L)	98	120–123
5.2.1	Datenschutz des Telearbeiters (L)	99	121

Inhaltsverzeichnis

5.2.2	Datenschutz der Arbeitsdaten (L)	100	122–123
5.3	Datensicherheit	101	124–125
5.4	EXKURS: Virtuelle Unternehmen (L)	102	126–129
6	**Arbeitsrechtliche Gefahren und Lösungen** (B)	105	130–181
6.1	Statusfragen (B)	105	131–140
6.1.1	Arbeitnehmereigenschaft (B)	106	132
6.1.2	Telearbeiter als Arbeitnehmer (B)	107	133
6.1.3	Telearbeiter als Heimarbeiter oder heimarbeiterähnliche Personen (B)	114	134
6.1.4	Selbständige und Scheinselbständige (B)	117	135–136
6.1.5	Tele-Arbeitnehmer im Ausland (B)	120	137–140
6.1.5.1	Tatsächliche Ausgangslagen (B)	121	137
6.1.5.2	Grenzen der Rechtswahl (B)	122	138
6.1.5.3	Feststellung bei unterlassener Rechtswahl (B)	124	139
6.1.5.4	Form der Rechtswahl (B)	126	140
6.2	Kollektivrechtliche Fragen (B)	126	141–158
6.2.1	Tarifrechtliche Geltungsfragen (B)	127	142
6.2.2	Arbeitnehmervertretungsrechtlicher Schutz (B)	128	143–158
6.2.2.1	Allgemeine Information, Unterrichtung und Beratung (B)	130	144–146
6.2.2.2	Soziale Mitbestimmungsrechte (B)	132	147–152
6.2.2.3	Beteiligung in personellen Angelegenheiten (B)	136	153–156
6.2.2.4	Beteiligung in wirtschaftlichen Angelegenheiten (B)	137	157
6.2.2.5	Empfehlung: Abschluss von Betriebsvereinbarungen (B)	138	158
6.3	Arbeitsschutz (B)	139	159–175
6.3.1	Regelungsdichte und Handlungsspielräume (B)	140	160–164
6.3.2	Aufgabenträger des Arbeitsschutzes (B)	144	165–167
6.3.3	Kontrolle der Arbeitsplätze (B)	146	168–172
6.3.3.1	Zugangsrechte staatlicher Institutionen (B)	146	169
6.3.3.2	Zugangsrechte des Arbeitgebers (B)	147	170
6.3.3.3	Zugangsrechte des Betriebsrates (B)	148	171
6.3.3.4	Zugangsrechte der Gewerkschaften (B)	149	172
6.3.4	Ausstattung des Arbeitsplatzes (B)	149	173
6.3.5	Organisation der Arbeitszeit (B)	152	174–175
6.4	Arbeitsbedingungen (B)	154	176–181
6.4.1	Kosten des Arbeitsplatzes (B)	155	177–179
6.4.2	Haftungsfragen (B)	157	180
6.4.3	Entgeltschutz (B)	159	181
7.	**Inhaltliche Ansätze für innerbetriebliche Regelungen** (B)	161	182
7.0	Absichtserklärung (B)	162	

7.1	Geltungsbereich der Regelungen innerhalb des Betriebes (B)	162
7.2	Prinzip der Freiwilligkeit (B)	162
7.3	Nichtdiskriminierung (B)	163
7.4	Rückkehroption (B)	164
7.5	Arbeitszeit (B)	164
7.6	Arbeitsschutz/Gesundheitsschutz (B)	164
7.7	Arbeitsmittel, Schulung und Kostenübernahme (B)	165
7.8	Datenschutz (B)	166
7.9	Zugangssicherung (B)	166
7.10	Haftung (B)	167
7.11	Geltungsdauer/Kündigung	167

Literaturverzeichnis ... 169
Stichwortverzeichnis ... 179

1. Einleitung

„Telearbeit", dieses Schlagwort findet sich seit Anfang der 90er Jahre immer häufiger sowohl in der Fachliteratur aus den Bereichen Betriebswirtschaftslehre und Informatik[1] als auch in Unternehmensreports[2] oder in der Tagespresse. Wann immer über diese neue Organisationsform berichtet wird, werden die Möglichkeiten hervorgehoben, die sich für Unternehmen, Arbeitnehmer oder ganze Volkswirtschaften bieten.

So betonte zum Beispiel unter der Überschrift „Regierung will Telearbeitsplätze verdoppeln" in der Wirtschaftswoche vom 24.1.2001, die Innen-Staatssekretärin Brigitte Zypries[3], „... das Pilotprojekt sei für Dienststellen und Beschäftigte gleichermaßen erfolgreich gewesen. Telearbeit sei eine „wichtige Arbeitsform der Zukunft". Die Beschäftigten könnten Familie und Beruf besser vereinbaren, und Arbeiten würden schneller und in besserer Qualität erledigt. Das ungestörte und selbständige Arbeiten führe bei flexibler Zeiteinteilung zu höherer Produktivität und Leistungsbereitschaft. Dabei bleibe der Kontakt der Telearbeiter zu Vorgesetzten und Kollegen erhalten, da sie weiterhin zwei bis drei Tage wöchentlich im Büro arbeiteten."

Die Realität und die bisherigen Erfolge der Telearbeit werden aber nicht immer dermaßen enthusiastisch eingeschätzt. So konstatiert Reichwald (1997): „In der betrieblichen Praxis sind diese Formen der Telearbeit – zumindest in Deutschland – noch immer ziemlich selten anzutreffen. Die Gründe sind vielfältig. Teils wird spekuliert, teils können Erklärungen nur theoretisch abgegeben werden. Die besten Belege finden wir dort, wo Telearbeit in Pilot-Projekten „praktiziert„ wird."[4]

Grundsätzlich läßt sich feststellen, daß über die Möglichkeiten des Einsatzes und der Ausgestaltung von Telearbeit vor allem in der Praxis bei den deutschen Unternehmen noch große Unsicherheit herrscht. Pilotprojekte werden häufig nur dann unternommen, wenn staatliche Fördermittel Risiken abfedern oder wenn ganz spezifische Sonderinteressen vorliegen. Vor allem kleinere Unternehmen wagen sich oft noch nicht an Formen wie Telecenter oder Nachbarschaftsbüros heran. Die Gründe dafür liegen vor allem in einer fehlenden Transparenz der dabei entstehenden Vor- und Nachteile. Ein weiteres Defizit herrscht aber auch an praktikablen Vorschlägen zur vertraglichen Ausgestaltung der Beziehungen zwischen Telearbeitgebern und Telearbeitnehmern.

---

[1] Für einen Überblick siehe British Telecommunications (1995) oder Reichwald et al. (2000).
[2] Siehe zum Beispiel Niggl/Pavlovic (1998).
[3] Mit Bezug auf ein Vorhaben in den Bundesverwaltungen.
[4] Reichwald (1997), S. 11–12.

Einleitung

Das vorliegende Buch geht beiden Fragen aus der Sicht der Unternehmen nach. Es wird zum einen aufgezeigt, wo die Vorteile und Nachteile für Unternehmen auf der betriebswirtschaftlichen Seite liegen. Zum anderen wird geklärt, wie Telearbeit juristisch einwandfrei in Verträgen geregelt werden kann.

1.1 Warum ist Telearbeit derzeit ein wichtiges Thema?

2   An dieser Stelle soll zunächst auf die grundlegende Bedeutung der Telearbeit und ihre Einordnung in die betriebswirtschaftliche Theorie eingegangen werden. Besonders wichtig erscheint auch die Frage, warum gerade heute die Telearbeit vor allem von staatlicher Seite für besonders förderungswürdig gehalten wird. In einem Report der British Telecommunications (1995) ist folgendes zu lesen:

„The increase in the service and communications industry sectors and the reduction in the traditional manual labour based sectors has meant that there is an increase in the proportion of the employed population whose occupations could become location independent. The growth of these sectors is coupled with an increase in the deployment of advanced communications applications and IT in the workplace. Industry characteristics, such as a high degree of competition, increase the probability that advanced communication will be used to differentiate an organisation from its competitors. ...

... The benefits of the virtual office include the reduction of accomodation costs, retention of valued skills and reducing commuting. ... At the same time, organisations are focusing on core competences and rightsizing, leading to increased use of temporary staff employed on a contractual basis. ... Telecommunications can remove the geographic barriers to global teamwork. ... There are other drivers toward teleworking. For example, legislation in the USA is being introduced to encourage, if not compel, employers to reduce commuting in an effort to decrease pollution and congestion in cities."[5]

3   Es scheint also vor allem das sich wandelnde Umfeld der Unternehmen zu sein, welche diese dazu drängt, sich anderer Organisationsformen zu bedienen als bisher. Befanden sich früher die Unternehmen in einer Umwelt, die als stabil bezeichnet werden konnte, sehen sie sich heute folgenden Problemen gegenüber:[6]

- Immer mehr Branchen werden dereguliert. Dies führt zu einer höheren Wettbewerbsintensität.
- Lokale Märkte werden immer seltener. Die Unternehmen stehen nun in einem globalen Wettbewerb.
- Die Präferenzen vorhandener und potentieller Kunden verändern sich permanent und immer schneller.
- Die Produktlebenszyklen verkürzen sich.
- Die neuen Informationstechnologien führen zu einer weltweiten Vernetzung und einer Flut an zu verarbeitenden Daten.

---

[5]   British Telecommunications (1995), S. 4.
[6]   Vergleiche hierzu Osterloh/Frost (1998), S. 17 ff.

Um hier bestehen zu können müssen Unternehmen nicht nur im Rahmen existierender Produkte und Strukturen simultan Kosten senken, Zeit einsparen und Qualitätsverbesserungen erreichen. Sie müssen auch permanent an ihrer Innovationsfähigkeit arbeiten. Zur Bewältigung dieser Aufgaben setzen Unternehmen immer häufiger auf neuere Management Methoden. Eine der wichtigsten ist das sogenannte Business Reengineering.[7]

Business Reengineering setzt beim Hinterfragen aller vorhandener Strukturen und Produkte an und zielt auf die Identifizierung und Neugestaltung von Kernprozessen ab. Derartige Kernprozesse weisen eine Reihe von Eigenschaften auf, von denen die wichtigsten die Unternehmensspezifität und die Orientierung an den Bedürfnissen und Problemen der Kunden darstellen.

Business Reengeneering sieht ein Unternehmen als ein Bündel von Kernprozessen an, die sich ohne Schnittstellen vom Lieferanten bis zum Kunden hinziehen. Man spricht in diesem Zusammenhang auch von einer kundenorientierten Rundumbearbeitung. Diese kundenorientierte Rundumbearbeitung wird durch drei Ansätze unterstützt: Die Prozeß-Idee, Die Triage-Idee der Arbeitsteilung und die Idee der IT-Vernetzung. Die nächste Graphik verdeutlicht diesen Zusammenhang.

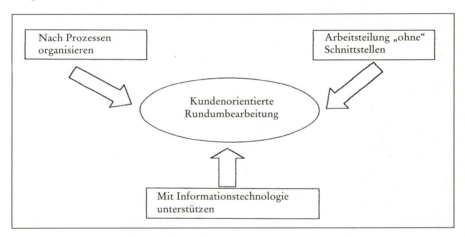

Aus der Perspektive der Telearbeit ist vor allem die Idee der Informationalen Vernetzung interessant.[8] Durch den dezentralen Zugriff auf zentrale Datenbestände, die schnellen Kommunikationsmöglichkeiten via email oder Internet, werden von einer „simplen" Rationalisierung bestehender Geschäftsprozesse bis hin zur Verwirklichung neuer Geschäftsideen mit neuen IT-basierten Produkten, eine ganze Reihe von Innovationen möglich.

---

[7] Vergleiche hierzu Hammer/Champy (1993).
[8] Siehe auch Randziffer 99.

Einleitung

Ein ganz bestimmter Bereich dieser Innovationen fällt unter den Begriff der Telearbeit, wie er für dieses Buch verwendet werden soll. An dieser Stelle erscheint eine Definition der Telearbeit notwendig.

1.2 Definition von Telearbeit

Dazu werden zunächst einige verbreitete Definitionen aus der Literatur gesammelt. Aus diesen Definitionen können dann die wesentlichen Aspekte von Telearbeit herausgearbeitet werden.

So konstatiert zum Beispiel das Bundesministerium für Bildung und Forschung: „Unter Telearbeit ist die Arbeit zu verstehen, die Mitarbeiter außerhalb der Firmenräume, in der Wohnung, in Nachbarschaft- oder Satellitenbüros, unter Nutzung von öffentlichen Kommunikationsmitteln und entsprechenden technischen Geräten zur Erledigung ihres Arbeitsvertrages verrichten."[9] Dabei wird eine Orientierung der Definition an dem Ort der Tätigkeit und an den technischen Hilfsmitteln deutlich.

Kordey/Korte (1996) detaillieren dies noch über zeitliche und vertragliche Dimensionen: „Telearbeit bezeichnet die wohnortnahe Arbeit unabhängig vom Firmenstandort an mindestens einem Arbeitstag pro Woche, wobei die (Zusammen-)Arbeit über räumliche Entfernungen hinweg unter primärer Nutzung von Informations- und Kommunikationstechnologien erfolgt und eine Telekommunikationsverbindung zum Arbeitgeber bzw. Auftraggeber zur Übertragung von Arbeitsergebnissen genutzt wird.[10]

Eine sehr ähnliche Definition findet sich auch in British Telecommunications (1995): „Teleworking is a flexible way of working which covers a wide range of work activities, all of which entail working remotely from an employer, or from a traditional place of work, for a significant proportion of work time. ... The work often involves electronic processing of information, and always involves using telecommunications to keep the remote employer and employee in contact with each other. This definition excludes traditional „outworkers", as well as people who work at home very occasionally, but includes:

- people working **at home** (e.g. programmers)
- people working **from home** (e.g. salespeople)
- people working **at work centres** (such as telecottages, or satellite offices)
- people working at two or more of these locations (e.g. a consultant who has a home office, but spends much of his or her time working on a customers' premises or using a shared desk at the head office occasionally."[11]

---

[9] bmb+f (1997), S.4.
[10] Kordey/Korte (1996), zitiert in bmb+f (1997), S.4.
[11] British Telecommunications (1995), S.6.

> Zusammenfassend kann man von Telearbeit sprechen, wenn Tätigkeiten
> - für einen ausreichend langen Zeitraum (mindestens 20 % der Arbeitszeit),
> - in räumlicher Distanz vom Arbeitgeber erledigt werden und
> - dabei neue Informationstechnologien zur Datenübertragung genutzt werden,
> - wobei auch die selbständige Arbeit für externe Auftraggeber möglich ist.

Der nun folgende Abschnitt wird sich zunächst mit der Frage beschäftigen, wie man diese Form der Arbeitsverrichtung, in Abhängigkeit von der Aufgabe, optimal organisieren kann. Im weiteren Verlauf geht das vorliegende Buch auch auf die juristische Ausgestaltung vertraglicher Beziehungen ein.

1.3 Volkswirtschaftliche Konsequenzen betrieblicher Informationsverarbeitung

1.3.1 Einleitung

Seit nunmehr einigen Jahren sind Begriffe wie Telearbeit, betriebliche Informationsverarbeitung, neue Medien, e-commerce u.ä. sowohl in der Wissenschaft als auch in der betrieblichen Praxis geläufig. Aus betrieblicher Sicht werden in diesem Zusammenhang beispielsweise Themen diskutiert, die sich mit den Produktivitätswirkungen von Telearbeit, hiermit u. U. verbundenen Veränderungen im Personalmanagement, veränderten bzw. neuen Organisationsstrukturen und selbstverständlich auch Kosteneinsparungspotenzialen durch den Einsatz neuer Informationstechnologien befassen.[12] Wie jede einschneidende technologische Veränderung hat auch das Vordringen der I&K-Technik gesamtwirtschaftliche Effekte, die sowohl die makro- als auch die mikroökonomische Ebene betreffen. Einige dieser Auswirkungen werden im folgenden einer näheren Betrachtung unterzogen, wobei ein besonderer Fokus auf die Auswirkungen der Telearbeit gelegt wird. Der Begriff Telearbeit umfasst verschiedene Formen der computerunterstützten Arbeitsorganisation, lässt sich jedoch durch folgende Merkmale definieren:[13]

- die Verbindung zwischen Auftraggeber und Auftragnehmer wird durch die Verwendung von Informations- und Kommunikationstechnologien gewährleistet
- zumeist wird Telearbeit an einem Computer ausgeführt
- es findet eine vollkommene oder partielle räumliche Trennung zwischen dem physischen Standort von Auftraggeber und Auftraggeber statt, wobei sich der

---

[12] Vgl. zu wichtigen Aspekten aus einzelwirtschaftlicher Sicht z.B. die Abschnitte 1.1., 1.2. und 2 im vorliegenden Werk.
[13] Vgl. Kirchmair, „Telearbeit: Realität und Zukunft", S. 47 ff.; Godehard, „Telearbeit – Rahmenbedingungen und Potentiale", S. 41 f.

Arbeitsort in der Regel in der Nähe des Lebensbereiches des Arbeitnehmers befindet.

1.3.2 Arbeitsmarktpotenzial der Telearbeit

7   Vor dem Hintergrund des anhaltend hohen Arbeitslosigkeitsniveaus in Deutschland galt ein besonderes Interesse bei der Abschätzung der Konsequenzen zunehmender Telearbeit den qualitativen und quantitativen Auswirkungen auf den Arbeitsmarkt. Allgemein ergeben sich vor allem strukturelle Veränderungen auf dem Arbeitsmarkt dann, wenn das vorhandene Arbeitskräftepotenzial mit seiner spezifischen Struktur auf innovative Formen der Arbeitsgestaltung treffen.[14] Bei der Telearbeit handelt nicht nur um eine Arbeitsform, die durch die räumliche Flexibilisierung des jeweiligen Arbeitsortes charakterisiert ist. Vielmehr werden sich auch die Arbeitsinhalte aufgrund des mit der Telearbeit verbundenen Einsatzes moderner Informationstechnologie verändern. Als Beispiel hierfür lässt sich der Beratungsbereich anführen. Mittlerweile dürften sich die zu beratenden Kunden der Potenziale mobiler Informationstechnologien sehr bewusst sein und werden daher ihr Anspruchsniveau an die erwartete Beratungsleistung, die ihnen vor Ort oder in der unmittelbaren Nähe ihres Wohnortes angeboten wird, entsprechend erhöhen. War es ehemals auch für die Kunden einsichtig, dass spezialisierte Fragen häufig nicht umgehend, sondern erst nach zeitverzögernder Einholung zusätzlicher Informationen bei Fachspezialisten am Stammsitz beantwortet wurden, dürften die Kunden heute davon ausgehen, dass die „Vor-Ort-Berater" in der Lage sind, die neuen Informationstechnologien nutzen zu können. Hierdurch erhöht sich das Niveau der erwarteten Beratungsqualität. Dies wiederum stellt nicht nur höhere Anforderungen an den Berater hinsichtlich seiner Fähigkeiten die mobile Technik zu beherrschen, sondern auch an dessen Wissen, da er echtzeitig beschaffte Informationen auch umgehend zu verarbeiten und interpretieren hat. Allgemein formuliert erhöht sich das Qualifikationsanforderungsniveau an in die Telearbeit involvierte Arbeitskräfte von zwei Seiten zugleich. Zum einen erfordert der Umgang mit neuen Informationsmedien an sich eine entsprechende Qualifikation. Zum anderen erhöhen die der Informationstechnik inhärenten Informationsbeschaffungs- und -verarbeitungsmöglichkeiten die Anforderungen an die Nutzer dieser Technik, nämlich die Telearbeiter.

Dass die Zunahme der Telearbeit nicht auf dessen gesamten Einsatzspektrum derart gravierende Auswirkungen auf die Anforderungen an die im Telearbeitsbereich Beschäftigten hat, liegt angesichts der breiten Einsatzmöglichkeiten von Telearbeit auf der Hand. Jedoch zeichnet sich die Informationstechnologiebranche unter anderem dadurch aus, dass in sehr kurzen Zeitabständen neue Anwendungsmöglichkeiten entstehen. Zugleich erhöht sich in einer immer mehr vernetzten Welt der Informationsbedarf aller Wirtschaftssubjekte, so dass sich Informationsnotwendigkeit und Informationsmöglichkeiten tendenziell eher potenzieren, denn linear entwickeln. Bezogen auf die hier interessierende Frage spricht ei-

---

[14]   Dostal, „Telearbeit in der Informationsgesellschaft", S. 44.

niges dafür, dass die Informationstechnologie nicht nur zu einem Strukturwandel führt, der die Beschäftigten von einem in den anderen Sektor im Rahmen herkömmlicher wirtschaftlicher und gesellschaftlicher Strukturen verlagert, sondern dass die Technikentwicklung eine Neustrukturierung der Arbeits- und auch gesellschaftlichen Lebenswelt erzeugt, wofür die Telearbeit angesichts ihrer starken Technikprägung als Beispiel angeführt werden kann.[15]

Telearbeit ist immer mehr oder minder mit dem Einsatz moderner Informationstechnik verbunden. Dies zeigt sich auch in den Tätigkeiten, die bereits in Form von Telearbeit ausgeführt werden und hier nur auszugsweise und exemplarisch aufgezählt werden:[16] CAD-Konstruktion; Datenerfassung; Softwareentwicklung; Telefonmarketing; Übersetzungen; Internetdesigner; Planung und Vorbereitung von Lehrtätigkeit usw.

Unter Beschäftigungspotenzialaspekten ist festzustellen, dass informationstechnikorientierte Arbeitsplätze, die neues Wissen im Gegensatz zu „geronnener" Erfahrung erfordern, vor allem von jüngeren Teams ausgefüllt werden.[17] Dies bestätigt auch ein Blick auf diejenigen Branchen, die zu den grössten Anbietern von Telearbeitsplätzen zählen: Banken, Finanzdienstleistungen, Verkehrs- und Transportunternehmen sowie die Kommunikationsbranche. Mittlerweile beschränkt sich das Telearbeitsangebot jedoch nicht mehr nur auf privatwirtschaftliche Unternehmungen. So gab die Hamburger Finanzbehörde im Dezember 2000 bekannt, dass Telearbeit grundsätzlich in der Hamburger Verwaltung angeboten werden soll, wobei zwischen dem Senat und der Gewerkschaft einschränkend vereinbart wurde, dass mindestens ein Drittel der Arbeit in der Behörde selbst abzuleisten ist.[18] Hintergrund dieser weitreichenden Veränderung der Arbeitsgestaltung ist auch der positiv verlaufene einjährige Modellversuch der hamburgischen Verwaltung. Hinsichtlich der notwendigen Qualifikation derjenigen, denen prinzipiell Telearbeit angeboten werden soll, weist der Hamburger Senat darauf hin, dass potenzielle Telearbeiter nicht nur geübt im Umgang mit dem Computer sein müssen, sondern zudem Berufserfahrung, eine gute Kenntnis der betrieblichen Abläufe sowie eine besonderes ausgeprägte Kommunikationsstärke besitzen müssen.[19] Als besonders geeignet für Telearbeit werden Arbeitsplätze mit angesehen, bei denen eindeutige Ziel- und Zeitdefinitionen vorliegen und die sich durch „ ... Phasen längerer und konzentrierter Arbeit an einem Thema ..."[20] auszeichnen.

Für Telearbeit prädestinierte Branchen zeichnen sich oftmals nicht nur dadurch aus, dass ein wesentlicher Bestandteil ihrer Leistungsangebote in der Informationsaufbereitung und -weitergabe besteht sondern auch dadurch, dass ihre Pro-

---

[15] Vgl. Dostal, a.a.O., S. 19 f.
[16] Vgl. hierzu und zu einer umfangreicheren Auflistung z.B. Börnecke, Handbuch Telearbeit, S. 24 f.
[17] Vgl. ders., S. 45.
[18] Finanzbehörde Hamburg, „Telearbeit jetzt für alle in der Verwaltung", Pressemitteilung.
[19] Ebenda.
[20] Ebenda.

duktionsfunktionen selbst informations-(technologie-)intensiv sind. Mit zunehmendem Fortschritt der Informationstechnologie und dem Ausbau der – sich im übrigen selbst permanent weiterentwickelnden[21] – komplementären Informationsübertragungsinfrastruktur breitet sich das Spektrum potenzieller Telearbeitsplätze kontinuierlich aus. Hinsichtlich denkbarer Tätigkeitsfelder können denn auch Management und Koordination, Konstruktion, konzeptionelle, statistische, auswertende Tätigkeiten sowie Vorbereitung von Lehre, Konferenzen oder Sitzungen mit einbezogen werden, wodurch sich branchenmäßig betrachtet ein Bogen von Handels-, Verkehrs- und technischen Berufen über Mandatare, Rechts-, Verwaltungs- und Büroberufe bis hin zu Gesundheits-, Lehr- und Kulturberufen spannen lässt.[22] Selbst Beratungsleistungen, denen der direkte Kundenkontakt inhärent ist, lassen sich via Telearbeit ausführen. So ist die telefonische Beratungsleistung auch im Bereich hochqualifizierter Beratungen beispielsweise von Kammer- oder Verbandsmitarbeitern keineswegs an einen Büroarbeitsplatz gebunden, wenn die Telearbeitsmitarbeiter dieser Institutionen einen direkten Zugang zum Datenpool und/oder Mitarbeitern am Unternehmenshauptsitz erhalten,[23] den sie für ihre Beratungsleistung benötigen. Diese Daten können auf CD-Roms und/oder als Datenbank auf Zentralrechnern verfügbar sein. Selbst wenn derartige Beratungen den direkten persönlichen Kontakt zu den Kunden erfordern, lassen sich positive Effizienzeffekte zum Beispiel aus einer Verbesserung der Logistik bei der Kundenbesuchsplanung realisieren, die darin bestehen können, dass die Mitarbeiter in geografischen Räumen aktiv sind, die sich in der Näher ihres Wohnortes befinden, wodurch sich zum Teil erhebliche Fahrtkosten einsparen lassen.

Auch im Bereich der Lehre lassen sich mittels neuer Informationstechnologien Telearbeitspotenziale erschliessen (z.B. „e-learning"-Angebote). Ob jedoch tatsächlich eine eindeutige Abkehr von überwiegend zentralen Schulungsorten zugunsten medial gestützter Lehr- und Lernformen durch Nutzung von Kommunikationsnetzen stattfindet[24], kann eher bezweifelt werden. Zwar schafft diese Lehrform einerseits die Möglichkeit individualisierter Stundenplangestaltung, die auch Lerntypenspezifika sowie individuelle physiologische Leistungskurven berücksichtigen kann.[25] Wenn jedoch davon ausgegangen werden kann, dass es verschiedenartige Lerntypen gibt, so umfaßt dies eben auch Lern- (und damit auch Lehr-)formen, die eine Präferenz für „traditionelle" und räumlich zentralisierte Lehrangebote besitzen. Dies zeigt ich auch daran, dass beispielsweise im Weiterbildungsbereich für im Berufsleben stehende seit langem Fernstudiengänge angeboten werden, die jedoch bis heute nicht die klassischen Weiterbildungsformen verdrängt haben.

Aus arbeitsmarktpolitischer Sicht ist zunächst von Interesse, ob und gegebenenfalls welche Niveaueffekte von der Verbreitung der Telearbeit ausgehen. Hierbei

---

21 Man denke hier an neue phaserungebundene Übertragungswege.
22 Rensmann/Gröpler, „Telearbeit – Ein praktischer Wegweiser".
23 Schulz / Steiger, „Flexible Zeit – Flexibler Ort", S. 60.
24 Lucas, „Telearbeit – Strategien für die Zukunft ihres Unternehmens", S. 131.
25 Ebenda.

ist zwischen direkten und indirekten Effekten zu unterscheiden. Ein positiver Niveaueffekt setzt voraus, dass diese Arbeitsplätze zusätzlich zu bereits bestehenden Arbeitsangeboten bereitgestellt werden. Hinsichtlich des absoluten gesamtwirtschaftlichen Telearbeitspotenzials finden sich in der jüngeren Literatur Schätzungen von zwischen 8 % und 15 % aller deutschen Arbeitsplätze.[26] Hierbei ist allerdings zu berücksichtigen, dass dem Telearbeitspotenzial nicht eine ebenso grosse Menge zusätzlicher Arbeitsplätze entspricht. So werden Telearbeitsplätze nicht vollständig zusätzlich zu bereits bestehenden Arbeitsplätzen eingerichtet werden, sondern es wird auch eine Substitution der einen durch die andere Arbeitsform unter Einsatz bereits angestellter Beschäftigter stattfinden. Auch die häufig genannten Produktivitätssteigerungen, die in der Regel mit der Einführung von Telearbeitsplätzen einhergehen, lassen nicht notwendigerweise auf eine Beschäftigungszunahme schliessen, da hierdurch auch Rationalisierungsspielräume bei den betroffenen Unternehmen freigesetzt werden. Betrachtet man den Rationalisierungseffekt, der mit der Einführung neuer Technologien in der Regel einhergeht, so kann man davon ausgehen, dass der Wachstumseffekt im Informationsverarbeitungsbereich die genannten Rationalisierungseffekte überkompensiert.[27] Alleine in der TIME-Branche (Telekommunikation, Informationstechnik, Medienindustrie, Elektronik) können per Saldo, also unter Berücksichtigung von Beschäftigungsverlusten, bis zum Jahr 2015 zusätzliche 210.000 Arbeitsplätze entstehen.[28]

Es wurde bereits weiter oben darauf hingewiesen, dass Telearbeitsplätze tendenziell informationstechnikintensiv sind. Dies wiederum erfordert bei den Telearbeitern ein umfangreiches Technik-Know-How sowie die ständige Bereitschaft und Fähigkeit, sich mit informationstechnologischen Fortschritten vertraut zu machen, da die Halbwertzeit des Wissens angesichts der rapiden technologischen Fortschritte abnimmt, was die Weiterbildung eine immer zentralere Rolle einnehmen läßt.[29] Hinsichtlich der Arbeitsmarkteffekte resultiert hieraus ein umfassenderer positiver Effekt, der über die blosse Erhaltung der (Tele)Arbeitsplätze hinausgeht. So erhöht sich durch die kontinuierliche Fortbildung der Arbeitskräfte das gesamtwirtschaftliche Wissensniveau sowie die Fähigkeit, sich neues Wissen anzueignen. Dies trägt nicht nur dazu bei, den strukturellen Wandel in Richtung Dienstleistungs- bzw. Wissensgesellschaft positiv zu begleiten. Darüber hinaus befähigt es grosse Teile der arbeitenden Bevölkerung, strukturellen Anpassungsnotwendigkeiten friktionsloser begegnen zu können und reduziert somit die volkswirtschaftlichen Anpassungskosten im Strukturwandel, was tendenziell einer Ausweitung strukturwandelinduzierter Arbeitslosigkeit entgegenwirkt. Geht man davon aus, dass sich der Strukturwandel in den hochentwickelten Volkswirtschaften weiterhin in Richtung Informationsgesellschaft vollzieht, kann zudem

---

[26] Vgl. z.B.: Börnecke a.a.O.; Fachverband Informationstechnik im VDMA und ZVEI „Wege in die Informationsgesellschaft" ; BMWI, „Telearbeit".
[27] Dostal, a.a.O., S. 25.
[28] Mangold, „Die Welt der Dienstleistung: Perspektiven für Arbeit und Gesellschaft im 21. Jahrhundert", S. 173.
[29] Ders., S. 175.

vermutet werden, dass ein sich positiv auf die Arbeitsmarktsituation bezogener „Basiseffekt" wirkt, der die Störanfälligkeit der entsprechenden Branchen zusätzlich reduziert und die Volkswirtschaft zugleich auf einem höheren Pfad wachsen lassen kann. Mit anderen Worten initiiert der Ausbau von Telearbeitsplätzen (i.w.S.) über die hiermit verbundene gesamtwirtschaftliche Wissensausweitung Wachstumseffekte wie technischer Fortschritt.

Erhebliche Arbeitsmarkteffekte werden auch durch die mit der Einrichtung, dem Erhalt und dem Ausbau der Telearbeitsplätze verbundenen Investitionen und die sich hieraus ergebenden Multiplikatoreffekte erwartet. Bei geschätzten 10.000 DM Investitionskosten pro Telearbeitsplatz und einem geschätzten Arbeitsmarktpotenzial in Höhe von nur 2,5 % aller Arbeitsplätze in Deutschland ergeben sich alleine an Erstinvestitionen in Telearbeitsplätze 25 Mrd. DM.[30] Der Investitionsmultiplikatoreffekt, der hieraus resultiert, wird auf etwa 12 Mrd. DM geschätzt.[31] Hinzu kommen weitere Investitionen, die mit dem Ausbau der Übertragungsnetze verbunden sind.[32] Nimmt man einmal an, dass das Angebot an Übertragungsinfrastruktur mit positiven Skaleneffekten verbunden ist und es nicht zu einer Monopolisierung des Netzangebotes kommt, so dürften sich die Kosteneinsparungen auch in sinkenden Preisen für die Nutzer niederschlagen. Dies wird wiederum eine zusätzliche Nachfrage auch nach privater Nutzung von elektronischer Datenübertragung (e-mails, e-shopping ...) sowie hiermit verbundener notwendiger Hardware (PCs) induzieren. Allein der Wert der Netzinstallation zugunsten der Einrichtung von Telearbeitsplätzen wird auf mehrere 100 Mio. DM geschätzt.[33] Zudem zeichnen sich Informationstechnologien durch relativ kurze (Modell)Lebenszyklen aus, so dass der Arbeitsmarkt von einer Anhebung des Nutzungsniveaus von Informationstechnologie durch die permanente Entwicklung und Produktion beispielsweise neuer, leistungsfähigerer Hardware positiv betroffen wird.

Angesichts der starken internationalen Arbeitsteilung gerade im Bereich der Hardwareproduktion wird sich dieser positive Beschäftigungseffekt jedoch nicht vollständig auf ein einzelnes Land konzentrieren, sondern global verteilt auftreten.

8 Unter dem Aspekt der Globalisierung lassen sich unterschiedliche Auswirkungen der Zunahme von Telearbeit bzw. informationstechnologieintensiver Arbeit identifizieren. Grundsätzlich trägt der Ausbau derartiger Arbeitsplätze dazu bei, die internationale wirtschaftliche Verflechtung der Volkswirtschaften zu verstärken. Man denke hier nur an das „e-shopping" das immer breiteren Teilen der Bevölkerung die Möglichkeit gibt, sich direkt im Ausland mit ausländischen Produkten zu versorgen. Auch auf der Produzentenebene trägt die zunehmende globale Vernetzung durch neue Informationstechnologien seit längerem dazu bei, den inter-

---

[30] BMWI, „Telearbeit".
[31] ZVEI-VDMA-Plattform, „Projektgruppenbericht Telearbeit".
[32] Der Begriff „Übertragungsnetze" soll hier als Oberbegriff verstanden werden für verschiedenartigste Übertragungstechniken.
[33] ZVEI-VDMA-Plattform, a.a.O.

nationalen Handel zu vereinfachen und auch die Informationstransparenz über alternative (Vor-)Leistungsangebote zu erhöhen, mit der Folge eines zunehmenden Wettbewerbsdrucks für nationale Produzenten. Komparative Wettbewerbsvorteile von Anbietern welchen Landes auch immer, können somit zeitlich instabiler werden, wodurch ein immer intensiverer Anpassungsdruck entsteht.

Auch der Markt für Telearbeit selbst ist durch die weltweiten Informationsnetzwerke dem globalen Wettbewerb ausgesetzt, da die räumliche Unabhängigkeit von Unternehmenszentralen ja gerade ein Wesenszug der Telearbeit ist, die – von anderen potenziellen Marktzugangsbarrieren wie z.B. Sprachprobleme einmal abgesehen – natürlich nicht vor nationalen Grenzen endet. So lassen sich Aspekte der räumlichen Zersplitterung von Qualifikation und Kompetenz durch die Nutzung von Breitbandkommunikation kompensieren und kooperatives Arbeiten fördern, was einhergehend mit der Dezentralisierung von Unternehmensfunktionen räumlich verteilte Teams entstehen läßt.[34] Auch dieses Argument ist nicht a priori nur auf die Mitglieder einer Volkswirtschaft beschränkt.

Auch können sich neue globale Spezialisierungsmuster ergeben, wenn es einzelnen Volkswirtschaften gelingt, frühzeitig die neuen informationstechnischen Möglichkeiten zu adaptieren. Betrachtet man beispielsweise den Bereich der Softwareentwicklung, so zeigt sich, dass sich hieraus Wettbewerbsvorteile nicht nur in hochentwickelten Industrieländern realisieren lassen. Durch die erheblichen Supportleistungen, die mit der Ausweitung der I&K-Technologien verbunden sind, wird überdies der vor allem in hochentwickelten Ländern beobachtbare Strukturwandel hin zur Informations- und Dienstleistungsgesellschaft verstärkt.

1.3.3 Regionalwirtschaftliche Effekte der Telearbeit

Eine Kerneigenschaft der Telearbeit ist, dass sie eine räumliche Trennung zwischen Unternehmensstandort und dem Ort der Arbeitserledigung erlaubt. Regional- und strukturpolitisch resultiert hieraus ein Anreiz, den Einsatz und Ausbau der Telearbeit zu fordern und auch zu fördern, da dies zu Wachstumseffekten führen kann, die gerade auch ländliche Regionen aufwerten. Diesbezüglich lassen sich folgende regionalpolitischen Zielsetzungen nennen:[35]

- Schaffung zusätzlicher nichtlandwirtschaftlicher Beschäftigungspotenziale, vor allem für jüngere Arbeitsuchende
- Regionale Einkommenserhöhung und Stärkung der regionalen Wirtschaftskraft
- Verringerung der Landflucht
- Erhaltung des ländlichen Lebensraumes als gleichwertigen und eigenständigen Lebensraum.

Auf der Nachfrageseite setzt die Zielerreichung voraus, dass überhaupt eine hinreichend starke Nachfrage nach Telearbeitsplätzen besteht. Wie empirische

---

34 Schulz/Steiger, a.a.O., S. 61 f.
35 Reichwald, „Telekooperation", S. 13.

Untersuchungen[36] zeigen, haben 1994 beispielsweise in Deutschland 42,2 % aller Erwerbstätigen ein Interesse an Telearbeit gehabt. Das bundesdeutsche nachfragerseitige Interesse an Telearbeitsplätzen dürfte mit diesem Anteil sogar unterschätzt werden, da hier die zum Befragungszeitraum Nichtbeschäftigten (z.B. Arbeitslose und Hausfrauen) unberücksichtigt sind. Auf Seiten der Arbeitsanbieter zeigten sich derselben Quelle zufolge 40,4 % an Telearbeitsplätzen interessiert. Übereinstimmendes Interesse beider Marktseiten lag in 17,1 % der Fälle vor. Selbst wenn man Abstriche bei diesen Zahlenangaben macht und von nur 6,8 % realistischem Interesse an Telearbeit ausgeht, resultiert immerhin ein (Tele-)Arbeitskräftepotenzial 2,5 Mio Beschäftigten. Wenngleich aus diesen Zahlen nicht hervorgeht, welcher Anteil der an Telearbeit Interesssierten in ländlichen Regionen lebt, so läßt sich doch vermuten, dass dieser Anteil nicht marginal ist, denn mit steigenden Miet- bzw. Wohneigentumspreisen in den Städten dürfte die Wohnortwahl zunehmend zugunsten der ländlichen Regionen ausfallen, was durch einen Ausbau der Telearbeitsplatzangebote noch verstärkt werden könnte. Neben diesem monetären Aspekt der Wohnortwahl herrscht eine starke Nachfrage nach Arbeitsplätzen, die eine erhöhte Vereinbarkeit zwischen Berufs- und Privatleben gewährleisten und mehr Gestaltungsspielräume beinhalten.[37] Unterstellt man, dass die Wohnraumkosten außerhalb der Städte geringer sind als in den Städten, so spricht dies dafür, dass eine Präferenz nach Telearbeitsplätzen in den ländlichen Regionen vorhanden ist. Mit zunehmender Arbeitsdauer in der häuslichen Umgebung wird sich auch die Nachfrage nach Konsummöglichkeiten in diesen Regionen erhöhen. Selbst wenn es sich um die von befragten Arbeitgebern bevorzugte Form der alternierenden Telearbeit handelt,[38] dürften dennoch zumindest teilweise Käufe, die zuvor unter Umständen in der Stadt getätigt wurden durch Kaufwünsche in unmittelbarer Umgebung des Wohn- (und damit auch Arbeits-)ortes substituiert werden. Bei hinreichend großer Nachfrage in den ländlichen Bezirken wird also ein Multiplikatoreffekt initiiert, der die Wirtschaftskraft dieser Regionen erhöht und als Folgeeffekt die Attraktivität der Landregionen erhöht, was weitere Ansiedlungswillige anziehen wird.

11 Betrachtet man die Telearbeit in Satellitenbüros, bei denen quasi Telearbeitszentren in den Regionen entstehen, so läßt sich aus wirtschaftspolitischer Sicht auch ein staatliche Förderung der Unternehmungen ableiten, die bereit sind, Telearbeitsplätze in den Regionen einzurichten. Die Begründung hierfür resultiert aus den positiven externen Effekten, die die Unternehmungen in Form der implizit angesprochenen Umwegrentabilität von Telearbeitsplätzen in der jeweiligen Region erzeugen und die durch staatliche Vergünstigungen (z.B. Gewerbesteuerreduktionen, finanzielle Investitionshilfen bei Infrastrukturinvestitionen) teilweise internalisiert werden könnten. Das grundsätzliche Interesse am Aufbau von Telearbeitszentren gemeinsam mit anderen Unternehmen könnte daraus resultieren, dass der Aufbau einer unternehmenseigenen Telearbeitsinfrastruktur unter Um-

---

[36] Vgl. zu den folgenden Daten: Empirica, „Interesse an Telearbeit".
[37] Reichwald, a.a.O., S. 12.
[38] Empirica, a.a.O.

ständen prohibitiv teuer ist.[39] Geht dies einher mit der fehlenden Bereitschaft bzw. Möglichkeit, dass der Telearbeiter seinen privaten Wohnraum als Telearbeitsstätte zur Verfügung stellt, so ist von beiden Marktseiten ein Anreiz gegeben, Telearbeitscenter zu installieren.

Für die Zunahme von Dienstleistungszentren, bei denen der Support für IT-Nutzer im Mittelpunkt steht, spricht, dass die Komplexität der Informationstechnologie nicht mehr von einer einzelnen Person beherrscht werden kann, sondern sich einander ergänzende Spezialistenteams bilden werden. Bei kundenorientierten Telearbeitszentren (insbesondere KMUs) profitieren die Kunden, da sie weiterhin einen – aber nun wohnortnäheren – „face-to-face-Kontakt" mit den Anbietern pflegen können. Ein Blick auf die, wenn nicht bereits jetzt schon vorhandenen dann aber zukünftig zu erwartenden, infrastrukturellen Überkapazitäten zahlreicher Landwirte (Scheunen, Stallungen...) zeigt auch Potenziale für die Partizipation der Landwirte am Strukturwandel, wenn diese ihre räumliche Infrastruktur nach geeigneten Umbaumaßnahmen als Telearbeitszentren anbieten. Die beschriebenen positiven Multiplikatoreffekte durch den Aufbau von Telearbeitszentren in ländlichen Regionen begünstigen auch, dass qualifizierte Arbeitskräfte in diesen Gebieten gehalten werden können, was auch zu einem Verteilungsausgleich des Steueraufkommens zwischen den Regionen (inkl. Städte) führt.[40]

12

Wenngleich also einiges für den zukünftigen Ausbau von Telearbeitsplätzen gerade in den ländlichen Regionen spricht, sollte dies nicht überinterpretiert werden. So wurde weiter oben deutlich, dass der Pool für Telearbeit geeigneter Arbeitsplätze durchaus begrenzt ist. Zudem besitzen Städte nach wie vor erhebliche Agglomerations- sowie Infrastrukturvorteile (Bahn-/Flug-/Autobahnanbindungen...), die auch von kostengünstigen ländlichen Standortalternativen nicht durchgängig überkompensiert werden.

1.3.4 Ressourceneffekte

Neben den oben diskutierten Arbeitsmarkt- und Regionaleffekten ist von besonderer volkswirtschaftlicher Relevanz, welche Effekte von der Telearbeit im speziellen und der Ausweitung des Einsatzes von I&K-Technik im allgemeinen für die Nutzung der gesamtwirtschaftlichen Ressourcen ausgehen. Hierbei nehmen die Produktionsfaktoren Umwelt und menschliche Arbeit einen zentralen Stellenwert ein.

13

Gemeinhin werden die Umwelteffekte der Telearbeit vor allem hinsichtlich ihrer Auswirkungen auf die Nutzung von PKWs und damit verbunden bezüglich ihrer Schadstoffausstoßeffekte diskutiert. Eine erste Annäherung an eine Quantifizierung derartiger Umwelteffekte kann dadurch erreicht werden, dass die durchschnittliche Entfernung eines Beschäftigten zu seinem Arbeitsort unter Berück-

---

[39] Paschedag, „Die Wohnortwahl privater Haushalte: eine theoretische Analyse", S. 124.
[40] Johanning, „Telearbeit: Einführung und Leitfaden für Unternehmen und Mitarbeiter", S. 70.

sichtigung des durchschnittlichen prozentualen Anteils an Arbeitszeit, die zu hause verbracht werden kann sowie des durchschnittlichen prozentualen Anteils der Wege zur Arbeit, die mit dem PKW zurückgelegt werden multipliziert wird mit der Anzahl der Arbeitstage pro Woche. Bei unterstellten 17 km Entfernung vom Arbeitsplatz, mit 5 Arbeitstagen pro Woche und einem Telearbeitsanteil von 40 % sowie einem Anteil der mit dem PKW zurückgelegten Wege zum und vom Arbeitsplatz, ergibt sich ein Einsparpotential pro Jahr und in Höhe von 2393,6 PKW-Kilometer.[41] Legt man bei den Arbeitsmarkteffekten die weiter oben geschätzten 2,5 Mio potenziellen Telearbeiter alleine im TIME-Bereich zugrunde, so ergeben sich Einsparungen beim Schadstoffausstoß, die eine erhebliche Umweltentlastung vermuten lassen. Es ist allerdings darauf hinzuweisen, dass derartige Berechnungen lediglich c.p. gelten, also eine Veränderung der Lebensweise und damit auch des Verkehrsverhaltens der Telearbeiter negiert wird.[42] Demgegenüber existieren verschiedene Hypothesen über die Verkehrsverhaltenseffekte der Telearbeit, die einer aktuellen empirischen Untersuchung unterzogen wurden.[43] So entspricht die zuvor dargestellte Berechnung der sog. „Substitutionshypothese", derzufolge Pendlerwege vollständig durch Telekommunikation ersetzt wird. Demgegenüber unterstellt die „Verlagerungshypothese", dass die Aufnahme der Telearbeit zusätzliche Wege der Telearbeiter generiert, da nunmehr Extrafahrten für Aufgaben anfallen, die vormals im Zusammenhang mit der Fahrt zur bzw. von der Arbeitsstätte erledigt wurden. Der „Kontraktionshypothese" zufolge führt die telearbeitsinduzierte Fahrtreduktion zu einer alle Fahrten vermindernden Lebensumgestaltung, gegenüber der gegenteiligen Argumentation, die von einer Zunahme der Fahrten ausgeht. Gerade das Gegenteil ist der Fall, wenn unterstellt wird, dass die Aufnahme von Telearbeit auch zu einer räumlichen Verlagerung des Wohnortes (beispielsweise auf ländliche Regionen) führt, da mit der Abnahme der Fahrtageanzahl eine Erhöhung der pro Fahrtag zurückzulegenden Kilometer eher akzeptiert wird. Schließlich treten umweltschonende Effekte dann ein, wenn die erhöhte Zeitflexibilität zu einer zeitlichen Verlagerung der notwendigen Fahrten führt, wodurch sich Verkehrsspitzen reduzieren. Empirisch bestätigt sich die „Kontraktionshypothese", da festgestellt wurde, dass Telearbeiter insgesamt kürzere Wege zurücklegen, wobei die Entfernung zum Arbeitsplatz relativ konstant bleibt.[44] Unter Berücksichtigung von Krankheits- und Urlaubstagen errechnen Glaser/Vogt insgesamt eine jährliche Fahrkilometereinsparung von 2579,5 km je Telearbeiter.[45] Überdies sprechen die empirischen Ergebnisse auch dafür, dass die Angehörigenfahrzeiten und -längen relativ konstant sind, die Telearbeit also eine Fahrverhaltensänderung weder in die eine, noch in die andere Richtung induziert.[46]

---

[41] Glaser/Vogt, „Auswirkungen neuer Arbeitsmarktkonzepte und insbesondere von Telearbeit auf das Verkehrsverhalten S. 219.
[42] Ebenda.
[43] Vgl. zum folgenden dies. S. 219 ff.
[44] Dies. S. 224.
[45] Dies. S. 225.
[46] Ebenda.

An jedem Büroarbeitsplatz wird Energie genutzt (Heizkosten, Strom für Licht *14* und Informationstechnologie ...). Volkswirtschaftlich relevant ist in diesem Zusammenhang, welcher Nettoeffekt bei der Energienutzung durch die Zunahme von Telearbeit entsteht. Einerseits kann argumentiert werden, dass sich die notwendige Infrastruktur verdoppelt, da zumindest bei alternierender Telearbeit, die zu Hause stattfindet, sowohl am Stammsitz der Unternehmen als auch im Wohnbereich der Telearbeiter ein Arbeitsplatz einzurichten ist.[47] Andererseits ist zumindest das Heizkostenargument zu relativieren, da schon aus Gründen der Erhaltung der Bausubstanz nicht davon ausgegangen werden kann, dass ein als Telearbeitsplatz genutzter Raum in der Wohnung des Mitarbeiters während dessen häuslicher Abwesenheit gänzlich unbeheizt bleibt. Zudem dürfte es sich bei der Einrichtung von Heimarbeitsplätzen häufig um eine lediglich anderweitige Nutzung des nunmehr für Telearbeit (mit-)genutzten Raumes handeln. Eine Erhöhung der Energiekosten wird umso eher eintreten, je mehr es sich bei den Telearbeitsplätzen um zusätzliche Arbeitsplätze handelt, die infrastrukturell in neu entstehenden Telearbeitszentren stattfindet. Dieses Argument unterstellt allerdings die Annahme, dass die Unternehmungen anderenfalls keine Arbeitsplätze bereitstellen würden, so dass es sich netto betrachtet um eine zusätzliche Infrastruktur handelt.

Energieeinsparungen ergeben sich auch dann, wenn das Angebot an Telearbeitsplätzen tendenziell zu einer Reduktion der von den Unternehmungen permanent bereitgestellten Bürofläche führt. Die Kosteneinsparungseffekte lassen sich exemplarisch an einem Informationstechnologiedienstleistungsunternehmen zeigen, das sein festes Schreibtischangebot aufgrund eines kontinuierlichen dienstreise-, urlaubs- und krankheitsbedingten Abwesenheitsbodensatzes um etwa 25 % reduziert hat.[48] Bei Kosten in Höhe von ca. 153.000 DM pro Arbeitsplatzbau und weiteren ca. 25.000 DM Betriebskosten p.a. und Arbeitsplatz lassen sich durch diese Massnahme erhebliche Kosten, die zu einem großen Teil eben auch Energiekosten beinhalten für das Unternehmen einsparen. Allerdings stehen diesen Einsparpotentialen die Kosten für die Ausstattung der Mitarbeiter mit modernster mobiler Informationstechnologie (Notebook, Fax ...) gegenüber. Da sich der Bodensatz der Büroabwesenden mit der Ausbreitung von Telearbeitsplätzen weiter erhöht, ergeben sich Energieeinsparungen durch diese neue Form der Arbeitsabwicklung analog dem beschriebenen Fall.

Umweltbelastungen, die allerdings derzeit noch nicht quantifizierbar sind, kön- *15* nen daraus resultieren, dass die Strahlenbelastung, der die Umwelt durch (Tele-)Kommunikationsmedien ausgesetzt ist, zunimmt. Dieser Effekt wird umso stärker wirken, je mehr die I&K-Technologie sowohl in den Betrieben als auch in der breiten Bevölkerung an Akzeptanz gewinnt. Ob jedoch von der Ausweitung der Telearbeit ein derart durchgreifender Effekt ausgehen wird, dürfte vor dem Hintergrund der obigen Ausführungen eher zu bezweifeln sein.

---

[47] Lucas, a.a.O., S. 161.
[48] Vgl. HAZ, 3. März 2000, Verlagsbeilage, S. 3.: Zum Arbeiten in die Lounge des Business-Clubs.

Sieht man einmal von der mit der Ausweitung der I&K-Technologie verbundenen produktionsdeterminierten Umweltbelastung ab, so ergeben sich zusätzliche Umweltschäden, da gerade in der Hardware-Produktion zum Teil hochgradig gesundheitsschädigende komplexe Werkstoffe eingesetzt werden.[49] Demgegenüber bietet allerdings die I&K-Technik neue Möglichkeiten der Umweltentlastung, wenn beispielsweise ressourcensparende und abfallreduzierende mikroelektronische Produkte entwickelt und eingesetzt werden.[50] In diesen Einsatzmöglichkeiten von I&K-Techniken kann auch die Chance gesehen werden, komplexe umweltrelevante Datensätze sammeln und auswerten zu können, die quasi als Frühwarnsystem für eintretende ökologische Risiken dienen können, wobei allerdings auf die immanente Gefahr hinzuweisen ist, dass „... die Verantwortung für den Erhalt unserer natürlichen Lebensbedingungen immer mehr an technische Systeme abgegeben wird"[51]. Die Telematik kann folglich nicht als Umweltschutzgarant angesehen werden.[52]

Dass die I&K-Technologie ein Vehikel ist, welches auch die internationale Integration der Volkswirtschaften fördert, kann mittlerweile als allgemein bekannt angesehen werden. Einerseits mag diese Technologie durchaus partiell Transportwege vermeiden. Man denke hier z.B. an die Reduktion von Dienstreisen, die durch Kommunikationmöglichkeiten über das Netz substituiert werden. Andererseits wird die globale und den internationalen Handel fördernde Vernetzung auch zusätzlichen Transportbedarf erzeugen, da kaum davon ausgegangen werden kann, dass zukünftig lediglich Daten anstelle z.B. von Maschinen, Bauteilen oder auch Fahrzeugen international gehandelt werden. Im Gegenteil erhöht die internationale Vernetzung auch die Informationstransparenz und erweitert somit auch das Spektrum zukünftigen internationalen Handels sei es bei der Identifikation des global günstigsten Vorleistungsproduzenten oder auch von Absatzmarktnischen bzw. neuen Handelspartnern rund um den Erdball. Selbst der dienstliche Reisebedarf könnte gerade durch die globale Informationsverarbeitung steigen, wenn realistischerweise unterstellt wird, dass weltweit abgebaute Kommunikationsbarrieren auch die Bereitschaft und die Notwendigkeit des persönlichen Kennenlernens erhöht. Die wirtschaftliche Praxis bestätigt immer wieder, dass virtuelle Märkte und Messen sowie interpersonelle mediale Kontakte keine dauerhaften Substitute für das persönliche und damit auch sinnliche „Erfassen" potenzieller Geschäftspartner darstellen. So mag zwar die Häufigkeit und Dauer der Teilnahme beispielsweise an organisierten Unternehmerreisen aus Kostengründen gesunken sein. Dennoch kann beobachtet werden, dass ab einem bestimmten Zeitpunkt der Informationssammlung und Informationsaufbereitung der persönliche, direkte Kontakt mit potenziellen ausländischen Geschäftspartnern gesucht wird und diese Begegnungen nicht selten den Ausschlag für das tatsächliche (Nicht-)Zustandekommen der Geschäftsbeziehung gibt. Mit zunehmender Viel-

---

[49] Schulz/Steiger, a.a.O., S. 89.
[50] Dies., S. 87.
[51] Dies., S. 88.
[52] Dies. S. 89.

falt und Intensität globaler Erstkontakte über moderne Medien könnte sich mithin das geschäftsbedingte Reiseverkehrsaufkommen sogar erhöhen, mit entsprechenden Belastungen für die Nutzung des Produktionsfaktors Umwelt.

Schließlich lassen sich durch den Einsatz von Telearbeit sowohl einzel- als auch gesamtwirtschaftlich Kosten einsparen, die aus der Reduktion krankheitsbedingter Arbeits- und damit u.U. verbundener Produktionsausfälle resultieren. Man denke hier an Krankheiten, die die räumliche Überbrückung zum Arbeitsplatz verhindert, was beispielsweise bei Knochenbrüchen häufig der Fall ist. Ebenso ist es durchaus plausibel, dass eine stark erkältete Person nicht zur Arbeit in das Unternehmen fährt, bei der Möglichkeit von Telearbeit (in diesem Fall von zu Hause aus) jedoch bereit und in der Lage ist, wenigstens einen Bruchteil des normalen Arbeitstages Arbeitsleistungen zu erbringen. Ebenso dürfte sich der Krankenstand umso stärker reduzieren, je motivierender die Telearbeit gegenüber der Alternative der klassischen Büroarbeit auf die Beschäftigten wirkt. Dieser Motivationseffekt kann beispielsweise aus einer stärkeren individuellen Flexibilität bei Telearbeit oder generell aus einer als höher empfundenen Lebensqualität resultieren, was tendenziell zu einer Verringerung krankheitsbedingter Arbeitsausfälle führen kann.

Insgesamt kann also festgehalten werden, dass auch gesamtwirtschaftlich betrachtet eine Vielzahl potenzieller positiver Effekte von der Telearbeit bzw. I&K-intensiver Arbeit erwartet werden kann, die mit zunehmender Ausbreitung verstärkt werden dürften.

1.3.5 Arbeitsmarktpotenzial betrieblicher Informationsverarbeitung für Frauen

Die Ausgangssituation für arbeitswillige Frauen läßt sich insbesondere dadurch charakterisieren, dass Erwerbsarbeit und unbezahlte Arbeit zwischen den Geschlechtern immer noch ungleich verteilt sind und dass überkommene Denkweisen, mangelhafte gesellschaftliche und private Unterstützung bei der Kinderbetreuung eine Doppelbelastung für Frauen herbeiführen, da sie zusätzlich zur Erwerbs- auch die Hausarbeit zu leisten haben.[53] Betrachtet man die gesunkene Erwerbsquote bei Frauen zwischen 25 und 40 Jahren in Deutschland, so dürfte sich zumindest ein Teil des Rückgangs auf die Problematik zurückführen lassen, Vollzeitbeschäftigung und Familienaufgaben miteinander zu vereinbaren.[54] Die weiter oben beschriebene rasante und kontinuierliche Entwicklung der Technik und deren Einsatzes auch in kaufmännischen Berufen baut dann zusätzliche (Arbeits-)Marktzutrittsbarrieren für Frauen auf, die nach der Familiengründung wieder ins Berufsleben eintreten wollen, wenn sie sich nicht bereits während der Berufsunterbrechung ständig auf dem aktuellen Stand der technischen Entwicklung gehalten haben. Um hier nicht den Anschluss zu verlieren, sind diese Frauen

16

---

[53] Vgl. „Zukunft der Arbeit".
[54] Vgl.: „Für Frauen".

besonders auf Fortbildungsangebote angewiesen, die der vor allem technisch veränderten Struktur vieler Berufsbereiche gerecht werden.[55]

Vor diesem Hintergrund sind denn auch die folgenden (auszugsweisen) Forderungen zu sehen, deren Erfüllung eine Verbesserung der Rahmenbedingungen herbeiführen sollen:

- neue Arbeitszeiten und neue Betreuungszeiten für Kinder, durch die eine Harmonisierung zwischen den Belangen der Unternehmungen einerseits und denen der Eltern andererseits herbeigeführt werden soll[56]
- Einführung flexibler Öffnungszeiten der Kindergärten und neue Modelle der Tagespflege[57]
- generelle Flexibilisierung der Arbeitszeiten zugunsten einer gerechteren Verteilung der Arbeitszeiten zwischen Frauen und Männern und als Instrument gegen eine Verdrängung Erwerbstätiger aus dem Erwerbsleben[58]
- Erhöhung der technischen Kompetenz bei Frauen, deren Fehlen häufig als Marktzugangsbarriere für Frauen gesehen wird[59].

17 Eingedenk der kurz umrissenen Rahmenbedingungen stellt sich die Frage, welchen Beitrag Telearbeit leisten kann, um den Forderungen gerecht zu werden und die Möglichkeiten für Frauen zu verbessern, die o.g. Probleme zu lösen bzw. wenigstens zu lindern.

Mit der Möglichkeit von Telearbeit werden zahlreiche Vorteile für die Situation der Frauen verbunden.

18 Da Telearbeit eine freiere Arbeitszeitgestaltung erlaubt, besteht hierdurch die Chance einer besseren Integration der Arbeit in die Lebensrealität der Frauen und Männer, was im übrigen auch für eine generelle Flexibilisierung der Arbeitszeit gilt.[60] So ergibt sich in diesem Zusammenhang insbesondere eine flexiblere zeitliche Anpassung an planbare aber auch an unvorhersehbare kurzfristige Anforderungen der Familienmitglieder. Man denke hierbei nur an Krankheitsfälle in der Familie, bei denen eine „Telearbeiterin" direkt erreichbar ist. Damit steigt letztendlich die Sicherheit für die Mütter in Notsituationen. Häufig haben Frauen das Problem, bei vollständigem zwischenzeitlichem und familienbedingtem Ausstieg aus ihrem Beruf, später wieder in das Berufsleben eintreten zu können. Mit Telearbeit erleiden diese Frauen nicht nur keinen Know-How- bzw. Qualifikationsverlust, sondern halten zudem kontinuierlich den Kontakt zu ihrem Arbeitgeber, was einen späteren umfangreicheren Berufseinstieg erleichtert. Desweiteren läßt sich davon ausgehen, dass bei Telearbeit, die in der eigenen Wohnumgebung ausgeübt wird, die Arbeitszufriedenheit schon wegen des in der Regel gemütlicheren Arbeitsumfeldes steigen dürfte und so auch zu einem Anstieg der Produktivität

---

55 Ebenda.
56 Vgl.: Material an den DGB – Bundesfrauenausschuß, Antrag 44 – neue Wege in der Kinderbetreuung.
57 Ebenda.
58 Vgl. Winkler, G., „Telearbeit-Chancen für Frauen", www.ies.uni-hannover.de.
59 Vgl. www.netzwerk.de, Ziele des Projektes „Netzwerk Telearbeit Frauen".
60 Vgl. hierzu und zum folgenden Winkler/Maus, „Telearbeit – Heimvorteil der Frauen"

führen kann.⁶¹ Auch die Zeitersparnis durch entfallende Wege zum Arbeitsplatz eröffnet einen größeren Spielraum, Arbeit und Familienbetreuung miteinander zu vereinbaren, von Kosteneinsparungen einmal ganz abgesehen.⁶² Eher kritisch einzuschätzen ist das Argument, Telearbeit erlaube sowohl ein eigenständiges, ungestörtes Arbeiten und zugleich die Betreuung der Kinder. Dies impliziert, dass sich die Familie, insbesondere die Kinder, vollständig auf die Arbeit der Mutter einstellt und eine für die Telearbeit notwendige Ruhe bieten, was eher unrealistisch ist. Selbst wenn man davon ausgeht, dass beispielsweise eine Haushaltshilfe die Telearbeit leistende Mutter unterstützt, herrscht dennoch erfahrungsgemäß bei Anwesenheit von Kindern eher keine arbeitsgerechte Atmosphäre.⁶³ Das genannte Argument trifft dann zu, wenn aufgrund der Eigenart der Telearbeit die Telearbeitszeit in die Stunden der Abwesenheits- oder Schlafenszeit der Kinder verlegt wird. Dies bedeutet aber häufig, dass die Arbeit in die Abendstunden verlegt wird, woraus wiederum de facto eine Doppelbebelastung für die Frauen entsteht, die zusätzliche Streßfaktoren erzeugt, da in diesem Fall Erholungszeit in Arbeitszeit umgewandelt wird. Schließlich könnte sich die erhöhte Eigenverantwortung, die mit Telearbeit einhergeht, positiv auf die Bereitschaft, beruflich selbständig zu werden, auswirken.⁶⁴ Hier ist allerdings zu hinterfragen, ob die via Telearbeit erlernte Eigenständigkeit tatsächlich die entscheidende persönliche Eigenschaft ist, die jemanden bewegt, in die berufliche Selbständigkeit zu wechseln.

19 Nicht zu vernachlässigen dürfte das Argument sein, dass Telearbeit neue familiäre Konfliktfelder erzeugen kann, da die räumliche und zeitliche Trennung von Funktionen wie Beruf, Elternschaft, Haushaltsorganisation und Freizeit aufgehoben wird.⁶⁵ Bei Alleinstehenden (z. B. auch Alleinerziehende) stellt sich schließlich das Problem, dass für diesen Personenkreis der Arbeitsplatz die zentrale soziale Schnittstelle zu Mitmenschen ist, die durch Telearbeit zumindest belastet würde.⁶⁶

20 Insgesamt sprechen einige Argumente dafür, dass sich durch ein verstärktes Angebot an Telearbeitsplätzen die oben näher spezifizierte Situation von Frauen verbessern läßt. Allerdings verdeutlichen die skizzierten Nachteile der Telearbeit realistischerweise auch, das Telearbeit kein Allheilmittel zur beruflichen Gleichstellung von Frauen ist. Dies kann schon deswegen nicht erwartet werden, da weiter oben auch deutlich wurde, dass Telearbeitsplätze quantitativ begrenzt sind. Noch gravierender ist in diesem Zusammenhang jedoch, dass berufliche Benachteiligungen von Frauen nach wie vor eher ein gesamtgesellschaftliches Problem ist, dessen Lösung nicht durch fehlende arbeitsorganisatorische oder arbeitstechnische Alternativen determiniert wird, sondern letztlich nur durch einen frauengerechteren Wertewandel herbeigeführt werden kann, der dann auch Einzug in die Unternehmungen und Familien findet.

---

61 Seimert, „Telearbeit. Was Chefs und Mitarbeiter wissen müssen".
62 Ebenda.
63 Vgl. hierzu auch Matthies, „Telearbeit – Das Unternehmen der Zukunft – Umwälzung in der Arbeitswelt".
64 Vgl. Seimert, a.a.O.
65 Matthies, a.a.O.
66 Walther/Finder, „Telearbeit. Situation und Erwartung österreichischer Unternehmen".

2. Organisation von Telearbeit

Dieser Abschnitt befaßt sich mit der betriebsgerechten Organisation von Telearbeit. Daher soll an dieser Stelle zunächst geklärt werden, was man unter dem Begriff Organisation versteht. Zur Definition von Organisation kann man die üblichen Wege gehen und entweder den funktionalen oder den instrumentellen Organisationsbegriff definieren.

21

Der Funktionale Organisationsbegriff läßt sich am besten durch die Abgrenzung zur Planung verdeutlichen. Planung stellt dabei den Entwurf einer Ordnung dar, nach der sich alle Prozesse eines Betriebes auszurichten haben. Organisation stellt in diesem Zusammenhang dann auf die Umsetzung dieser Ordnung in Form eines Systems genereller und fallweise Regelungen ab. Im Gegensatz dazu wird beim instrumentellen Organisationsbegriff der Instrumentcharakter der erlassenen Regelungen betont. Diese stellen eine Betriebsstruktur dar, die durch das Betriebsziel determiniert ist.

Eine Erweiterung haben diese Organisationsauffassungen durch die Betrachtungsweise der Soziologie und Psychologie erfahren. Während die beiden vorangegangenen Sichtweisen davon ausgehen, daß der Betrieb eine Organisation (als Funktion oder Instrument) hat, geht man hierbei davon aus, daß der Betrieb selbst eine Organisation ist.[1]

Für die mit diesem Buch verfolgten Zwecke soll Organisation umfassend definiert sein als die dauerhafte Gestaltung eines Systems aus den Elementen Menschen, Aufgaben, Informationen und Sachmitteln zur Erreichung betrieblicher Ziele.

2.1 Elemente der Organisation von Telearbeit

Aus der obigen Definition erkennt man, welche Elemente dieses System enthält:

22

(a) Aufgaben sind entweder durch Gesetz oder Unternehmensziele vorgegebene Sachziele Bei privatwirtschaftlichen Unternehmen gehört dann zumeist noch ein Formalziel in Form von Gewinnstreben dazu. Ob sich Telearbeit positiv auf ein Unternehmen auswirkt, muss stets vor dem Hintergrund dieser Aufgaben und Ziele beleuchtet werden. Eine organisatorische Ausgestaltung der Telearbeit, welche die Einkommenssicherheit des Arbeitnehmers durch Aufhebung des Arbeitnehmerstatus gefährdet, dem Unternehmen jedoch höhere Gewinne einbringt, ist hierfür ein gutes Beispiel.

(b) Menschen erbringen im Rahmen der ihnen gestellten Aufgaben bestimmte Arbeitsleistungen (Aufgabenträger). Dafür müssen sie entlohnt und eventuell

---

[1] Für einen guten Überblick über unterschiedliche Auffassungen des Begriffs Organisation, Vahs (1999), S. 8 ff.

auch auf andere Art und Weise motiviert werden. Ob Telearbeit insbesondere eine höhere Motivation der Mitarbeit mit sich bringt, ist stets im Einzelfall zu überprüfen. Ganz allgemein gilt jedoch, daß man die Mitarbeiter, die mit Telearbeit betraut werden sollen, nach den Erfordernissen dieser Art der Aufgabenerfüllung selektieren muß.

(c) Informationen sind unerläßlich zur Aufgabenerfüllung. Die Aufgabenträger benötigen während der Aufgabenerfüllung die unterschiedlichsten Informationen stets zur richtigen Zeit. Werden die Aufgaben per Telearbeit erfüllt, dann haben die Informationen zumeist eine größere räumliche Distanz zu überbrücken. Damit dies genauso effizient möglich ist, wie bei konventionellen Organisationen, wird verstärkt Informationstechnologie eingesetzt. Damit wird bei Telearbeit dem Fluß von Informationen vom Unternehmen zum Telearbeitnehmer und auch wieder zurück eine sehr große Bedeutung zukommen. Eine Planung der notwendigen Informationen und ihrer Wege ist unerläßlich.

(d) Sachmittel sind realtechnische Instrumente der Aufgabenerfüllung, die in vielen Fällen großen Einfluß auf die Gestaltung von Organisationsstrukturen haben. Telearbeit ist letztendlich erst möglich durch den Einsatz von Sachmitteln, welche den schnellen Fluß von Informationen auch über weitere räumliche Distanzen hinweg ermöglichen. Im Zusammenhang mit den Sachmitteln kann, gerade bei der Teleheimarbeit[2] auch an deutliche Einsparungen für Unternehmen gedacht werden. Auch wenn hier sehr viel Wert auf die technologische Ausrüstung der Telearbeitsplätze gelegt wird, so soll betont werden, daß durchaus auch konventionelle Arbeitsmittel den Erfolg von Telearbeit für ein Unternehmen beeinflussen können.

In den nächsten Abschnitten werden die Elemente, die der Gestaltung der Telearbeit dienen noch ein wenig näher beleuchtet. Dabei soll bei den Menschen (Aufgabenträgern) Wert auf die Auswahlkriterien geeigneter Mitarbeiter gelegt werden. Im Abschnitt zu den Aufgaben wird überprüft, welche Aufgaben prinzipiell für Telearbeit in Frage kommen. Die Elemente Informationen und Sachmittel werden zu einem Kapitel „Technik/Informationen" zusammengefaßt. An dieser Stelle wird dann auf eine Grundausstattung und Kostenschätzung für die Einrichtung von Telearbeitsplätzen eingegangen.

2.1.1 Teletauglichkeit von Arbeitsplätzen und Arbeitnehmern

23 Mit dem Wandel von der Industriegesellschaft zur Informationsgesellschaft wird sich die starre traditionelle Trennung von Arbeitsort und Wohnung, die durch die Industrialisierung des 19. Jahrhunderts begründet wurde, zunehmend verwischen.[3] Kennzeichen der Industriegesellschaft war, dass der Mensch zur Arbeit kam. Die Telearbeit bringt dagegen die Arbeit zum Menschen.

---

[2] Siehe zu den Organisationsformen der Telearbeit, Abschnitt 2.2.
[3] Glaser/Glaser, Telearbeit in der Praxis, S. V.

Elemente der Organisation von Telearbeit

Die verschiedenen Erscheinungsformen der Telearbeit sind in Rdnr. 62 ff. dargestellt. Wichtig ist die Erkenntnis, dass Telearbeit kein Beruf oder Berufsbild ist, sondern eine moderne Form, den Beruf auszuüben[4], also letztlich eine neue Organisationsform, die durch den Einsatz moderner Informations- und Kommunikationstechniken ermöglicht wird.[5] Sie bildet eine Form der technisch unterstützten Dezentralisierung.[6] Mitarbeiter oder Gruppen von Mitarbeitern werden ausgelagert, um z.B. vom heimischen Schreibtisch aus bestimmte Aufgaben zu erledigen (Dezentralisierung von Arbeitsplätzen).[7]

In den letzten fünf Jahren ist die Zahl der Telearbeitsplätze in Deutschland um rund ein Drittel auf 2,1 Millionen gestiegen.[8] Weiteres zur Zeit noch ungenutztes Potenzial besteht in nicht unerheblichem Umfang. Genaue Schätzungen sind allerdings schwierig, weil eine präzise Abgrenzung von Telearbeit zu anderen Arbeitsformen schwierig ist und die Zahl für Telearbeit geeigneter Arbeitsplätze stark von technischen Entwicklungen und ihren wirtschaftlichen Einsatzmöglichkeiten abhängt. 24

Vorbedingung für die Aufhebung von Raum und Zeit im Arbeitsprozess ist eine hinreichend zuverlässige und preislich akzeptable Technik, die dies ermöglicht. Leistungsfähige, preisgünstige und vernetzbare Computer sind heute verfügbar, ebenso technisch ausgereifte und (mehr oder weniger) benutzerfreundliche Software.[9] Mehr als zwei Drittel der Büroarbeitsplätze in Deutschland sind mit Computern ausgestattet.[10] Auch technische Möglichkeiten für die schnelle Übertragung von Daten über größere Distanzen stehen zur Verfügung. Der technische Fortschritt im Hinblick auf potenzielle Übertragungsmengen und Geschwindigkeit ist dabei rasant. Gleichzeitig sind die Preise für Datenübertragungen, insbesondere seit der Liberalisierung der Telekommunikationsmärkte in Deutschland, stark im Fallen. Umgekehrt nimmt der Verbreitungsgrad der neuen Techniken und damit auch die Akzeptanz in der Bevölkerung deutlich zu. Ein Beispiel bildet die schnell wachsende Verbreitung von Internetanschlüssen in Deutschlands privaten Haushalten. Die Menschen sind mit der Informationstechnik durch Beruf und Privatleben vertraut. Die Technik für Telearbeit ist also verfügbar und einsatzreif.

In der Regel genügen heute für den häuslichen Telearbeitsplatz ein Telefon, ein leistungsfähiger PC mit entsprechender Software und einer ISDN-Karte bzw. einem Modem, ein Bildschirm, gegebenenfalls und je nach zu erbringender Tätigkeit ergänzt durch Drucker, Faxgerät, Scanner und Anrufbeantworter (sinnvollerweise mit Anrufweiterleitung). Bei komplexen Arbeiten (z.B. Erstellen von Grafiken, Konstruktionen usw.) und hochqualifizierten Fachkräften kann auch eine 25

---

[4] Liebs/Schuchardt, Telearbeit – ein Leitfaden für Unternehmen, S. 34.
[5] Online Forum Telearbeit, Basisinformation Telearbeit, S. 6.
[6] Glaser/Glaser, Telearbeit in der Praxis, S. 7.
[7] Voss, Telearbeit, S. 27 und 32.
[8] FAZ vom 3. Juni 2000, S. 63, IWD 48/00 und IWD 42/99.
[9] Glaser/Glaser, Telearbeit in der Praxis, S. 2.
[10] Dostal, Telearbeit in der Informationsgesellschaft, S. 36.

Workstation oder ein Videokonferenzsystem erforderlich sein. Für mobile Telearbeitsplätze ist ein Laptop oder Notebook mit Mobiltelefon und entsprechendem Modem oder ISDN-Karte sinnvoll.

Hard- und Software müssen störungsfrei arbeiten. Die technische Ausstattung zu Hause muss auf die Informations- und Kommunikationstechnologie des Unternehmens abgestimmt sein. Die Software muss so benutzerfreundlich sein, dass sich der Telearbeiter bei kleineren Problemen selbst helfen kann. Am besten ist es, wenn er mit den Programmen bereits vertraut ist.[11]

26 Dennoch sind nicht alle Arbeitsplätze telearbeitsplatztauglich. Es gilt also im ersten Schritt herauszufinden, ob der in Betracht kommende Arbeitsplatz überhaupt für Telearbeit geeignet ist.

Während man zu Beginn der Einführung der Telearbeit eher einfachere Tätigkeiten, wie Schreibdienste oder die Erfassung von Daten, als für Telearbeit geeignet ansah, hat man inzwischen erkannt, dass bei diesen Aufgaben das Verhältnis von Aufwendungen und Ertrag nicht immer angemessen ist. Zudem sind derartige Tätigkeiten häufig wenig personenabhängig und damit relativ leicht substituierbar. Deshalb geht man zunehmend dazu über, auch und gerade höher qualifizierte Tätigkeiten in die Telearbeit einzubeziehen, bei denen eine personelle Austauschbarkeit nicht ohne Weiteres gegeben ist.[12]

Besonders geeignet für Telearbeit sind in diesem Segment Tätigkeiten mit einer hohen Ergebnisorientierung. Bei ergebnisorientierten und auch termingebundenen Arbeiten spielt es letztlich für den Arbeitgeber keine Rolle, wann, in welcher Arbeitszeit und wo die Arbeit erledigt wird.[13] Entscheidend ist allein das Arbeitsergebnis.[14] Ideal sind dabei Arbeiten, die sich von den übrigen betrieblichen Tätigkeiten abtrennen lassen. Häufig weisen die sie einen hohen Anteil von konzentrierter Themenarbeit auf.

27 Weiteres Kriterium ist eine geringe Situationsbezogenheit der Tätigkeit. Die zu erfüllende Aufgabe muss klar umrissen sein und darf nicht häufigen, kurzfristigen Einflüssen und Änderungen unterliegen. Tätigkeiten, die eine starke Interaktion erfordern, wie z.B. Sekretariatsarbeiten, eignen sich weniger für Telearbeit.[15]

Die Tätigkeit sollte keinen allzu großen Koordinierungsbedarf aufweisen. Weniger geeignet sind deshalb Tätigkeiten, bei denen sich der Telearbeiter häufig mit Kollegen und Vorgesetzten abstimmen muss. Allerdings sind heute durch die Nutzung moderner Techniken auch bei der Telearbeit zunehmend Koordinierungen technisch möglich. Die Kommunikation erfolgt dann im wesentlichen telefonisch, schriftlich, per E-mail oder Videokonferenz. Wenn diese Art der Kommu-

---

[11] Kreis-Engelhardt, Telearbeit, S. 55.
[12] So auch Voss, Telearbeit, S. 149.
[13] Sbrzesny, DAK-Informationen, Praxis + Recht Magazin, Heft 2 (Juni) 2000, S. 45.
[14] Wedde, Virtuelle Betriebe – Auswirkungen auf die Betriebsratsarbeit?, AIB 1997 S. 31 ff., 33.
[15] Glaser/Glaser, Telearbeit in der Praxis, S. 32.

nikation ausreicht und die technischen Voraussetzungen dafür vorhanden sind, ist auch die Koordinationsbedürftigkeit der Tätigkeit somit kein Ausschlusskriterium.

Der Telearbeiter sollte nur in geringem Umfang auf betriebliche Ressourcen zurückgreifen müssen, d.h. der nichttechnische Arbeitsmittelbedarf sollte eher gering sein. Dies gilt insbesondere für Akten, Bücher und andere Unterlagen, die der Telearbeiter aus dem Betrieb für seine Arbeit benötigt. Die zeitweise Verlagerung derartiger Unterlagen in größerem Umfang würde erheblichen zeitlichen, logistischen und organisatorischen Aufwand erfordern. Ferner benötigt die Lagerung solcher Unterlagen erheblichen Platz, der beim Telearbeiter in der häuslichen Wohnung oft nicht vorhanden ist. Kein Problem besteht, wenn es sich bei den für die Tätigkeit erforderlichen Unterlagen um Datenbestände beispielsweise auf einem Zentralcomputer handelt, auf die der Telearbeiter auch von seinem Heimarbeitsplatz aus per Datenleitung Zugriff nehmen kann. *28*

Es zeichnet sich ab, dass sich mit wachsendem technischen Fortschritt und zunehmender Anwendung der Informationstechnologie immer mehr Tätigkeitsbereiche für außerbetriebliche Arbeit eignen.[16] In Frage kommt grundsätzlich jede qualifizierte Büroarbeit im weiten Sinn, die aus Informationsverarbeitung und Kommunikation besteht. Heute übernehmen Computer die Informationsspeicherung und die Informationsübertragung. Die von Menschen zu leistende Arbeit verändert sich dadurch. Der Mensch wird von Routinearbeiten entlastet, anspruchsvollere Tätigkeiten und der Kommunikationsbedarf nehmen hingegen zu. Dies führt zu einer Flexibilisierung der Arbeit und zu einer Enthierarchisierung der Organisation. Die Effektivität und Produktivität hängen somit wesentlich davon ab, dass Arbeits- und Kommunikationsmenge und das Verhältnis der Anteile zueinander stimmen.[17] *29*

Außer qualifizierten Büroarbeiten eignen sich z.B. Tätigkeiten aus den Bereichen Planung und Entwicklung, Beratung und Support sowie kreative Berufe wie Schulungsaufgaben für die Telearbeit.[18] Neue Technologien werden weitere Arbeitsfelder für die Telearbeit erschließen.

Schließlich müssen Vorbehalte von Vorgesetzten und Kollegen abgebaut werden. Nur wenn beide Seiten der Telearbeit positiv gegenüber stehen, kann diese zum Erfolg führen. Telearbeit setzt beiderseitiges Vertrauen und Loyalität voraus. Untersuchungen belegen, dass insbesondere auf der Seite des Managements in deutschen Unternehmen Skepsis vorhanden ist.[19] Diese bezieht sich vor allem auf Probleme mit der Datensicherheit, auf Zweifel an der Produktivität und Arbeitsqualität und auf Schwierigkeiten mit der Führung. Teilweise resultieren die Bedenken auch aus unzureichenden Kenntnissen des Managements über Telearbeit. Daneben werden als Hinderungsgründe hohe Kosten, fehlender Veränderungs- *30*

---

16 Glaser/Glaser, Telearbeit in der Praxis, S. V.
17 Glaser/Glaser, Telearbeit in der Praxis, S. 1.
18 Kreis-Engelhardt, Telearbeit, S. 29 f.
19 Ausführlich dazu IWD 48/00, S. 6.

druck, Organisations- und Kommunikationsprobleme sowie Gesundheits-, Sicherheits-, Versicherungs- und rechtliche Probleme genannt.[20] Die angesprochenen Schwierigkeiten sind heute letztlich alle lösbar. Sie müssen aber offen diskutiert und konsequent abgebaut werden.

2.1.1.1 Arbeitnehmeranforderungen

31 Im zweiten Schritt muss gefragt werden, ob der konkrete Arbeitnehmer den individuellen Anforderungen an die Telearbeit gewachsen ist.

Der Erfolg von Telearbeit hängt in erster Linie von der Auswahl der richtigen Arbeitnehmer ab.[21] Von großer Bedeutung ist, dass sich der Arbeitnehmer freiwillig für die Telearbeit entscheidet. Eine positive Grundeinstellung ist die Voraussetzung für erfolgreiche Telearbeit. Niemand sollte zur Telearbeit gezwungen werden. Zumindest während einer Testphase sollte auch die Möglichkeit einer Rückkehr des Telearbeiters auf den betrieblichen Arbeitsplatz aus familiären oder betrieblichen Gründen vorgesehen werden.[22]

Geeignet ist die Telearbeit grundsätzlich weniger für Berufsanfänger und für Neulinge im Betrieb als für langjährige Mitarbeiter, deren Eignung besser beurteilt werden kann, und die die betrieblichen Zusammenhänge und Abläufe kennen und einschätzen können. Bei neuen Mitarbeitern kann in der Regel vom Arbeitgeber weder die Persönlichkeit noch die Qualität der Arbeitsergebnisse hinreichend eingeschätzt werden.[23] Neue Arbeitnehmer kennen weder die Unternehmenskultur, die technische Abwicklung der Vorgänge noch die Ansprechpartner im Betrieb.

Der Betrieb, der die Einführung von Telearbeit in Erwägung zieht, sollte prüfen, ob bei den in Betracht kommenden Mitarbeitern die nachfolgend beschriebenen Eigenschaften vorhanden sind. Zur Vervollständigung des Meinungsbildes können die Arbeitnehmer mittels eines Fragebogens nach ihrer Selbsteinschätzung zu den angesprochenen Problemkreisen befragt werden.

2.1.1.1.1 Geeignetes häusliches Umfeld

32 Dem Telearbeiter muss ein geeigneter Arbeitsplatz zu Hause zur Verfügung stehen. Empfehlenswert ist ein eigenes Zimmer, in dem die notwendigen Vorrichtungen untergebracht werden können und in dem er ungestört arbeiten kann. Selbstverständlich muß die Ausstattung den Bestimmungen des Arbeits- und Gesundheitsschutzes entsprechen.

Auch die familiäre Situation und das persönliche Umfeld des Telearbeiters sind wichtig. Mitbewohner müssen das notwendige Verständnis für die Telearbeit mit-

---

[20] IWD 48/00, S. 6.
[21] Sbrzesny, DAK-Informationen, Praxis + Recht Magazin, Heft 2 (Juni) 2000, S. 46.
[22] Voss, Telearbeit, S. 151.
[23] Kreis-Engelhardt, Telearbeit, S. 42.

Elemente der Organisation von Telearbeit

bringen. Familienangehörige, insbesondere Kinder, müssen lernen, dass das Familienmitglied nicht immer und jederzeit unbeschränkt als Ansprechpartner zur Verfügung steht, auch wenn es physisch in der Wohnung anwesend ist. Gleiches gilt für Freunde, Bekannte und Nachbarn aus dem persönlichen Umfeld des Telearbeiters.[24] Diese müssen lernen zu akzeptieren, dass Anwesenheit zu Hause nicht mit Freizeit gleichzusetzen, sondern gleichwertig mit betrieblicher Arbeit sein kann.[25]

2.1.1.1.2 Fachkenntnisse und Medienkompetenz

Der Arbeitnehmer muss in der Lage sein, die Arbeit selbständig und im Wesentlichen frei von Hilfeleistungen Dritter zu verrichten.

33

Dies setzt ausreichende Fachkenntnisse voraus. Nur wer fachlich souverän seine Aufgaben erledigen kann, wird in der Telearbeit erfolgreich sein. Wer fachlich weniger versiert ist und häufig die Unterstützung von Kollegen und Vorgesetzten in Anspruch nimmt, sollte von Telearbeit besser absehen. Zwar besteht auch bei der Telearbeit die Möglichkeit, fachliche Unterstützung von Vorgesetzten und Kollegen einzuholen, aber die Wege der Inanspruchnahme von Hilfe und der Kommunikation sind anders und häufig aufwendiger. Teilweise beanspruchen sie auch mehr Zeit als vor Ort im Betrieb.

Zur fachlichen Kompetenz gehört, dass der Arbeitnehmer in der Lage ist, vorhandene Probleme zu erkennen und anschaulich und für Dritte verständlich zu beschreiben, damit er im Bedarfsfall Unterstützung einholen kann. Er muss selbst erkennen, entscheiden und verantworten können, wann er die Hilfe Dritter benötigt und in Anspruch nimmt.

Fachkenntnisse beinhalten auch die Fähigkeit, sich zu organisieren. Der Telearbeiter ist in viel stärkerem Maß auf sich selbst gestellt und gefordert, Schwerpunkte zu setzen. Er muß den Arbeitsaufwand richtig einschätzen, sich realistische Arbeitsziele setzen, Termine koordinieren und seine Bedürfnisse formulieren.[26] Wer sich leicht verzettelt, ist für Telearbeit ungeeignet.

Der Arbeitnehmer muss ferner über hinreichende Medienkompetenz verfügen. Dies bedeutet, er muss zunächst mit der zur Verfügung gestellten Technik umgehen können. Die Technik ist das Handwerkszeug des Telearbeiters. Nur wer verhältnismäßig sicher damit umgehen kann, kann produktive Arbeit leisten. Gerade bei den über 40-jährigen in Deutschland sollen diese Kenntnisse teilweise unterentwickelt sein.[27] Der Telearbeiter muss in jedem Fall den neuen Techniken aufgeschlossen und positiv gegenüberstehen. Falls notwendig, sollten entsprechende Einweisungen und Schulungen des Arbeitnehmers mit Übungen stattfinden. Dabei sollte darauf geachtet werden, dass die Schulungen zeitnah zur ausgeübten Tä-

34

---

24 BMA/BMBF, Telearbeit. Ein Leitfaden für die Praxis, S. 45.
25 Diese Problematik ist dem Autor als Hochschullehrer aus eigener Erfahrung bekannt.
26 Kreis-Engelhardt, Telearbeit, S. 37 f.
27 Weißbach/Lampe/Späker, Telearbeit, S. 8.

tigkeit durchgeführt werden, damit die erworbenen Kenntnisse unmittelbar ausprobiert werden können. Wenn die Schulung zeitlich zu lange vor Beginn der Tätigkeit erfolgt (was in der Praxis häufig vorkommt), sind die erlernten Anwendungen im Bedarfsfall häufig schon wieder vergessen; individuell auftauchende Probleme können nicht mehr nachgefragt werden.

Zum sicheren Umgang mit der Technik gehört die Inanspruchnahme der Hilfe-Funktionen und der Hotlines sowie das Beheben kleiner technischer Störungen durch den Telearbeiter selbst. Der Arbeitnehmer muss auch selbst entscheiden können, wann die angebotenen Hilfsmöglichkeiten nicht ausreichen und eine unmittelbare vor-Ort-Hilfe erforderlich ist. Je nach gestellter Aufgabe können gerade in der Anfangsphase regelmäßige Treffen im Betrieb sinnvoll sein, in denen ein Erfahrungsaustausch erfolgt und praktische Hilfestellungen gegeben werden.

Medienkompetenz ist aber mehr als nur der Umgang mit der Technik. Auch das problemlose Kommunizieren per Telefon, Fax, E-mail und gegebenenfalls Videokonferenz mit Vorgesetzten und Kollegen gehört dazu. Dies setzt ein hohes Maß an sozialer Kompetenz voraus. Im Bedarfsfall darf der Telearbeiter keine Scheu haben, auf die Hilfestellung Dritter zurückzugreifen. Dies kann durch direkten Kontakt mit Dritten, z.B. telefonisch oder per E-Mail, geschehen. Insbesondere E-mail eignet sich besonders zur Reduzierung von Telefonfrustration[28], da der Partner nicht unbedingt sofort physisch anwesend sein muss und die Beantwortung der Fragen zu einem ihm genehmen Zeitpunkt erfolgen kann. Wichtig ist allerdings, dass die Fragen ernst genommen und überhaupt beantwortet werden, so dass der Telearbeiter also tatsächlich kompetente Unterstützung erhält und nicht mit seinen Problemen allein gelassen wird.

Medienkompetenz bedeutet schließlich, dass der Arbeitnehmer sich nicht von der Vielfalt der Informationen z.B. im Internet ablenken lässt. Das Informationsangebot im Internet ist riesig und unüberschaubar. Auch die Qualität der Information ist sehr unterschiedlich und muss deshalb teilweise hinterfragt werden. Wichtig ist, dass der Telearbeiter zielgerecht und effizient die vorhandenen vielfältigen Möglichkeiten zur Lösung der gestellten Aufgabe nutzt.

2.1.1.1.3 Verantwortungsbewusstsein und Eigeninitiative

35 Der Telearbeiter ist nicht in dem Maße unter ständiger Aufsicht wie der Arbeitnehmer im Betrieb. Telearbeit kann nur dann erfolgreich sein, wenn der Telearbeiter über bestimmte Freiheiten verfügt. Diese Freiheiten können in der Zeiteinteilung, in der Art der Arbeit und/oder in der Ausführung der Arbeit liegen. Gerade Freiheiten in der zeitlichen Einteilung der Arbeit gehören zu den entscheidenden Vorteilen für den Telearbeiter. Je nach Art der Arbeit kann es aber auch notwendig oder sinnvoll sein, dass der Telearbeiter zu bestimmten festgelegten Zeiten für Vorgesetzte und Kollegen verfügbar ist. Dann sollten feste Sprechzeiten des Telearbeiters vereinbart werden.

---

[28] Glaser/Glaser, Telearbeit in der Praxis, S. 34.

Umgekehrt erfordert die Einräumung von Freiheiten des Telearbeiters seitens des Arbeitgebers bzw. der Vorgesetzten ein hohes Maß an Vertrauen. Es wird immer wieder behauptet, dass das deutsche Management der Telearbeit angesichts der Kontroll- und Aufsichtsprobleme mißtraue.[29] Manager fürchten, die Kontrolle zu verlieren, wenn der Angestellte nicht physisch greifbar ist. Gleichzeitig wird ein Imageverlust befürchtet, wenn der Vorgesetzte zwar Mitarbeiter hat, diese aber nicht für jedermann erkennbar im Betrieb präsent sind.

Allerdings sind auch bei der Telearbeit Kontrolle und Aufsicht möglich, wenn auch in anderer Form. Die Kontrolle durch Augenbeobachtung (aktionsorientierte Kontrolle), das über-die-Schulter-Schauen, muss ersetzt werden durch eine ergebnis- und zielorientierte Kontrolle (management by objectives).[30] Nicht mehr der Vorgang des Arbeitens, sondern allein das Ergebnis wird kontrolliert und beurteilt. Diese Art der Führung setzt aber klare Absprachen und Zielvereinbarungen zwischen Vorgesetztem und Telearbeiter voraus.[31] Der Telearbeiter muss eindeutig erkennen können, was von ihm erwartet wird. Die Zielsetzungen sollten schriftlich festgehalten und mit Maßnahmen- und Zeitplänen hinterlegt werden.[32] Dies stellt neue Anforderungen an das Management und erfordert bei den Vorgesetzten ein Umdenken. Aufgaben müssen stärker als zuvor strukturiert und stärker im Voraus geplant werden.[33] Untersuchungen belegen aber, dass die Auslagerung von Arbeitsplätzen und Tätigkeitsbereichen ansonsten keine gravierenden organisatorischen Änderungen erfordert.[34]

Dem befürchteten Image- und Statusverlust im Management kann nur durch einen Bewusstseinswandel im Unternehmen insgesamt entgegengewirkt werden. Nicht mehr die Zahl der Mitarbeiter vor Ort ist entscheidend, sondern das Arbeitsergebnis. Deshalb ist auch eine positive Grundeinstellung des Vorgesetzten zur Telearbeit unverzichtbar.

Freiheiten bergen immer Gefahren, da sie auch missbraucht werden können. Der sachgemäße Umgang mit Freiheiten setzt ein hohes Maß an Verantwortungsbewusstsein beim Telearbeiter voraus. Nur wer verantwortungsbewusst mit den eingeräumten Freiheiten umgeht, wird dauerhaft das Vertrauen seiner Vorgesetzten erhalten können. Will der Telearbeiter also dauerhaft seinen Telearbeitsplatz und die damit verbundenen Freiheiten behalten bzw. weitere Freiheiten erlangen, liegt es in seinem eigenen Interesse, seine Freiheiten nicht zu missbrauchen und Vorgesetzte von seiner Vertrauenswürdigkeit zu überzeugen.

Der Telearbeiter muss über ein hohes Maß an Eigeninitiative verfügen. Da der Vorgesetzte nicht ständig präsent ist, muss er selbst initiativ werden, wenn Probleme auftauchen oder Rückfragen notwendig werden. Er muss fertig gestellte

---

29 Weißbach/Lampe/Späker, Telearbeit, S. 7.
30 Weißbach/Lampe/Späker, Telearbeit, S. 47.
31 BMWi/BMA, Telearbeit, Chancen für neue Arbeitsformen, mehr Beschäftigung, flexible Arbeitszeiten, S. 8.
32 Deges, Ergebnisorientiert führen, Personalwirtschaft 1998, S. 58.
33 Deges, Ergebnisorientiert führen, Personalwirtschaft 1998, S. 58.
34 Voss, Telearbeit, S. 159.

Arbeiten weiterleiten und gegebenenfalls weitere neue Aufträge einholen. Er muss selbst daran mitarbeiten und Vorschläge entwickeln, um die Abläufe und die Zusammenarbeit zu optimieren. Zur Eigeninitiative gehört auch die Fähigkeit des Telearbeiters zur Selbstmotivation (s. dazu auch unten Rdnr. 46 f.).

2.1.1.1.4 Selbstdisziplin

37 Der Telearbeiter verbringt die meiste Zeit seiner Arbeit zu Hause im eigenen Büro ohne direkten, unmittelbaren Kontakt zu Vorgesetzten und Kollegen. Der Druck von Kollegen und Vorgesetzten, aber auch Vergleichsmöglichkeiten zur Arbeitsleistung anderer sind nicht vorhanden. Der Telearbeiter muss also Arbeitsumfang und Arbeitstempo selbst bestimmen.

Zu den Schwierigkeiten der Telearbeit gehört es, das rechte Maß an Arbeitsbelastung zu finden. Der Telearbeiter muss allein und selbständig arbeiten können. Einerseits besteht die Gefahr, weniger zu arbeiten und unangenehme Arbeiten liegen zu lassen oder zu verschieben. Jeder kennt die Situation: wer zu Hause sitzt, lässt die Gedanken schweifen. Die Ablenkungsmöglichkeiten durch äußere Einflüsse (Haus, Garten, Familie etc.) sind enorm. In der konkreten Arbeitssituation ist alles interessanter und wichtiger als die gestellte Aufgabe. Auch die meist verhältnismäßig freie Zeiteinteilung stellt eine große Versuchung dar. Dies kann dazu führen, dass die geforderte Arbeitsleistung nicht im gewünschten Umfang erbracht wird.

Andererseits besteht die Gefahr einer ständigen Überschreitung der Arbeitszeit. Die Angst zu versagen, weniger an Arbeitsleistung zu erbringen als andere, das Vergessen von Pausen, die Nutzung von Freizeit für die Fertigstellung von Arbeiten, die fehlende innere Distanz zur Arbeit auch in der Freizeit usw. können zu einer dauerhaften Überlastung bis hin zur Selbstausbeutung führen.[35]

Die richtige Balance zwischen Arbeit und Privatsphäre muss erst gefunden werden.[36] Es gehört ein hohes Maß an Selbstdisziplin dazu, tatsächlich der gestellten Aufgabe im notwendigen Umfang ohne Anweisungen anderer nachzugehen.

Zweifellos kann und muss der Umgang mit der neuen Freiheit erlernt werden. In den Lernprozess müssen die im Umfeld des Arbeitnehmers lebenden Personen (z.B. Familie) mit einbezogen werden. Die mit der Selbstdisziplin verbundenen Probleme sollten offen angesprochen werden. Gegebenenfalls müssen dem Arbeitnehmer vom Arbeitgeber geeignete Unterstützungsmaßnahmen angeboten werden.

Selbstdisziplin bedeutet auch Zuverlässigkeit und Termintreue. Wichtig für die Akzeptanz der Telearbeit bei Kollegen und Vorgesetzten ist, dass die übertragenen Arbeiten zuverlässig und in der vereinbarten Zeit erledigt werden. Gerade die

---

[35] Glaser/Glaser, Telearbeit in der Praxis, S. 57; Dulle, Rechtsfragen der Telearbeit, S. 12.
[36] Bundesanstalt für Arbeitsschutz und Arbeitsmedizin, Telearbeit gesund gestaltet, 2. Auflage Berlin 1997, S. 15.

geringere Kontrolle zwingt dazu, dass der Telearbeiter die Arbeiten von sich aus termingerecht und in der geforderten Qualität abliefert. Passiert dies nicht, wird schnell das Vertrauen von Kollegen und Vorgesetzten enttäuscht, die auf die Zuarbeit angewiesen sind.[37] Mangelnde Verlässlichkeit führt dazu, dass die Arbeiten des Telearbeiters nicht in der notwendigen Form akzeptiert oder gar abgelehnt werden, was auf Seiten des Telearbeiters wieder zu Frustrationen führt.

2.1.1.1.5 Verschwiegenheit und Vertrauenswürdigkeit

Der Betrieb muss sich darauf verlassen können, dass der Telearbeiter betriebliches Wissen nicht an Unbefugte weitergibt. Die Verschwiegenheit ist allerdings kein neues Problem, das durch die Telearbeit hervorgerufen wird. Auch der, der konventionell im Büro im Unternehmen arbeitet und dem bestimmte Betriebs- und Geschäftsgeheimnisse anvertraut werden, darf diese nicht an Unbefugte weitergeben. Allerdings sind teilweise die Gefahren bei der Telearbeit anders gelagert und manchmal auch größer. 38

So kann der Arbeitgeber den Zugang zur Wohnung des Telearbeiters im Gegensatz zum Zugang zur Betriebsstätte nicht beeinflussen. Er muss deshalb mit dem Arbeitnehmer Absprachen treffen, dass Geschäftsunterlagen in der Wohnung des Telearbeiters verschlossen aufbewahrt und weder für Besucher noch für Familienangehörige zugänglich sind. Gleiches gilt für Daten im Computer, die durch Passwörter u.Ä. gesichert werden müssen. Doch die Absprachen zwischen Arbeitgeber und Telearbeiter genügen nicht allein. Der Arbeitgeber muss sich auch darauf verlassen können, dass die vereinbarten Sicherungsvorkehrungen eingehalten werden. Dies setzt ein hohes Maß an Vertrauen voraus, weil – wie schon erwähnt – die Kontrollmöglichkeiten des Arbeitgebers in der häuslichen Wohnung des Telearbeiters sehr stark eingeschränkt sind (vgl dazu unten Rdnr. 168 ff.).

Weitere Risiken können entstehen, wenn Daten zwischen dem häuslichen Büro und der Betriebsstätte auf elektronischem Weg ausgetauscht werden. Risiken entstehen beim Datentausch in beiden Richtungen. Es muss sicher gestellt werden, dass die Daten des Telearbeiteres, z.B. Arbeitsergebnisse, unverfälscht an den Arbeitgeber als Empfänger gelangen und nur von diesem genutzt werden können. Hat umgekehrt der Telearbeiter Zugriff auf sensible Daten den Unternehmens, muss sichergestellt werden, dass allein er diese Daten abrufen kann. Unbefugten wie auch Angehörigen und Freunden muss der Zugang verwehrt sein. Je nach Sensibilität der Information kann eine Sicherung der Daten z.B. durch Password u.Ä genügen. Es können aber auch weitere Sicherungsmaßnahmen notwendig sein. Im Extremfall muss sichergestellt werden, dass der Raum, in dem die Telearbeit durchgeführt wird, nicht für Dritte zugänglich ist. In jedem Fall sollte der Telearbeiter für diese Problematik sensibilisiert werden. 39

Gegenseitiges Vertrauen zwischen Telearbeiter, Kollegen und Vorgesetzten ist eine Grundvoraussetzung für erfolgreiche Telearbeit. Oftmals besitzt der Telearbeiter 40

---

[37] Kreis-Engelhardt, Telearbeit, S. 91.

mehr Eigenverantwortung und einen größeren Handlungsspielraum als am betrieblichen Arbeitsplatz. Alle Beteiligten müssen sicher sein, das dieser Freiraum nicht missbraucht wird.[38]

Gegenseitiges Vertrauen und Loyalität ist kein spezifisches Problem der Telearbeit, erlangt bei dieser aber besondere Bedeutung. Der Telearbeiter muss sich darauf verlassen können, dass er gleich mit seinen Kollegen in der Betriebsstätte behandelt wird. Seine Arbeit muss in gleicher Weise bewertet und gewichtet werden wie die Arbeit in der Betriebsstätte. Er muss sicher sein, dass er wegen der Telearbeit z.B. nicht bei Beförderungen übergangen wird, dass er in gleicher Weise an Fortbildungen und Schulungen teilnehmen kann usw..

Umgekehrt muss sich der Arbeitgeber darauf verlassen können, dass der Telearbeiter sachgerecht mit den zur Verfügung gestellten Gegenständen umgeht und seine Arbeitsleistung zuverlässig erbringt. Vorgesetzte und Kollegen müssen sich darauf verlassen können, das die Arbeiten vereinbarungsgemäß durchgeführt werden. Dazu gehört das Einhalten von Terminen, aber auch die inhaltliche Qualität der Arbeit. Verzögerungen und Probleme bei der Bearbeitung müssen frühzeitig vom Telearbeiter angesprochen werden.[39]

Vertrauen muss erworben werden. Dies gilt zunächst dann, wenn ein Telearbeiter neu eingestellt wird. Hier hat der Arbeitgeber nicht in dem Maße wie im betrieblichen Umfeld die Möglichkeit, den Arbeitnehmer zu beobachten, zu testen und zu kontrollieren. Sensible Daten sollten also neuen reinen Telearbeitern nur mit Vorsicht zur Verfügung gestellt werden. Bei bereits im Betrieb Tätigen, die das Vertrauen des Arbeitgebers bereits erworben haben, dürfte die Problematik geringer sein. Generell kann gesagt werden, dass sich Telearbeit besser für bereits im Betrieb Tätige eignet, da der Arbeitgeber diese Mitarbeiter bereits kennt und die Mitarbeiter umgekehrt auch die Betriebsabläufe kennen.[40]

2.1.1.1.6 Kommunikationsbereitschaft

41 Der Telearbeiter muss über ein hohes Maß an Kommunikartionsbereitschaft verfügen. Er sollte kontaktfreudig und offen sein und über ein hohes Maß an sozialer Kompetenz verfügen. Bei unklaren Fragestellungen, fehlenden Angaben und auch bei Problemen muss er bereit sein, ohne Scheu auf den Partner als Kunden oder Vorgesetzten bzw. Kollegen zuzugehen. Die Beseitigung eines Informationsdefizits kann nur durch Rückfrage geklärt werden, sie wird zur Holschuld. Der Telearbeiter muss problemlos mit Kollegen und Vorgesetzten z.B. über Telefon, E-mail oder Videokonferenz kommunizieren können.

Umgekehrt muss er akzeptieren, dass er in seinem Büro zu Hause ebenfalls von Kunden, Vorgesetzten und Kollegen kontaktiert wird. Je nach Tätigkeit wird es allerdings häufig organisatorisch problemlos möglich sein, die Zeiten für eine di-

---

[38] BMA/BMBF, Telearbeit. Ein Leitfaden für die Praxis, S. 45.
[39] BMA/BMBF, Telearbeit. Ein Leitfaden für die Praxis, S. 44.
[40] Telework, Der ideale Teleworker, Heft 2 1997 S. 59.

rekte Kontaktaufnahme z.B. per Telefon zu beschränken. Dies ermöglicht ein ungestörtes Arbeiten während der übrigen Zeit und bewahrt den Telearbeiter vor unnötigen Belästigungen in seiner Freizeit.

2.1.1.2 Soziale Rahmenbedingungen

Es ist allgemein bekannt, dass die sozialen Rahmenbedingungen Einfluss auf den Arbeitserfolg haben und damit die Produktivität beeinflussen. Im Folgenden soll spezifisch auf einige besondere Gefahren eingegangen werden, die zwar nicht nur bei der Telearbeit bestehen, die aber hierbei eine besondere Rolle spielen können.

42

2.1.1.2.1 Isolation

Der Betrieb ist für viele ein zweites zu Hause, auch wenn dies häufig nicht zugegeben wird. Eine Vielzahl von sozialen Kontakten findet hier statt, oft mehr als im privaten Bereich. Erkannt werden diese engen Bindungen erst, wenn der tägliche Kontakt endet, z.B. durch ruhestandsbedingtes Ausscheiden des Arbeitnehmers.

43

Dem gegenüber arbeitet der Telearbeiter weitgehend allein in der häuslichen Sphäre mit seinem Computer. Was zeitweise als sehr angenehm empfunden wird und die Konzentrationsfähigkeit fördern kann, kann aber auch ins Gegenteil umschlagen. Das direkte Gespräch, der dienstliche und private Austausch mit Kollegen und Vorgesetzten finden nicht mehr statt. Sozialer Kontakt ist dann nur noch im privaten Bereich möglich.

Es besteht die Gefahr, dass die Rückkoppelung bezüglich der geleisteten Arbeit fehlt. Jeder Mensch braucht eine Rückmeldung über die Bedeutung seiner Arbeit und über das Arbeitsergebnis, um sich selbst zu bestätigen und sich in der Gesellschaft einordnen zu können.[41] Lob und Tadel und auch der eigene Vergleich der geleisteten Arbeit mit der der Kollegen gibt es nicht mehr in direkter Form. Fehlende Vergleichsmöglichkeiten fördern Ängste vor einem Versagen.

Dies kann zu sozialer Isolation und Vereinsamung führen. So wird häufig argumentiert, den Arbeitnehmern falle es schwer, sich von einer fast als „familiär" empfundenen Arbeitsumgebung zu verabschieden und sich neuen sozialen und persönlichen Arrangements zu stellen, mit denen Telearbeit verbunden sei.[42] Auch die Abgrenzung von Beruf und Privatleben kann schwierig werden.

Zudem können die Bindung an den häuslichen Arbeitsplatz und der geringere Erfahrungsaustausch dazu führen, dass der Telearbeiter in Firmeninterna und -klatsch nicht ausreichend einbezogen ist. Dies engt den Handlungsspielraum ein und kann auch zum Verlust von Karrierechancen führen.

Der sozialen Isolation kann mit regelmäßigen Treffen im Betrieb (alternierende Telearbeit), wo ein Austausch unter Kollegen durchgeführt werden kann, effektiv

44

---

[41] Dostal, Telearbeit in der Informationsgesellschaft, S. 42.
[42] Weißbach/Lampe/Späker, Telearbeit, S. 7 f., m.w.N..

entgegen gewirkt werden.⁴³ Die Anteile der am Telearbeitsplatz zu leistenden und der im Betrieb auszuführenden Arbeiten hängen dabei von den Arbeitsaufgaben und den Kommunikationserfordernissen ab.⁴⁴ Diese Form der Telearbeit hat sich inzwischen nach überwiegender Ansicht besonders bewährt⁴⁵, weil es durch die phasenweise Präsenz im Betrieb eher gewährleistet ist, dass soziale Kontakte aufgebaut bzw. weiter gepflegt werden können.⁴⁶ Bei den betrieblichen Treffen sollte auch regelmäßig ein Feed-back bezüglich der geleisteten Arbeit stattfinden. Dies ist gerade bei der Telearbeit besonders wichtig, weil sich der Telearbeiter wegen des geringeren Kontaktes nur schwer an anderen Mitarbeitern orientieren kann.⁴⁷

Zu bedenken ist allerdings, dass die alternierende Telearbeit wiederum zu Kostensteigerungen führen kann, wenn dafür Infrastrukturen mehrfach aufgebaut und unterhalten werden müssen. Büro und Arbeitsgeräte müssen zu Hause und im Betrieb vorgehalten werden. Auch die ökologischen Vorteile der Telearbeit (z.B. reduzierte Anfahrtswege zur Arbeitsstätte) können dadurch zumindest teilweise wieder in Frage gestellt werden.

Entschärft wird das Problem der sozialen Isolation auch durch Online-Techniken und Konferenzschaltungen, die heute kostengünstig zur Verfügung stehen. Die intensive Nutzung der neuen Kommunikationsformen ersetzt althergebrachte Kommunikationswege wie die face-to-face Kommunikation.⁴⁸ Die regelmäßige Verbindung und das gemeinsame Bearbeiten von Aufgaben mit Kollegen oder Kooperationspartnern verbessert die Leistung, weil der Telearbeiter auf bereits vorhandene Informationen zurückgreifen und Synergieeffekte nutzen kann.⁴⁹ Gleichzeitig wird der Isolation und Vereinsamung entgegengewirkt. Der Telearbeiter bekommt das Gefühl dazuzugehören.

2.1.1.2.2 Arbeitsbereitschaft und Stress

45 Der Telearbeiter unterliegt durch die räumliche Entfernung vom Betrieb nicht einer ständigen, direkten Kontrolle durch Vorgesetzte. Telearbeit eignet sich deshalb nur für denjenigen, der auch ohne Zutun Dritter arbeitsbereit ist und genügend Selbstdisziplin (vgl. dazu auch oben 2.1.1.1.4) aufbringt.

Auch bei der Bewältigung von Stress bei hohem Arbeitsanfall ist der Telearbeiter weitgehend auf sich selbst gestellt. Fehlende Vergleichsmöglichkeiten zur Arbeits-

---

43 Je nach Tätigkeit sind ein Tag in der Woche im Büro angemessen, aber auch andere Formen sind denkbar wie „end of the month parties" mit Bier und Bretzeln beim SAS Institute, vgl. Focus vom 11.10.99, Job: Endlich frei, S. 321. Ebenso Glaser/Glaser, Telearbeit in der Praxis, S. 3.
44 Liebs/Schuchardt, Telearbeit – ein Leitfaden für Unternehmen, S. 12.
45 A.A. Dostal, Telearbeit in der Informationsgesellschaft, S. 103 f., der die alternierende Telearbeit für eine unwirtschaftliche, aber gangbare Alternative hält. Seiner Auffassung nach ist die freiberufliche Telearbeit die Telearbeit der Zukunft, a.a.O., S. 142.
46 Fischer/Schierbaum, Telearbeit und Datenschutz, CR 1998 S. 321 ff., 322.
47 BMA/BMBF, Telearbeit. Ein Leitfaden für die Praxis, S. 42.
48 Voss, Telearbeit, S. 175.
49 Kreis-Engelhardt, Telearbeit, S. 16.

leistung von Kollegen erschweren eine realistische Selbsteinschätzung des Telearbeiters; teilweise fördern sie die Angst des Versagens.

Vorgesetzte können dem entgegen wirken, indem sie realistische Zielvorgaben mit dem Telearbeiter vereinbaren. Die vereinbarten Aufgaben sollten in der normalen Arbeitszeit durchgeführt werden können.[50] Zudem sollten regelmäßige Feedbacks erfolgen, in denen auch der Umfang der zu erbringenden Arbeitsleistung besprochen wird.

Gerade in Zeiten hoher Arbeitsbelastung besteht die Gefahr der Vernachlässigung des Gesundheitsschutzes und der Arbeitsschutzregelungen.[51] Anders als im Betrieb stehen dem Telearbeiter in der Praxis häufig keine Arbeitsschutzinstanzen mit entsprechenden Erfahrungen zur Verfügung.[52] Dennoch ist darauf hinzuweisen, dass die Einhaltung eines Arbeitsschutzstandards nach dem Arbeitsschutzgesetz und den darauf gestützten Verordnungen (z.B. Arbeitsstättenverordnung, Bildschirmarbeitsverordnung, Arbeitsmittelbenutzungsverordnung usw.) Pflicht des Arbeitgebers ist.[53] Allerdings dürfte der Arbeitgeber am häuslichen Arbeitsplatz des Telearbeiters kaum Möglichkeiten haben, die Einhaltung der Bestimmungen zu kontrollieren. Er wird sich deshalb in der Regel nach der sorgfältigen Einrichtung des Arbeitsplatzes entsprechend der gesetzlichen Vorschriften darauf beschränken müssen, den Telearbeiter auf die Bestimmungen des Arbeitsschutzes hinzuweisen. Der Telearbeiter selbst wird mehr Verantwortung für den Gesundheitsschutz übernehmen müssen, indem er auf eine angemessene Gestaltung des häuslichen Telearbeitsplatzes achtet, gesundheitsbewusst arbeitet und rechtzeitig handelt, bevor sich gesundheitliche Beschwerden verfestigen.[54]

Telearbeit kann aber auch helfen, Stress zu verringern. Die größere zeitliche Flexibilität kann genutzt werden, um persönliche und berufliche Belange besser in Einklang zu bringen. Kinder in Schule und Kindergarten bringen, Einkäufe erledigen, Arztbesuche usw. lassen sich leichter organisieren. Häufig entfallen anstrengende, zeitraubende, teure und Stress verursachende Pendelfahrten zur Arbeitsstätte zu Stoßzeiten. Die gewonnene Zeit kommt dem Telearbeiter und der Arbeit zugute. Die Arbeiten können zu Hause ungestörter, konzentrierter und stressfreier erledigt werden.[55]

2.1.1.2.3 Motivation

Die bestmögliche Arbeitsleistung kann nur durch einen motivierten Mitarbeiter erreicht werden. Dies gilt auch für die Telearbeit. Für den Telearbeiter ergibt sich

---

50 Liebs/Schuchardt, Telearbeit – ein Leitfaden für Unternehmen, S. 38.
51 Zum Arbeitsschutz vgl. auch Boemke/Ankersen, Das Telearbeitsverhältnis – Arbeitsschutz, Datenschutz und Sozialversicherungsrecht, BB 2000 S. 1570 ff.
52 Online Forum Telearbeit, Basisinformation Telearbeit, S. 19.
53 BMA/BMBF, Telearbeit. Ein Leitfaden für die Praxis, S. 120 ff. Einzelheiten zu arbeitsschutzrechtlichen Aspekten vgl. Dulle, Rechtsfragen der Telearbeit, S. 145 ff.
54 Dostal, Telearbeit in der Informationsgesellschaft, S. 140 und 173.
55 Kreis-Engelhardt, Telearbeit, S. 25.

ein hohes Motivationspotenzial aus der Tatsache, dass er sich diese Form des Arbeitens gewünscht hat, um damit über eine größere zeitliche Flexibilität zu verfügen. Hinzu kommt, dass dem Telearbeiter neben der zeitlichen Souveränität vom Arbeitgeber häufig auch noch weitere inhaltliche Freiheiten und Verantwortlichkeiten eingeräumt werden. Oftmals wird das Arbeiten zu Hause in der selbst gestalteten Umgebung als Privileg angesehen. Häufig muss der Telearbeiter dafür auf Statussymbole (z.B. großer Schreibtisch im großen Büro, Sekretariat usw.) verzichten.[56]

Die zeitliche Souveränität gehört mit zu den größten Vorteilen der Telearbeit für den Arbeitnehmer. Er entscheidet selbst, wann er die gestellten Arbeiten erledigt. Arbeit, Familie und Freizeit lassen sich dadurch besser in Einklang bringen, die Lebensqualität steigt. Dadurch erhöht sich die Zufriedenheit des Telearbeiters. Dies wiederum verbessert häufig die Qualität der Arbeitsergebnisse und steigert die Loyalität des Arbeitnehmers zum Unternehmen.[57] Die Produktivitätsvorteile der Telearbeit werden auf zehn bis vierzig Prozent geschätzt.[58]

47 Telearbeit kann deshalb auch gezielt als Incentive eingesetzt werden.[59] Nur wenige erhalten das Privileg, ganz oder teilweise zu Hause arbeiten zu dürfen. Allerdings muss in diesem Fall darauf geachtet werden, dass die Telearbeit auch von Kollegen und Vorgesetzten als Arbeitsorganisationsform akzeptiert wird.

Eine hohe Motivation des Telearbeiters genügt aber nicht nur bei der Einführung, sie muss vielmehr dauerhaft aufrechterhalten werden. Dies stellt auch neue Anforderungen an Vorgesetzte. Der Telemanager muss der Telearbeit positiv gegenüberstehen. Er muss seinen Mitarbeitern Vertauen entgegenbringen und bereit sein, auf herkömmliche verhaltensorientierte Kontrollen zu verzichten. Er muss bereit sein, Verantwortung zu übertragen, zielorientiert zu führen (management by objectives) und ergebnisorientiert zu kontrollieren.[60]

Durch soziale Isolation, den fehlenden persönlichen Kontakt zu Vorgesetzten und Kollegen kann die Aufrechterhaltung der Motivation schwieriger sein. Zu empfehlen sind daher die bereits erwähnten Maßnahmen wie regelmäßige Treffen im Betrieb (alternierende Telearbeit). In jedem Fall sollte der Telearbeiter auch ein regelmäßiges Feed-back seiner Arbeitsleistung bekommen.

Es sollte darauf geachtet werden, dass die Karrieremöglichkeiten des Telearbeiters nicht eingeschränkt werden. Telearbeiter müssen gleichberechtigt zu den übrigen Mitarbeitern des Betriebs behandelt werden und auch z.B. adäquate Fortbildungsmöglichkeiten wie Arbeitnehmer im Betrieb erhalten.

---

[56] Kreis-Engelhardt, Telearbeit, S. 35.
[57] Kreis-Engelhardt, Telearbeit, S. 21 ff.
[58] Beispiele über Telearbeitsprojekte in Großunternehmen, die Produktivitätssteigerungen belegen, finden sich bei Dulle, Rechtsfragen der Telearbeit, S. 16 ff.
[59] Glaser/Glaser, Telearbeit in der Praxis, S. 25.
[60] Deges, Ergebnisorientiert führen, Personalwirtschaft 1998 S. 58; ebenso Dulle, Rechtsfragen der Telearbeit, S. 44.

2.1.1.2.4 Kommunikation

Kommunikation hat für die Telearbeit besondere Bedeutung, weil der Telearbeiter räumlich von der Betriebsstätte getrennt arbeitet, und somit eine direkte Kommunikation nur mit technischen Mitteln möglich ist. Die Kommunikation mit dem Basisteam im Mutterhaus ist unverzichtbar, damit der Kontakt zu den Betriebsabläufen nicht verloren geht.[61] Zur Vermeidung sozialer Isolation muss eine Kommunikation zwischen dem Telearbeiter und Kollegen und Vorgesetzten erfolgen.

Kommunikation kann direkt oder über technische Hilfsmittel erfolgen. Zur Erhaltung und Verbesserung der direkten Kommunikation sollten regelmäßige Treffen der Kollegen organisiert werden, um ein besseres gegenseitiges Kennenlernen zu ermöglichen. Direkte Kommunikation (face-to-face) ist nicht vollständig zu ersetzen. Das Ansprechen anderer fällt leichter, wenn man das Gegenüber persönlich kennt.

Für die tägliche Arbeit kann die Kommunikation über technische Mittel erfolgen. Zur Verfügung stehen in der Regel Telefon, Fax, E-mail, gegebenenfalls auch die Videokonferenz. Wichtig ist, dass jeder Telearbeiter das Gefühl vermittelt bekommt, dass ein Ansprechpartner zur Verfügung steht. Als besonders geeignet erweist sich E-mail für die Lösung der täglichen Probleme, die nicht unmittelbar beantwortet werden müssen. Im Gegensatz zum Telefon muss hier der Kommunikationspartner nicht unmittelbar physisch anwesend sein. Er hat ferner die Möglichkeit, die Mail zu einer ihm gelegenen Zeit zu beantworten. So wird durch diese Art der Kommunikation beim Fragenden der Telefonfrust (Nichterreichbarkeit des Angerufenen) verringert, der Gefragte wird weniger gestört. Bei schwerwiegenderen Fragen, ohne deren Beantwortung eine Weiterarbeit unmöglich ist, kann immer noch auf das Telefon zurück gegriffen werden.

Insgesamt sollte bei der Telearbeit weiterhin wenigstens ein Mindestmaß an direkter Kommunikation erfolgen. Soweit die direkte Kommunikation substituierbar ist, sollte sie durch einen Mix an technischen Kommunikationsmöglichkeiten ersetzt werden. Dabei sollten die Beteiligten die vorhandenen technischen Möglichkeiten gezielt einsetzen.

2.1.1.2.5 Kooperation

In allen Bereichen des Arbeitslebens ist Teamfähigkeit heute von besonderer Bedeutung. Die Telearbeit als neue Organisationsform ermöglicht das Zusammenarbeiten zwischen Kollegen und sogar Vertragspartnern (z.B. Kunden) wie keine andere Form der Arbeit über örtliche und zeitliche Grenzen hinweg. So ist es technisch problemlos möglich, dass Konstruktionsteams eines Unternehmens weltweit gemeinsam an einem Projekt arbeiten. Je nach zu lösender Aufgabe des Telearbeiters ist deshalb auf dessen Teamfähigkeit besonderer Wert zu legen.

---

[61] Telework, Der ideale Teleworker, Heft 2 1997, S. 59.

2.1.2 Aufgaben

50 Die möglichen Aufgaben, welche man mit Hilfe von Telearbeit angehen kann sind vielfältig und bei weitem noch nicht ausgeschöpft oder in der Literatur beschrieben. Dennoch lassen sich Aufgabenfelder finden, die sich für die Erledigung in Form von Telearbeit besonders eignen. Prinzipiell sind dies Aufgaben, die

- ohne persönlichen Kontakt von Mitarbeiter und Kunden (oder verschiedenen Mitarbeitern) an einem gemeinsamen Ort auskommen (z.B. Bestellannahme).
- auch am konventionellen Arbeitsplatz neue Informationstechnologien benötigen (z.B. Programmiertätigkeit).
- vom Mitarbeiter über längere Zeit am Stück bearbeitet werden müssen (z.B. Kreditanträge prüfen).
- wenig Raum und kaum kostenintensive, konventionelle maschinelle Ausstattung benötigen (z.B. Beratung).
- wenige oder zumindest regelmäßig anfallende Daten benötigen, die nicht per elektronische Datenübertragung bereitgestellt werden können (z.B. Aktenbearbeitung).
- Eindeutig festgelegte und evaluierbare Zielvorgaben aufweisen (z.B. Textverarbeitung).

In der nächsten Übersicht finden sich einige Tätigkeitsfelder, welche für Telearbeit in Frage kommen.

Tätigkeitsfelder der Telearbeit			
Datenerfassung	Texterfassung	Textverarbeitung	Satzerstellung
Sekretariatsdienste	Sachbearbeitung	Buchhaltung	Controlling
Kalkulation	Auftragsbearbeitung	Dokumentation	Finanzberatung
Telefonische Auftragsannahme	Telefonmarketing	Telefonische Informationsdienste	Reservierungsdienste
Programmierung	DV-Wartung	DV-Beratung	Systemanalyse
Datenbankentwicklung	Fernwartungstätigkeiten	Hot-Line Service, Bereitschaftsdienst	Kundenberatung
Außendienst	Kundendienst	Entwicklungstätigkeiten	Planungstätigkeiten
Produktgestaltung	Grafik und Design	Konstruktion	Techn. Zeichnen/CAD
Übersetzungstätigkeiten	Autorentätigkeiten	PR-Tätigkeiten	Statistik
Journalistische Tätigkeiten	Informationsvermittler	Rechercheure	Steuerberatertätigkeiten
Gutachtertätigkeiten	Rechtsanwälte	Juristen	Architekten
Forschungstätigkeiten	Vorbereitung von Lehrtätigkeiten	Vorbereitung von Schulungen / Seminaren	Beratungstätigkeiten

Quelle: Godehardt (1994) zitiert in: bmb+f (1997), S. 16 ff.

Elemente der Organisation von Telearbeit

Einige dieser Aufgabengebiete sollen an dieser Stelle noch einmal etwas detaillierter betrachtet werden.

Betrieblicher Geldverkehr
Der betriebliche Geldverkehr umfaßt die Vereinnahmung und die Auszahlung von liquiden Mitteln. Hierzu sind zwei Datenflüsse von Bedeutung für die Gestaltung betrieblicher Prozesse: „Der güterwirtschaftliche (leistungswirtschaftliche) Prozess findet seinen Niederschlag in Güterströmen, der finanzwirtschaftliche in Zahlungsströmen, die in entgegengesetzter Richtung fliessen."[62] Um den Geldabfluss des Unternehmens zu steuern, benötigt der Bearbeiter die Informationen, ob beispielsweise die Lieferanten die vertraglich vereinbarten Leistungen in der geforderten Art und Qualität erbracht haben, d.h. daß der Güterstrom erfolgt ist. Diese Informationen lassen sich durch entsprechende IT-gestützte Wareneingangskontrollen an den bearbeitenden Telearbeiter weiterleiten. Die Aufgabe des Telearbeiters besteht somit in der Prüfung der Informationen und ggf. in der Auszahlung der Mittel. Im Gegensatz zur Auszahlung überprüft der Telearbeiter bei der Einnahme von Geldmitteln den korrekten Ausgang von Gütern und daraufhin den fristgerechten Eingang der Mittel. Aufgrund dieses relativ einfachen Mechanismus der Übertragung, Prüfung und Anweisung des Geldverkehrs, ist diese Aufgaben durch Telearbeit sehr gut zu erledigen. Kritisch sind jedoch Situationen in denen fehlerhafte Daten übermittelt werden oder in denen Untersuchungen zur Fehlerbeseitigung vor Ort notwendig werden. Hier muß der Telearbeiter die Möglichkeit besitzen rechtzeitig entweder selbst oder mit Hilfe beauftragter Personen persönlich einzugreifen.

51

Betriebsinterne Verwaltung
Die betriebsinterne Verwaltung umfaßt die Durchführung und Unterstützung von administrativen Prozessen, sowie Leistungen der Informationsverarbeitung. Hierzu zählen Dienste wie Telesekretariat, Teleübersetzung oder Teleberatung.[63] Als Charakteristikum für die Tätigkeiten von betriebsinternen Verwaltungen ist häufig die Bearbeitung von Fällen durch mehrere Sachbearbeiter anzusehen. Traditionell werden die dabei entstehenden Schnittstellen durch Aktenvermerke überwunden und die entsprechenden Akten in Schränken aufbewahrt, bis sie der nächste Bearbeiter weiterverarbeitet.

52

Durch die Anwendung dieser Methode muß nach Abschluß einer Teilaufgabe erst eine räumliche Distanz durch die Beförderung der Akte aus einem Büro in das Büro des Folgebearbeiters überwunden werden. Dabei hat der Folgebearbeiter aber noch keinerlei Information über die Vollständigkeit der Akte und verliert durch Rückfragen zusätzlich Zeit. Zusätzlich lassen sich derartige intransparente Abläufe nicht exakt steuern. Wird jedoch die Aufgabenerfüllung als ein Gesamtprozess angesehen und dieser in einem standardisierten und IT-gestützten Ge-

---

62 Wöhe (1990), S.747.
63 Vgl. Reichwald et al. (2000), S. 172.

samtsystem implementiert, so ist eine effiziente und qualitative gleichbleibende Aufgabenerfüllung gewährleistet.[64]

Dieses Gesamtsystem ist in einem Workflow System zu implementieren. „Mit Workflow-Management-Programmen können kooperative Produktions-, Geschäfts- und Administrationsabläufe in vernetzten Unternehmen gezielt organisiert und gesteuert werden. Die wichtigsten Ansatzpunkte zur IT-Unterstützung von Prozessen sind die Automatisierung von Informationsflüssen, das automatische Anstoßen von Teilaufgaben und der Aufbau eines aktuellen Berichtswesens."[65] In diesem System ist jeweils der gegenwärtige Bearbeitungsstand und sind mögliche Folgeschritte ersichtlich. Da dieses Workflow System computergestützt implementiert werden muß, ist es problemlos möglich auf die notwendigen Daten mittels Internet an jedem möglichen (Arbeits-)Ort zurückzugreifen. Da jedoch nicht alle Vorgänge in der EDV bearbeitet werden können, ist es zusätzlich notwendig, papierbasierte Objekte (z.B. Korrespondenz, Rechnungen, Zeichnungen, Aktennotizen, Formulare etc.) zunächst einzuscannen und anschließend elektronisch zu speichern.[66]

Textverarbeitung

53 „Ein weiterer Einsatz der Telearbeit ist schon traditionsgemäß bei der Texterfassung und -bearbeitung gegeben. Die Texterfassung ist insbesondere durch den Einsatz von Voice-Mail-Systemen in Realzeit ohne zusätzliche Verzögerung möglich, weil das ansonsten erforderliche Verschicken von Schriftstücken oder Diktatkassetten obsolet wird. Die Telearbeit wird folglich immer attraktiver. Entsprechendes gilt ferner für die Bearbeitung bereits erfasster Texte, die redigiert und/oder ergänzt werden sollen."[67]

Mit Blick auf die weiter oben angeführten Kriterien, ist Telearbeit für den Einsatz bei der Textverarbeitung besonders gut geeignet weil kaum Face-to-Face-Kontakt mit Auftraggebern und Kollegen notwendig wird. Hinzu kommen die Tatsachen, daß die Aufgaben sehr gut planbar und verteilbar sind, ungestörtes Arbeiten nicht erforderlich ist und kaum Zugriff auf nicht digitalisierte und nicht transportable Ressourcen notwendig ist.[68]

Kundenservice und Kontaktpflege

54 „Aufgrund der Digitalisierung der Daten hat ein Verkäufer die Möglichkeit, Produktinformationen, Präsentationen und Angebote kundengerecht zusammenzustellen und – falls gewünscht – auch in multimedialer Form anzubieten."[69]

---

[64] Vergleiche hierzu auch Osterloh/Frost (1998).
[65] Arthur D. Little (1996), S. 42.
[66] Vgl. Reichwald et al. (2000), S. 175.
[67] Kilz/Reh (1997), S. 29.
[68] Vgl. Gareis/Kordey (1998), S. 7.
[69] Arthur D. Little (1996) S. 61.

Elemente der Organisation von Telearbeit

„Der scharfe Preiswettbewerb und schmale Gewinnmargen lassen für intensive Kundenberatungen in Echtzeit, sei es im Laden oder am Telefon, wenig Spielraum. Kompetente Verkäufer sind teuer und selten zu finden, und wenn sie kompetent sind, wollen sie meist nicht im Laden stehen oder Telefondienst verrichten."[70]

„Dabei ist zur Zeit offen, inwieweit sich die Online-Beratung auf die Hersteller verlagern wird. ... Die Hersteller sind selbst besser in der Lage, mit Kompetenz und Aktualität den Endkunden direkt zu betreuen."[71]

Hier läßt sich erkennen, daß die hauptsächliche Aufgabe des Kundenservice, die Kundenbindung[72] durch kundennahe und kompetente Dienstleistungen sehr gut durch Telearbeiter erreicht werden kann. Mit Hilfe moderner IuK-Technologien werden Anfragen beantwortet, die Kunden nach dem Kauf betreut, Beschwerden angenommen, Probleme erklärt, Gutschriften abgewickelt und Beschwerdeanalysen durchgeführt.[73] Derzeit finden wir Telearbeit beim Kundenservice hauptsächlich bei der Informationsbereitstellung für technische oder Softwareprodukte als sogenannte Hotlines.

Besonders gut ist die Kontaktpflege zu Kunden und Lieferanten möglich, wenn hierfür die Organisationsformen mobile Telearbeit und Telearbeitszentren[74] eingesetzt werden und sich die Arbeitszentren in unmittelbarer Nähe der Kunden bzw. Lieferanten befinden. Die eingesparten Fahrtzeiten lassen sich zur Intensivierung des Kundenkontakts verwenden.

Öffentlichkeitsarbeit

Das Internet ist nach Ansicht in der neueren Literatur als ein Instrument der Öffentlichkeitsarbeit hervorragend geeignet. „Es bietet eine Reihe spezifischer Möglichkeiten für Public Relations, die über reine Werbung hinausgeht: Der Versand von Pressemitteilungen ist erheblich schneller und die Empfänger können die digital erhaltene Information gleich am Bildschirm weiterverarbeiten; ... die Veröffentlichung des Geschäftsberichts schafft eine authentische Grundlage für aktuelle Firmendaten in der Berichterstattung; die WWW-Seiten bieten Möglichkeiten zur Rückäußerung und für Anfragen per E-Mail, ein Rückkopplungskreis, durch den Hersteller direkt die Meinungen und Wünsche der Endkunden in Erfahrung bringen können ..."[75]

Auftrags- und Bestellannahme

Hier bietet sich in vielen Fällen die Telearbeit in Form der Teleheimarbeit und in Form der Telezentren geradezu an. Die Kunden können per Telefon bei einem

---

[70] Arthur D. Little (1996), S.62.
[71] Arthur D. Little (1996) S. 62.
[72] Vgl. Ostrowski (1997), S. 125.
[73] Vgl. Ostrowski (1997), S. 128.
[74] Siehe hierzu Abschnitt 2.2.
[75] Arthur D. Little (1996), S. 63.

Organisation von Telearbeit

Telearbeiter jederzeit ihre Bestellungen aufgeben. Dieser gibt die Daten in eine zentrale Datenbank ein und dadurch wird ein Work-Flow – vom Lager bis zum Kunden – in Gang gesetzt.

2.1.3 Technik/Informationen

57 Ein weiteres Element der organisatorischen Gestaltung von Telearbeit stellt die technische Ausstattung der Telearbeitsplätze dar. Von den Investitionen in diese Technik und ihrer Ausgestaltung hängt letztendlich die Form der Telearbeit[76] ab, die für das Unternehmen und den Telearbeitnehmer realisiert werden kann. Für den Telearbeitgeber, der in den meisten Fällen die Hauptlast der Finanzierung zu tragen hat, muß hier sehr genau der Aufwand gegen die Kostenersparnisse oder die zusätzlichen Erträge abgewogen werden. In Abschnitt 2.2 werden die einzelnen organisatorischen Formen der Telearbeit auch unter dem Gesichtspunkt der Kosten-Nutzen-Relation noch genauer betrachtet. An dieser Stelle erfolgt lediglich eine Auflistung möglicher Nutzen durch den Einsatz von Telearbeit und eine Übersicht über die Kosten, welche bei der Einrichtung von Telearbeitsplätzen entstehen.

2.1.3.1 Technische Ausstattung und Kosten für Telearbeitplätze

58 Wenn es um die Abschätzung der Kosten für Telearbeitsplätze geht, dann hängen diese selbstverständlich von der Art des Telearbeitsplatzes und somit von der Form der Telearbeit ab. Beispielsweise werden sich die Ausstattungskomponenten und damit auch die Kosten für einen Teleheimarbeitsplatz mit Online-Verbindung von einem mobilen Offline-Telearbeitsplatz unterscheiden. Zusätzlich werden sich mit fortschreitender Entwicklung neuerer Informationstechnologien auch die technischen Möglichkeiten und die Kosten permanent verändern. Die in diesem Abschnitt folgenden Komponenten und Kosten stellen daher lediglich ein Beispiel dar, welches der Orientierung und groben Abschätzung dienen soll.

Zur technischen Grundausstattung für einen online-fähigen Telearbeitsplatz gehören auf jeden Fall Computer, Drucker, Telefon (ISDN), Modem und Software. Die Kosten für die Grundausstattung am Telearbeitsplatz werden in der Literatur auf durchschnittlich ca. 8.100,– DM geschätzt. Hinzu kommen noch die Kosten, die im Sitz des Unternehmens anfallen, um die ein- und ausgehenden Daten der Telearbeiter zu verarbeiten. Die Kosten dafür werden auf nochmals 12.400,– DM geschätzt, wenn eine derartige Anlage eine Kapazität für bis zu 30 Telearbeitsplätze aufweisen soll. Die folgende Tabelle zeigt noch einmal im Detail die einzelnen technischen Komponenten und Kosten

---

[76] Siehe zu den Formen der Telearbeit Abschnitt 2.2.

Elemente der Organisation von Telearbeit

Ausstattung eines Telearbeitsplatzes	Kosten
PC mittlerer Leistungsklasse, inkl. Systemsoftware	2.700 DM
Bildschirm gehobener Qualität (15")	1.100 DM
Kombinierter Drucker/Fax/Scanner	1.400 DM
ISDN-Anschluß	100 DM
ISDN-Karte	1.300 DM
ISDN-Telefon	100 DM
Anwendungsprogramme (Office-Paket)	700 DM
Kommunikationssoftware	200 DM
Softwareimplementierung	500 DM
Kosten:	**8.100 DM**

Einmalige Aufwendungen in der Zentrale (bis zu 30 Telearbeitsplätze)	
ISDN-Server	4.000 DM
Bildschirm	1.100 DM
ISDN-Multiprotokollrouter	3.400 DM
Betriebssystem	600 DM
Installationskosten	3.300 DM
Kosten:	**12.400 DM**

Quelle: bmb+f (1997), S. 19.

Zu diesen Kosten müssen auch noch laufende Aufwendungen zum Beispiel für die Telefon- und anderen Übertragungskosten addiert werden. Setzt man dafür durchschnittlich 45 Minuten am Tag bei 20 Arbeitstagen an, dann muß man mit ca. 200,– DM pro Monat und Telearbeitsplatz rechnen.

Diesen Kosten, die die Telearbeit verursacht stehen aber auch eine ganze Reihe von Nutzenkomponenten gegenüber. Diese sollen im nächsten Abschnitt vorgestellt werden.

2.1.3.2 Nutzenkomponenten von Telearbeitsplätzen

Die Nutzenkomponenten von Telearbeitsplätzen sind vielfältig und werden in der Literatur, je nach Sichtweise, unterschiedlich stark betont. „Telearbeit bringt derzeit Vorteile bei qualitativen Faktoren wie Mitarbeiter- und Kundenzufriedenheit. Die Kostenbilanz der alternierenden Telearbeit ist in der Regel für Betrieb und Telearbeiter ausgeglichen. Hohe Einsparpotentiale lassen sich realisieren, wenn die Organisationsstruktur entsprechend angepaßt wird (virtuelles Unternehmen), die Geschäftsprozesse digitalisiert sind und die Telekommunikationskosten durch Deregulierung und Wettbewerb weiter sinken. In einigen Anwendungsbereichen (z.B. Außendienst) sind bereits heute deutliche Einsparungen möglich."[77]

---

[77] bmb+f (1997), S. 20.

Organisation von Telearbeit

Hier wird also ganz deutlich, daß Arbeitgeber und Arbeitnehmer – aber auch die Kunden – durch die Einführung von Telearbeit unterschiedlich profitieren. An dieser Stelle sollen nun lediglich diejenigen Vorteile betrachtet werden, die dem Unternehmen entstehen können, welches Telearbeit einführt. Diese Vorteile kann man in die beiden Kategorien (direkte) Inputeinsparung und (direkte) Outputerhöhung einteilen. Wirkungen, welche zum Beispiel zunächst die Kunden- oder Mitarbeiterzufriedenheit berühren, werden bei dieser Betrachtungsweise als mittelbare Aspekte der Inputsenkung oder Outputerhöhung angesehen.

Inputeinsparungen

60 Unter Inputeinsparungen sind alle diejenigen Auswirkungen der Telearbeit zu subsumieren, welche dazu führen, daß das Telearbeitsunternehmen weniger Ressourcen zur Erstellung seiner Produkte einsetzen muß. Hierzu gehören vor allem geringere Personalkosten und geringere Kosten für die Büroräume und ihre Ausstattung.

Das Unternehmen TA Telearbeit GmbH[78] schätzt die Kosten eines konventionellen Büroarbeitsplatzes mit ca. 14.000,– DM für ein Unternehmen fast doppelt so hoch ein wie die eines Teleaheimarbeitsplatzes. Dabei werden die Kosteneinsparungen vor allem auf den deutlich günstigeren Büroraum in der Wohnung des Teleheimarbeiters zurückgeführt.

Die Einsparungen auf der Seite der Personalkosten werden in der Literatur noch nicht quantifiziert. „Wenn Vergleichsrechnungen überhaupt eine Einsparung für das Unternehmen ermitteln, so wegen der höheren Produktivität und dem – nachweislich – geringeren Krankenstand bei Telearbeitern. Alternierende Telearbeit kann unter den oben genannten Bedingungen wohl insgesamt als kostenneutral bezeichnet werden."[79]

Outputerhöhungen

61 Zu einer Erhöhung des Outputs kann es immer dann kommen, wenn durch die Organisation der Aufgabenerfüllung als Telearbeit

– die Bedürfnisse von Kunden besser als vorher befriedigt werden.
– innovative Produkte Bedürfnisse befriedigen, die vorher nicht abgedeckt waren.
– Produktionsprozesse optimiert werden.
– Mitarbeiter weniger Fehler machen oder weniger Ausschuß produzieren.
– Mitarbeiter effizienter Arbeiten, d.h. pro Zeiteinheit mehr Output produzieren.

Die folgende Grafik soll die möglichen positiven Wirkungen der Einführung von Telearbeit noch einmal visualisieren.

---

[78] bmb+f (1997), S.20.
[79] bmb+f (1997), S.20.

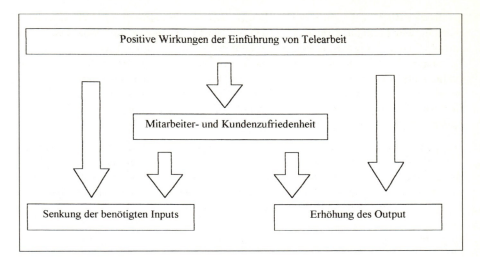

Ob für ein spezifisches Unternehmen diese Punkte zutreffend sind, kann jeweils nur im Einzelfall entschieden werden. Damit sich die positiven Aspekte aber prinzipiell auswirken können, muß auf jeden Fall auf die optimale organisatorische Ausgestaltung geachtet werden. Diese Ausgestaltung kann durchaus unterschiedlich erfolgen. Die möglichen organisatorischen Konzepte sollen im nächsten Abschnitt erläutert werden.

2.2 Organisatorische Konzepte für Telearbeit

Betrachtet man die Telearbeit in der Literatur, so findet man nicht nur eine Vielzahl verschiedenartiger Definitionen, sondern eine noch grössere Anzahl verschiedener Erscheinungs- oder Organisationsformen. Die zugehörigen Systematisierungen der Organisationsformen weisen teilweise allerdings eher einen enumerativen als strukturierenden Charakter auf.

Organisationsformen der Telearbeit in der Literatur

Schulz/Staiger (1993)	Telearbeit in der Zentrale, Telearbeit in Filialbüros, Telearbeit in Teleworkcentern und Teledienstleistungszentren, Tele-Heimarbeit und Alternierende Telearbeit.
Kilz/Reh (1997)	häusliche Telearbeit, Satellitenbüros und partielle Telearbeit
Dostal (1999)	Teleheimarbeit, alternierende Telearbeit, Arbeit in Telearbeitszentren, virtuelle Unternehmen, mobile Telearbeit oder bewegliche Arbeitsplätze
Richenhagen/Wagner (2000)	Telearbeit zu Hause, Alternierende Telearbeit, Mobile Telearbeit, Satellitenbüros und Nachbarschaftsbüros
Matthies (1997)	reine Telearbeit, alternierende Telearbeit, Satelliten- oder Nachbarschaftsbüros, virtuelle Unternehmen, projektbasierte Telearbeit, mobile Telearbeit, selbständige Telearbeit
Reichwald et al. (2000)	Home-Based, Center-Based, Mobile Telearbeit und On-Site

Organisation von Telearbeit

In diesem Buch soll auf die Klassifikation von Reichwald et al. (2000) aufgebaut werden, welche die Telearbeit als eine von drei Dimensionen der Telekooperation ansieht[80]. Diese Klassifikation unterscheidet die Organisationsformen der Telearbeit nach den vier Kriterien Arbeitsort, Arbeitszeit, vertragliche Regelung und technische Infrastruktur.[81] Ein potentieller Telearbeitgeber kann durch die Kombination der vier Kriterien eine Organisationsform von Telearbeit gestalten, die den Anforderungen der jeweiligen Branche, des eigenen Unternehmens oder eines speziellen Produkts gerecht wird.

Beispielsweise wäre es möglich, für die Produktion von Software die Telearbeit Home-Based und mit Vollzeit-Arbeitnehmern zu gestalten. Die Arbeitsplätze dieser Arbeitnehmer wären miteinander vernetzt, weil zu gleichen Zeit gemeinsam an einem bestimmten Software Produkt gearbeitet werden soll. Die folgende Übersicht macht den Ansatz noch einmal deutlich.

63

Telearbeitsformen	
Arbeitsort	**Arbeitszeit**
– Home-Based – Center-Based – On-Site – Mobile	– Vollzeit – Teilzeit – Permanent – Alternierend
Vertragsgestaltung	**Informationstechnologie**
– Tele-Arbeitnehmer – Tele-Unternehmer	– Online – Offline

In Anlehnung an Reichwald/Möslein (1996) zitiert in Reichwald et al. (2000), S. 89.

Für die weiteren Ausführungen des zweiten Kapitels sollen nun einige bereits in der Realität eingesetzten Varianten der Telearbeit näher beschrieben werden. Diese werden zunächst nach dem Arbeitsort in die Erscheinungsformen mobile Telearbeit, Teleheimarbeit und Telearbeitszentren eingeteilt. Die beiden Kategorien „Mobile" und „On-Site" werden zu „mobile Telearbeit" zusammengefaßt. Bei den Telearbeitszentren wird in Satellitenbüros, Nachbarschaftsbüros und Telehäuser unterschieden. Dieses Vorgehen veranschaulicht die folgende Grafik.

---

[80] Weitere Dimensionen sind das Telemanagement und die Teleleistung (Reichwald et al. (2000), S. 69 ff).
[81] Diese Einteilung baut somit auf einer ähnlichen Systematik auf, wie das hier vorliegende Buch.

Telearbeitsformen nach Arbeitsort					
Telearbeitszentren			Tele-heimarbeit	Mobile Telearbeit	
Satelliten-büros	Nachbar-schafts-büros	Telehäuser[a]		Mobile	On-Site
↓	↓	↓	↓	↓	↓
Alternierende Telearbeit					

[a] Diese Form ist auch unter der Bezeichnung Teleservicezentrum oder Telecottage bekannt.

Weil zur Zeit immer noch viele Telearbeitnehmer nicht ihre komplette Arbeitszeit als Telearbeiter verbringen, soll auch noch die Variante „alternierende Telearbeit" als eine wichtige Ausprägung der Arbeitszeitgestaltung vorgestellt werden. Dabei sei an dieser Stelle noch einmal betont, daß alternierende Telearbeit eben keine eigenständige Ausprägungsform nach dem Ort der Arbeitverrichtung darstellt. Viel eher läßt sich diese als unternehmens-, mitarbeiter- oder aufgabenspezifische Verteilung von Arbeitszeit auf bestimmte Arbeitsorte verstehen.

2.2.1 Mobile Telearbeit

Unter mobiler Telearbeit versteht man das ortsunabhängige Arbeiten an einem mobilen Arbeitsplatz mit moderner und mobiler Kommunikationstechnik.[82] Die Beschäftigten dieser Erscheinungsform arbeiten permanent „vor Ort", also bei Kunden, Lieferanten oder Kooperationspartnern des Telearbeitgebers. In der Literatur herrscht die Ansicht vor, daß diese Form der Telearbeit die am weitesten verbreitete aber am wenigsten beachtete sei.[83]

Diese Form ist prinzipiell vergleichbar mit der üblichen Arbeitsform des angestellten Aussendienstmitarbeiters. Dieser ist regelmäßig mit der Durchführung von Geschäften außerhalb der Räumlichkeiten des Arbeitgebers betraut. Die Arbeit findet nur sehr unregelmäßig, zum Beispiel für Besprechungen, Tagungen, Schulungen und zur Auswertung von Ergebnissen in einem zentralen oder dezentralen Büro statt.

Eine spezielle Ausprägung der mobilen Telearbeit stellt ein Arbeitsplatz dar, der zum Standort eines Kunden oder Lieferanten verlagert wurde, jedoch permanent mit dem eigenen Unternehmen in Verbindung steht. Reichwald (2000) nennt diese Form die sogenannte On-Site oder Customer-Based-Site Telework.[84] Als Beispiele mögen Consultants, Wirtschaftsprüfer oder Techniker im Kundendienst

---

[82] Richenhagen/Wagner
[83] Vergleiche zum Beispiel Reichwald et al. (2000), S. 88.
[84] Reichwald et al. (2000), S. 88.

dienen, welche vor Ort bei Kunden Probleme lösen und dabei sowohl die Daten der gelösten Probleme an eine zentrale Datenverarbeitung weitergeben als auch von dort bei der Lösung aktueller Probleme unterstützt werden.

66 Die Kosten für das mobile Büro, also die Ausstattung des mobilen Telearbeiters mit Kommunikationstechnologie sind immer dann gerechtfertigt, wenn durch die Mobilität des Mitarbeiters zusätzliche positive Effekte für das Unternehmen entstehen, welche diese Kosten übersteigen.[85] Solche positiven Effekte können vor allem durch eine bessere Einbindung von Lieferanten in die eigenen Unternehmensprozesse und eine Erhöhung der Kundenbindung entstehen.

– Kosteneinsparungen durch eine bessere Lieferanteneinbindung.werden immer dann erzielt, wenn Mitarbeiter des Telearbeitgebers aktuelle Anforderungen bei Lieferanten zeitnah verhandeln und zum Abschluß bringen können. Hierzu ist ein dezentraler Datenzugriff auf die Daten der Produktions- und Beschaffungswirtschaft oder anderer Telearbeiter des eigenen Unternehmens unerläßlich. Lieferanten wissen hierbei vor allem die kurzen Entscheidungswege zu schätzen. Im eigenen Unternehmen können Beschaffungsanforderungen auf diese Art und Weise extrem schnell erfüllt werden.[86] Unabhängige Einkäufer können zum Beispiel als Tele-Unternehmer auf diese Weise die verschiedensten Betriebe gezielt mit Rohstoffen und Vorprodukten versorgen.

– Auf der Seite der Kunden wird die mobile Telearbeit immer dann einen Nutzen für das eigene Unternehmen erbringen, wenn dadurch entweder eine höhere Kundenbindung oder ein höherer Preis für die eigenen Produkte erzielt werden kann. Eine höhere Kundenbindung ist zu erwarten, wenn für den Kunden nicht der Preis sondern die Qualität des Produkts oder der Service im Zusammenhang mit dem Produkt eine wichtige Rolle spielen. Das Durchsetzen höherer Preise erscheint dann möglich, wenn durch die enge Bindung des Kunden an das Unternehmen des mobilen Telearbeiters ein besonderer Service oder besondere Flexibilität entstehen. Dies kann sich zum Beispiel in extrem schneller Anpassung des Produkts an Kundenwünsche ausdrücken.[87]

Die folgende Grafik soll den eben beschriebenen Zusammenhang noch einmal visualisieren.

---

[85] Von den Kosten des Telearbeitsplatzes sind natürlich die Kosten zunächst abzuziehen, die ein konventioneller Arbeitsplatz im Unternehmen verursacht hätte – falls ein solcher notwendig geworden wäre.

[86] Handelt es sich bei den zu beschaffenden Gütern oder Dienstleistungen allerdings um standardisiert zu beschaffende Vorprodukte, dann bietet sich statt mobiler Telearbeit eher die Vernetzung der Unternehmen im Sinne eines „supply-chain-management" an. Vergleiche hierzu zum Beispiel Banerjee (1986) oder Toporowski (1999).

[87] Ein besonders schönes Beispiel für den Einsatz mobiler Telearbeit findet sich in Osterloh/Frost (1998), S. 82ff. Hier wird der Einsatz von sogenannten „Pen-Computern" für die Außendienst Mitarbeiter der Winterthur Versicherung beschrieben.

Kalkulationsschema zur Vorteilhaftigkeit mobiler Telearbeit

Kosten des mobilen Telearbeitsplatzes
– Kosten des konventionellen Telearbeitsplatzes
– Nutzen durch höheren Preis
– Nutzen durch höhere Kundenbindung
= Nutzen/Kosten-Überschuß der mobilen Telearbeit

Die technischen Anforderungen an die Mobilität sind in Abhängigkeit von den zu erbringenden Leistungen zu betrachten. Sind beispielsweise bei einem Architekturbüro die Skizzen und Lagepläne für eine schnelle Überarbeitung in das Bearbeitungsbüro zu übersenden, so ist es nicht möglich, wenn diese per Handy übertragen werden, sondern hier bedarf es entsprechend schneller und speicherintensiver Übertragungsmethoden. Im Gegensatz hierzu bedarf es bei einer einfachen Information über den Kauf oder den Nicht-Kauf eines Produktes nur eines mobilen Telefons. Die Entscheidung über den Einsatz der nötigen Technologien muss folglich in jedem Einzelfall erneut getroffen werden und kann hier nicht grundsätzlich erläutert werden.

2.2.2 Teleheimarbeit

Als die klassische Form der Telearbeit ist die Teleheimarbeit oder Home-based Telework anzusehen. Unter dem räumlichen Gesichtspunkt ist der Ort der Arbeitsverrichtung die Wohnung des Telearbeiters.[88] Der Telearbeitsplatz ist per Informations- und Kommunikationstechnologie mit dem Arbeitgeber verbunden. Die anderen drei Kriterien, Arbeitszeit, vertragliche Regelungen und Technische Infrastruktur, können in unterschiedlicher Art und Weise miteinander kombiniert sein.

So ist durchaus der Einsatz von online Arbeitsplätzen denkbar, bei denen angestellte Mitarbeiter einen bestimmten Teil ihrer Arbeit zu Hause leisten. Pölz (1997) führt als Beispiel hierfür das Projekt „Hausverbundene Arbeit" bei der Allianz Lebensversicherung an. Dort findet ein Teil der Versicherungssachbearbeitung mit Anbindung an den zentralen Rechner der Versicherung an Heimarbeitsplätzen statt. Cirka 80–90 % der Arbeit wird von zu Hause erledigt. Die Postzuleitung erfolgt konventionell über Boten, Abholung oder Postdienste.

„Ein Problem, das sich hierbei abzeichnet und zu Produktivitätseinbussen führen kann, ist die hiermit verbundene zunehmende Isolation und die latente Gefahr einer abnehmenden Identifizierung mit dem Unternehmen (Corporate Idendity-Auflösung)"[89]. Diese Gefahr verstärkt sich zusätzlich, wenn die Teleheimarbeit

---

[88] Dostal (1999), S. 67
[89] Kilz/Reh (1997), S. 16

Organisation von Telearbeit

aus der Sicht des Arbeitgebers benutzt wird, um die Arbeitnehmer zunächst aus dem Unternehmen auszugliedern, um sie dann in die Selbständigkeit zu entlassen. Viele Unternehmen, die die oben beschriebene Form der Teleheimarbeit einsetzen helfen ihren Mitarbeitern daher durch fest eingerichtete „zentrale Termine" im Unternehmen. Zu diesen Terminen treffen sich die Teleheimarbeiter persönlich, tauschen Erfahrungen aus und lösen gemeinsame Probleme.[90]

Die Attraktivität dieser Form der Telearbeit besteht in der hohen Zeitsouveränität des Teleheimarbeiters. Dieser kann relativ frei entscheiden, wann er seine Pausen macht, wie und wann er sich um seine Familie kümmert, wann er seine Erledigungen und Einkäufe durchführt und wie er seinen Arbeitsplatz am effektivsten und effizientesten einrichtet. Weiterhin spart er durch die entfallenden Fahrten ins Büro zusätzlich Zeit und Kosten.

69 Auf der Unternehmerseite liegt die Attraktivität darin; „dass die Anschaffungspreise für IuK-Komponenten im Verhältnis zu anderen betrieblichen Kostenfaktoren, wie Raummieten oder Energiekosten, zunehmend sinken. Jedoch muss eindeutig gesagt werden, dass die Ausstattung eines Heimarbeitsplatzes mit modernster Telekommunikationstechnik hinsichtlich der Kosten häufig unterschätzt wird, zumal teure Endgeräte, die über die Leistungskapazitäten von einfachen Computern oder Bildtelefongeräten hinausgehen, im Heimbüro in der Regel nur von einer Person genutzt werden."[91]

Eine weitere Schwierigkeit stellt – unter Kostengesichtspunkten – die Beibehaltung des betrieblichen Arbeitsplatzes des Teleheimarbeiters im Unternehmen dar. Vor allem bei alternierender Tätigkeit wird sich dies zumindest bei Teilen der Ausrüstung nicht vermeiden lassen. Letztendlich führt dies zu einer Dopplung der Kosten für die Ausstattung der Arbeitsplätze. Unternehmen begegnen diesem Problem immer häufiger mit einer Strategie des „Desk-Sharing". Gute Beispiele für die Auflösung des Problems der Dopplung von Arbeitsplätzen stellen die Unternehmen Digital und Andersen Consulting dar.

70 „In these companies a number of employees no longer ‚own' an office workspace. Instead, they use any desk that is available when they need to go to the office. ... Digital found that the occupancy rate of individual desk space among some groups of salespeople was lower than 40 % during the working day. Having implemented Flexible Working Practices, approximately 700 people now work from a building ... which previously accommodated 450. ... Similarly, Andersen Consulting have been able to more than double the capacity of existing central London office space. A pilot project was run covering one floor, 55 „Hot Desks" (non dedicated working space) and 160 people. A floor administrator uses a personal computer to book desk space for people who usually work away from the office. No-one has a particular desk, but everyone has a large filing draw which holds portable boxes of work. The booking system alerts a floor steward to take

---

[90] Ein schönes Beispiel hierfür findet sich in Reichwald et al. (2000), S. 91 ff. Hier wird der Einsatz der Teleheimarbeit bei der Firma Premiere Medien beschrieben.
[91] Schulz/Staiger S. 187

the required work boxes to the allocated desk in time for the individual to commence work."[92]

Ein Beispiel für die völlige Vermeidung der Dopplung von Arbeitsplatzkosten ist der Aufbau eines flächendeckenden Vertriebsnetzes durch die Firma INTEL Deutschland, die am Standort München keinen geeigneten Büroraum finden konnte. Man entschied sich für den Aufbau eines Vetriebsnetzes mit 60 Telearbeitern aus dem ganzen Bundesgebiet. Die Mitarbeiter wurden ein halbes Jahr in München geschult und eingearbeitet und dann in ihr Teleheimbüro entlassen. Ein Büro in der Münchner Zentrale existierte körperlich nicht mehr. Dies führte schon im ersten Jahr zu einer Einsparung von 8 Mio. DM.

2.2.3 Telearbeitszentren

In der Literatur werden drei verschiedene Typen von Telearbeitszentren unterschieden. Diese finden sich auch in der Praxis in mehr oder weniger reiner Form wieder.[93] Das Satellitenbüro, das Nachbarschaftsbüro und das Telehaus oder Teleservicezentrum. Bei allen drei Ausprägungen arbeitet der Telearbeiter nicht in seinem „Home-Office", sondern in einem Büro in der Nähe seiner Wohnung.

Satellitenbüros

Das Satellitenbüro stellt eine Niederlassung des Telearbeitgebers dar, deren Standort nicht von der Kundennähe sondern durch den Wohnort der Mitarbeiter bestimmt wird. In solchen Niederlassungen findet man Teile von Unternehmen (z.B. eine Reklamationsstelle oder die Finanzbuchhaltung) ebenso wie komplette Unternehmenseinheiten (z.B. Produktionsstätten, oder die Marketingabteilung).

Ein gutes Beispiel hierfür stellt die Schweizer Telecom PTT dar. Diese verlagerte schon im Jahr 1987 den gesamten Auskunftsdienst in das 2400 Einwohner zählende Bergdorf Schiers. Mit 12 Computerarbeitsplätzen wurden 29 Teilzeitarbeitsplätze geschaffen.

Satellitenbüros ermöglichen es Unternehmen, günstigen Büroraum außerhalb von Ballungszentren zu nutzen und ihren Mitarbeitern kürzere Anfahrtswege zu ermöglichen. Hinzu kommt häufig auch noch eine beträchtliche Senkung der Personalkosten, wenn es gelingt, Satellitenbüros in Regionen mit niedrigerem Lohnniveau zu installieren. In einigen Fällen bewegen Unternehmen sich auf diese Art und Weise sogar in die Nähe eines Marktes für Arbeitskräfte die in der angestammten Region für die Produktion gar nicht oder zumindest in nicht ausreichender Menge oder Qualifikation vorhanden sind. Die Produktion von Software mit Hilfe eines Satellitenbüros in den Ländern des Europäischen Ostens oder in Indien kann hier als Beispiel dienen.

---

[92] British Telecommunications (1995), S.7.
[93] Für einen Überblick siehe Abschnitt 2.2.

Nachbarschaftsbüros

73   Als Nachbarschaftsbüro bezeichnet man eine von mehreren Trägerorganisationen gemeinsam betriebene Dezentralisierung von Teilen organisatorischer Einheiten. Verschiedene Unternehmen betreiben also gemeinsam ein Nachbarschaftsbüro, um bestimmte betriebliche Funktionen unter gemeinsamer Nutzung von Sachmitteln und IT-Infrastruktur sicherzustellen. Dies erscheint vor allem dann vorteilhaft, wenn es sich dabei um Unternehmen unterschiedlicher Wertschöpfungsstufen handelt, die somit nicht miteinander in Konkurrenz stehen. Für Unternehmen, die potentielle Konkurrenten darstellen, sollte geprüft werden, ob durch die gemeinsame Nutzung des Nachbarschaftsbüros eventuell Firmenspezifika von Kernprozessen[94] verlorengehen. Ganz allgemein liegt der Anreiz für Unternehmen in den Synergieeffekten, die die gemeinsame Nutzung von sachlichen oder personellen Ressourcen mit sich bringt.

Aus dem internationalen Bereich findet sich ein Beispiel mit der Jamaica Digiport International (JDI). Dieses Unternehmen wird von AT&T, Cable (USA) und Wireless (UK) gemeinsam betrieben. Die JDI stellt Telekommunikationsverbindungen und Ausstattung für mehrere andere Firmen bereit. Die Arbeitsplätze von etwa 600 niedrig qualifizierten Angestellten befinden sich auf Jamaika. Die Mitarbeiter befassen sich zum Beispiel mit der Eingabe von Daten in EDV Systeme. Die Löhne betragen zwischen 10 % und 20 % der in den USA für diese Tätigkeiten üblichen Gehälter. Damit konnten die beteiligten Unternehmen neben der gemeinsamen Nutzung der Ressourcen auch noch beträchtliche Einsparungen bei den Lohnkosten realisieren.

Telehäuser

74   Telehäuser oder Teleservicezentren sind selbständige Unternehmen, die mit Hilfe moderner Kommunikationstechnologien, Dienstleistungen auf dem Markt anbieten. Das unternehmerische Konzept besteht im Angebot einer technischen Infrastruktur oder betriebswirtschaftlicher Unterstützung durch den selbständigen Betreiber. Mit Hilfe dieses Angebots können Telearbeiter aus verschiedenen Unternehmen oder auch selbständige Existenzgründer ihre Leistungen oder Produkte erstellen und vertreiben. Telehäuser werden nicht selten in strukturschwachen Gebieten oder zur Vermeidung von starkem Pendelverkehr eingerichtet und dann auch von staatlicher Seite gefördert.

Ein gutes Beispiel[95] hierfür ist die Gemeinde Retzstadt in Unterfranken. Über ein Drittel der 1.800 Einwohner fährt normalerweise jeden Morgen in die Ballungsgebiete Würzburg, Aschaffenburg und Schweinfurt. Um diese Pendlerströme zu reduzieren, wurden zwei Telearbeitszentren eingerichtet. Verschiedene kommunale Einrichtungen stellten Büroraum und angemessene technische Ausstattung zur Verfügung.

---

[94]   Siehe hierzu Osterloh/Frost (1998).
[95]   Siehe hierzu auch bmb+f (1997), S. 41 oder Reichwald et al. (2000), S. 109 ff.

2.2.4 Alternierende Telearbeit

Um dem Verlust der Identifizierung mit dem Unternehmen und dem Verlust der zunehmenden sozialen Isolation des Telearbeiters entgegenzuwirken, empfehlen eine Reihe von Autoren die Durchführung der Telearbeit alternierend zu organisieren. Bei dieser Form wechselt der Telearbeiter in der Regel zwischen den Arbeitsorten Büro und zu Hause.[96] Ob das Büro dann im eigentlichen Sitz des Unternehmens oder zum Beispiel in einem Nachbarschaftsbüro, einem Satellitenbüro oder in einem Telearbeitszentrum eingerichtet ist, spielt hier nur eine untergeordnete Rolle.

Dabei arbeitet der Telearbeiter zu festgelegten Zeiten zu Hause und zu bestimmten Zeiten im unternehmerischen Büro. Durch diese festgelegten Zeiten ist es möglich, dass sich mehrere Arbeitnehmer ein Büro im Unternehmen teilen können und dadurch wiederum einige Büros im Unternehmen redundant sind[97]. Eine kritische Situation tritt hingegen immer dann auf, wenn ein Arbeitsplatz aus unvorsehbaren Gründen mehrfach besetzt ist und dadurch die Leistungserstellung unterbrochen wird. Hierin liegt auch die besondere Aufgabe des Telearbeitsmanagements. Dieses muss funktionierende Richtlinien festlegen, welche die Vorgehensweisen in Engpasssituationen regeln.

Die technische Ausstattung ist entsprechend der Ausstattung der Teleheimarbeitsplätze festzulegen. Zusätzlich ist aber auch der Anteil des im Unternehmen verbliebenen Arbeitsplatzes auf jeden einzelnen Telearbeitsplatz aufzuaddieren. Durch die Tatsache, das für jeden Arbeitnehmer mehr als 1,0 Arbeitsplätze bereitstehen müssen, verteuert sich das Investitionsvolumen für die Arbeitgeber. Sollten diese Mehrausgaben nicht durch entsprechende Produktivitätssteigerungen und Raumkostenersparnisse gedeckt werden so ist von einer Einführung dieser Form abzuraten oder bei einem gesteigerten Interesse seitens der Arbeitnehmer (beispielsweise durch die bessere Möglichkeit der Kindererziehung oder geringere Kosten für das Pendeln zum Unternehmen) können diese Mehrausgaben zumindest zum Teil auf die Telearbeiter übertragen werden.

2.2.5 Ausländerrechtliche Aspekte von Telearbeit als Import

Betrachtet man die unterschiedlichen Möglichkeiten der Verbindung zwischen dem Telearbeiter und seinem Auftraggeber (Arbeitgeber, Unternehmer), so ist durch die Möglichkeit, weite Distanzen zu überbrücken, keine Rücksicht mehr auf politische Grenzen von Ländern oder Unionen zu nehmen. Telearbeit kann vielmehr aus jedem Land der Welt in die Bundesrepublik importiert werden, ohne dass Hemmnisse dazwischen geschaltet sind, ja ggf. ohne dass von Dritten oder von staatlichen Institutionen dies überhaupt bemerkt wird. Tatsächlich lassen sich diese Arbeiten über das Internet in unterschiedlichster Kommunikationsform leisten, ohne dass dies einer näheren Darlegung bedarf. Die Art und Weise der

---

[96] Dostal (1999), S. 67
[97] Siehe auch das Beispiel der Unternehmen Andersen Consulting und Digital im Abschnitt 2.2.

Erscheinungsbilder von mobiler Telearbeit bis zur Tätigkeit in einem Satellitenbüro oder durch ein Service-Unternehmen lassen eine weltweite Kooperationen denkbar und realisierbar erscheinen. Unternehmerisch problematisch wird diese Situation allenfalls bei der Abrechnung, nämlich wenn entsprechende Kostenpositionen bei Abrechnungen auftauchen und als Betriebskosten geltend zu machen sind.

Soweit sich Telearbeit dabei als importierte Arbeit selbstständiger Einzelpersonen oder von ausländischen Unternehmen darstellt, erhebt sich nahezu ausschließlich die Frage von Datensicherheit und aussenwirtschaftlicher Zulässigkeit[98]. Maßgeblich bleibt hier, dass es sich um einen Austausch von Leistungen durch zwei unterschiedliche, selbstständige natürliche oder juristische Personen handelt, die ihre Vertragsbeziehungen eigenständig und mit oder ohne Dauereffekt regeln können. Damit stellt sich ein solcher „Erwerb von Telearbeit" als allgemeinvertragliches und dann buchhalterisches und steuerliches Problem dar, dem hier deswegen nicht weiter nachgegangen zu werden braucht, weil diese Vereinbarung keine weiter gehenden rechtlichen Verpflichtungen oder betriebliche Aufwendungen im Hinblick auf die sozialrechtlichen und den Arbeitnehmer in anderen Bereichen schützenden nach sich ziehen, wie dies etwa einer arbeitsrechtlichen Verbindung mit dem Telearbeiter immanent sein müsste.

78 Wird hingegen Telearbeit in dem hier verstandenen Sinne[99] importiert, ist die rechtliche Situation hinsichtlich des beschäftigten Arbeitnehmers zu bedenken. Soweit es sich um einen Deutschen handelt, der im Ausland eingesetzt wird und von dort aus Telearbeit leistet, stellt sich für die Frage innerhalb der Bundesrepublik keine ausländerrechtliche Problematik dergestalt, dass er einer Erlaubnis bedürfte, um seine Arbeitsprodukte in die Bundesrepublik zu transferieren. Hinsichtlich eines solchen Arbeitnehmers bleibt allenfalls zu beachten, inwieweit dieser einer Erlaubnis oder Zulassung des Staates oder der Staaten bedarf, in denen er tätig werden soll und wie sein Status als Arbeitnehmer rechtlich zu gestalten ist (s. dazu unter 6.2). Dies wird auch in den Fällen zu besorgen sein, in denen

---

[98] Bei den hierbei auftretenden Fragen sind, soweit sie im Ausland zu beantworten sind, die ausländischen Rechtsvorschriften zu beachten, wenngleich durch vertragliche Vereinbarungen auch daran zu denken, den bundesrepublikanischen Sicherheitsstandard im Hinblick auf Datensicherheit entsprechen zu müssen. Hinsichtlich der aussenwirtschaftlichen Zulässigkeit stellen sich überwiegend Fragen des Kapitalverkehrs. Da der Zahlungsverkehr als solcher mit dem Ausland genehmigungsfrei ist, können hier nur Meldepflichten gegenüber der Bundesbank bzw. über sie gegenüber der Europäischen Zentralbank berührt sein. Innerhalb der Europäischen Union stellt der Geldtransfer kein Problem mehr dar.

[99] Also als Arbeitsleistung eines persönlich Abhängigen, der weisungsgebunden und entgeltlich tätig wird (EuGH, DVBl 1986, 883 = Slg. 1986, 2121 – Lawrie Blum; Schlachter, NZA 2000, S. 58). Damit ist auch der Unterschied zur Heimarbeit betont. Telearbeiter in dem hier verstandenen Sinn sollen keine Heimarbeiter sein, da sie einer Arbeitskontrolle unterliegen, mit Betriebsmitteln des Arbeitgebers arbeiten und auch im Regelfall den Weisungen des Arbeitgebers im Hinblick auf Zeit, Ort und Art und Weise der Arbeitsleistung unterliegen (z. näheren Definition und Abgrenzung vgl. u. Glied. Nrn. 6.2.1, 6.2.2).

der Arbeitnehmer nur alternierend tätig wird, also teils Telearbeit verrichtet, teils in die betriebliche Zentrale zurückkehrt und dort Ergebnisse seiner Arbeit weiter verarbeitet oder denen, die dies tun, weitere Informationen oder Weisungen übermittelt.

Wird indes ein ausländischer Arbeitnehmer für ein deutsches Unternehmen im Ausland tätig, bleibt zu differenzieren, ob es sich um sein Heimatland handelt – dann bedürfte es in seiner Person dort im Regelfall keiner Arbeitserlaubnis – oder ob er auch in einem für ihn fremden Staat tätig wird. Im letzteren Fall gelten für ihn die gleichen Erfordernisse, denen auch ein deutscher Arbeitnehmer im Ausland unterworfen wäre.

Der zweite Aspekt, der hier zu betrachten ist, ist aber die ausländerrechtliche Seite der Tätigkeit bezogen auf die Bundesrepublik. Hierfür bestehen mehrere Gestaltungsmöglichkeiten, von denen die nachfolgenden Beispiele ausgehen. Eine Verbindung der unterschiedlichen Formen von Telearbeit ist möglich und unterliegt dann der jeweils speziell zuzuordnenden Fallgestaltung. Speziell ist zu denken an:

– isolierte Telearbeit, bei der ausländische Arbeitnehmer in seinem Heimatland wohnt, dort für den deutschen Betrieb tätig wird und seine Arbeitsergebnisse ausschließlich über eine Datenverbindung an den Betrieb übersendet,

– alternierende Telearbeit, bei der der ausländische Arbeitnehmer Tätigkeiten im Ausland verrichtet und deren Ergebnisse über eine Datenverbindung an den Betrieb übermittelt, zusätzlich aber auch den Betrieb in der Bundesrepublik aufsucht und dort weitere Arbeiten durchführt, also Arbeiten auf dem Territorium der Bundesrepublik verrichtet.

Soweit in diesem Zusammenhang ausländische Arbeitnehmer in die Überlegungen einbezogen werden, ist schließlich auch noch zu trennen zwischen EU-Bürgern, also den Bürgern aller der Staaten, die Mitgliedsländer der Europäischen Union sind, und den Arbeitnehmern, die aus Staaten stammen, die der EU nicht angehören. Das für ausländische Arbeitnehmer geltende Recht, bezieht sich nämlich nicht auf Bürger eines EU-Mitgliedstaates und auf Personen aus dem Europäischen Wirtschaftsraum (Norwegen, Liechtenstein, Island)[100], denen innerhalb der Europäischen Union bzw. des Europäischen Wirtschaftsraumes Freizügigkeit garantiert ist[101]. Ihre Beschäftigung steht der eines deutschen Staatsbürgers gleich, ist demzufolge erlaubnisfrei, sie erhalten für den Aufenthalt in der Bundesrepublik, auch zum Zweck der Erwerbstätigkeit, ausschließlich eine EG-Aufenthaltserlaubnis, auf die ihnen einen Rechtsanspruch zusteht[102].

---

[100] Mayer in : Lohre/Mayer/Stevens-Bartol, § 284 Rdnr. 3.
[101] Art. 48 EGV, Art. 1 und 3 Verordnung (EWG) 1612/68 des Rates über die Freizügigkeit der Arbeitnehmer innerhalb der Gemeinschaft vom 15. Oktober 1968 (ABl. Nr. L 257/1 mit allen Änderungen); Renner, § 10 AuslG Rdnr. 102.
[102] Vgl. hierzu insbesondere § 3 des Gesetzes über die Einreise und Aufenthalt von Staatangehörigen der Mitgliedstaaten der Europäischen Wirtschaftsgemeinschaft (Aufenthaltsgesetz/EWG – AufenthG/EWG) vom 31. Januar 1980 (BGBl. S. 51) mit nachfolgenden Änderungen.

Betrachtet man unter diesen Prämissen den Einsatz ausländischer Arbeitnehmer in Telearbeit, so ergeben sich folgende rechtliche Konstellationen:

a) Isolierte Telearbeit

79 Innerhalb der Bundesrepublik dürfen ausländische Arbeitnehmer nur beschäftigt werden, wenn sie eine Arbeitserlaubnis besitzen[103]. Diese wird für bestimmte Betriebe[104] und/oder bestimmte Anlässe erteilt[105]. Zugleich knüpft die Arbeitserlaubnis aber daran an, dass der Arbeitnehmern eine Aufenthaltserlaubnis innerhalb der Bundesrepublik besitzt[106]. Zielrichtung dieser Regelungen ist der Schutz des bundesrepublikanischen Arbeitsmarktes[107]. Voraussetzung für die Arbeitserlaubnis und die damit zustande kommende ausländerrechtliche Berührung wird damit, dass der Arbeitnehmer innerhalb der Bundesrepublik und in einem dort lokalisierten Betrieb tätig werden soll. Das Tätigkeitsfeld des isolierten Telearbeiters entspricht indes dem Schema:

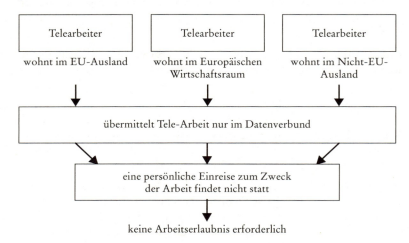

Abb. 1: Zulässigkeit isolierter Telearbeit ohne Arbeitserlaubnis

---

[103] § 284 ff. SGB III – Arbeitsförderung – vom 24. März 1997 (BGBl. I S. 594) mit den nachfolgenden Änderungen.

[104] § 285 SGB III i.V.m. § 1 Verordnung über die Arbeitsgenehmigung für ausländische Arbeitnehmer (Arbeitsgenehmigungsverordnung – ArGV) vom 17. September 1998 (BGBl. I S. 2899)

[105] § 285f. SGB III i.V.m. § 1 Verordnung über Aufenthaltsgenehmigungen zur Ausübung einer unselbstständigen Erwerbstätigkeit (Arbeitsaufenthaltsverordnung – AVV) vom 18. Dezember 1990 (BGBl. I S. 2994) mit nachfolgenden Änderungen. Vgl. auch § 285 Abs. 3 SGB III, nach dessen Maßgabe Ausländern im Regelfall keine Arbeitserlaubnis erteilt werden darf, wenn sie ihren gewöhnlichen Aufenthalt ausserhalb der Bundesrepublik haben

[106] MünchHb/Buchner, § 35 Rdnr. 15; im Ergebnis auch: Küttner/Voelzke, Nr. 37 – Arbeitserlaubnis – Rdnr. 16

[107] Küttner/Voelzke, a. a. O.; Lohre/Mayer/Stevens-Bartol, § 284 Rdnr. 2, 12, § 286 Rdnr. 3

Wird das Erfordernis unter dem Gesichtspunkt des Schutzes des Arbeitsmarktes in der Bundesrepublik betrachtet, so kann gleichwohl mit der Beschäftigung von Ausländern im Ausland, die dem Betrieb in der Bundesrepublik zuarbeiten, der deutsche Arbeitsmarkt beeinträchtigt werden, weil ggf. entsprechende Kräfte auf diesem Markt nicht mehr nachgefragt werden und damit ausgegrenzt sind. Mithin läuft der Schutz insoweit leer. Da aber der Anknüpfungspunkt für das Erfordernis einer Arbeitserlaubnis in der Tatsache besteht, dass der Arbeitnehmer örtlich innerhalb der Bundesrepublik seine Tätigkeit aufnimmt, so kann die Telearbeit, die im Ausland geleistet wird und bei der sich der Arbeitnehmer bei seiner Tätigkeit immer ausserhalb des Territoriums der Bundesrepublik aufhält, nicht diesem Erfordernis unterworfen sein[108], so dass eine Arbeitserlaubnis in diesem Falle nicht als erforderlich zu erachten ist.

b) Alternierende Telearbeit

Eine andere Betrachtungsweise rechtfertigt sich der Gestaltung von Telearbeit als alternierende Tätigkeit, also als eine lose oder festgelegte Folge von Telearbeit im Ausland verbunden mit einer immer wieder eintretenden Tätigkeit im in der Bundesrepublik gelegenen Betrieb.

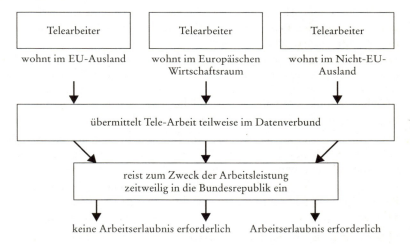

Abb. 2: Zulässigkeit von Tätigkeiten alternierender Telearbeit mit EG-Aufenthaltserlaubnis/Arbeitserlaubnis

In diesen Fällen stellt sich die Tätigkeit des Arbeitnehmers, soweit er unmittelbar in seinem Betrieb Teilarbeitsleistung erbringt, für den Unternehmer die Beschäftigung eines ausländischen Arbeitnehmers in der Bundesrepublik dar. Dementsprechend unterliegt er den Anforderungen der die Beschäftigung ausländischer Arbeitnehmer regelnden Vorschriften. Mithin benötigt der Arbeitnehmer aus

---

[108] So im Ergebnis wohl auch: Renner, § 10 AuslG Rdnr. 98.

Drittländern eine Arbeitserlaubnis, während der EU-Bürger die ihm zustehende EG-Aufenthaltserlaubnis benötigt, die ihm zu erteilen ist und ihm das Recht auf berufliche Tätigkeit eröffnet. Dieselben Regelungen treten für die Bürger des Europäischen Wirtschaftsraumes ein.[109]

Unter dem Gesichtspunkt, bürokratische Erschwernisse zu ersparen, erweist sich damit die isolierte Telearbeit ausländischer Arbeitnehmer als ein einfacherer Weg. Ob eine solche Arbeitsform allerdings praktikabler ist, ist unter anderen Aspekten zu betrachten:

– Die unmittelbare Zugriffsmöglichkeit besteht nur eingeschränkt und über Telekommunikationsmittel,
– Die Umsetzung von betrieblichen Weisungen im Hinblick auf andere Arbeitsschritte und Verhaltensweisen als die, die unmittelbar aus dem Arbeitsergebnis erkennbar sind, ist allenfalls unvollkommen kontrollierbar,
– Die Verbindung zum Betrieb ist damit eher notleidend, weil sich der Arbeitnehmer einem entsprechenden Einfluss entziehen kann,
– Eine Einordnung in die arbeitsrechtlichen und sozialrechtlichen Verhältnisse innerhalb der Bundesrepublik dürfte weitgehend ausgeschlossen sein (vgl. dazu auch Glied.Nr. 6.2.5),
– Die Vereinbarung abweichender Arbeitsbedingungen ist unter den Vorgaben des internationalen Privatrechts (insbes. Art. 27, 30 EGBGB) zu bewerten und bringt damit zusätzliche, rechtliche Schwierigkeiten,
– Die Verlagerung von Tätigkeiten ins Ausland unter gleichzeitiger Begründung eines Arbeitnehmerstatus kann als Umgehung der ausländerrechtlichen Vorschriften zum Schutz des deutschen Arbeitsmarktes gesehen werden und entsprechende inner- und ausserbetriebliche Widerstände hervorrufen,
– Eine Einbeziehung in die betriebliche Interessenvertretung scheidet aus,
– Der Arbeitnehmer ist weitgehend auf sich gestellt und unterliegt – jedenfalls auf den Betrieb bezogen – den sozialen Problemen, die unter Glied. Nrn. 2. und 3. dargestellt sind,
– Die mangelnde betriebliche Einbindung kann zu einer Interessenlosigkeit am Betrieb führen, die Identifikation mit dem Betrieb ist erschwert,
– Mangelnde Identifikation kann zu mangelnder Motivation führen,
– Unterschiedliche Arbeitsbedingungen können zu Unzufriedenheit und entsprechendem Rechtsstreit führen[110],
– Dass daneben eine weitere Reihe von positiven wie negativen Aspekten treten können, ergibt sich bereits aus der jeweiligen Struktur und Aufgabenstellung der unterschiedlichen, der Telearbeit zugänglichen Unternehmen.

---

[109] Art. 1 und 28 des Abkommens über den Europäischen Wirtschaftsraum (EWR – Abkommen) vom 2. Mai 1992 (BGBl. II S. 267; geändert durch das Anpassungsprotokoll vom 17. März 1993, BGBl. II S. 1295); vgl. Auch Oppermann, Europarecht, Rdnrn. 137, 139.
[110] Vgl. z.B. BAG, Urt.v.3. Mai 1995 – 5 AZR 15/94 – EzA Nr. 3 zu Art. 30 EGBGB m. Anm. Franzen.

2.2.6 Schema für die rationale Auswahl einer Organisationsform der Telearbeit

An dieser Stelle soll die Beschreibung der möglichen Organisationsformen noch einmal anhand eines Überblicks über die Vor und Nachteile aus Sicht des Telearbeitgebers und anhand eines Schemas zum Vorgehen bei der Auswahl der optimalen Organisationsform nach der Art der Verrichtung abgerundet werden. Dabei wird vor allem bei der Alternativenauswahl davon ausgegangen, daß die weiter oben angeführten prinzipiellen Kriterien zur Beurteilung der Telearbeitseignung von Arbeitsplätzen bereits durchgeführt wurde. Ein positives Ergebnis dieser Beurteilung ist sozusagen der Ausgangspunkt der nun folgenden Überlegungen.

Vor- und Nachteile der Formen der Telearbeit aus der Sicht des Arbeitgebers

Form der Telearbeit	Vorteile	Nachteile
Teleheimarbeit	– Kostenersparnis Arbeitsplatz beim Arbeitgeber – Flexibler Personaleinsatz	– Kosten für Heimarbeitsplatz – Wenig Bindung an das Unternehmen – Betreuung/Schulung der Arbeitnehmer
Mobile Telearbeit	– Flexibilität – engere Bindung an Kunden und Lieferanten – kein interner Arbeitsplatz mehr nötig	– Kontakt zum Mitarbeiter nicht mehr persönlich – Kosten für mobilen Arbeitsplatz
On-Site Telearbeit	– Flexibilität – engere Bindung an Kunden und Lieferanten – kein interner Arbeitsplatz mehr	– Kontakt zum Mitarbeiter nicht mehr persönlich – Kosten für mobilen Arbeitsplatz
Satellitenbüro	– Zugang zu attraktiven Arbeitsmärkten – Niedrigere Kosten für Personal – Niedrigere Kosten für Büroraum	– Investition in die Infrastruktur – Betreuung/Schulung der Mitarbeiter nötig
Nachbarschaftsbüro	– Zugang zu attraktiven Arbeitsmärkten – Niedrigere Kosten für Personal und Büroraum – Gemeinsame Ressourcennutzung	– Koordination mit anderen Unternehmen – Verlust an Spezifität der Prozesse
Telehaus	– Neue Arbeits- und Gütermärkte – Günstiger Büroraum – Gemeinsame Ressourcennutzung – Keine Investition nötig, da Infrastruktur vorhanden	– Verlust an Spezifität der Prozesse
Alternierende Telearbeit	– Nutzung aller Vorteile der Telearbeit – Mitarbeiter weiterhin persönlich im Unternehmen	– Dopplung der Arbeitsplatzkosten

Organisation von Telearbeit

Schema für die Auswahl der optimalen Telearbeitsform

Klären, welches primäre Ziel mit der Telearbeit verfolgt werden soll

- Kosteneinsparung
  - Viel Infrastruktur
    - Standardprodukt → Telehaus / Nachbarschaftsbüro
    - Spezifisches Produkt → Satellitenbüro
  - Wenig Infrastruktur → Teleheimarbeit
- Produkt- oder Serviceverbesserung
  - Enge Zusammenarbeit mit einzelnen Kunden oder Lieferanten → On-Site Telearbeit
  - Flexibilität / Mobilität bezüglich vieler Kunden → Mobile Telearbeit

72

3. Ökonomische Kriterien und Gefahren

Jede neue Technologie birgt Gefahren, aber auch Chancen. In den letzten Jahren wurde gerade in Deutschland häufig der Vorwurf erhoben, dass zu viel über Gefahren und zu wenig über Chancen diskutiert wird. Im Folgenden soll versucht werden, die Vor- und Nachteile der Telearbeit jeweils aus dem Blickwinkel des Arbeitgebers und des Arbeitnehmers aus ökonomischer Sicht darzustellen.

82

3.1 Sicht des Arbeitgebers

Für den Arbeitgeber weist die Telearbeit eine Reihe von Vorteilen auf, wenn sie richtig eingesetzt wird und von allen Beteiligten als Organisationsform akzeptiert wird.

3.1.1 Produktivitätssteigerung

Die Telearbeit bietet für den Arbeitgeber die Chance, die Produktivität der Arbeitsleistung zu erhöhen. Kosteneinsparungen beim Arbeitgeber (vgl. dazu unten 3.1.2) und bessere Motivation des Arbeitnehmers können zu nicht unerheblichen Produktivitätssteigerungen führen.[1]

83

Die bessere Motivation resultiert zunächst aus der Möglichkeit des Arbeitnehmers, seine Arbeitszeit frei einteilen zu können. Die zeitliche Flexibilität ermöglicht es dem Telearbeiter, berufliche und private Belange besser in Einklang zu bringen. So lässt es sich leichter organisieren, Kinder zur Arbeit oder zum Kindergarten zu bringen, Einkäufe durchzuführen, Arztbesuche einzurichten usw.. Dies erhöht beim Telearbeiter die Lebensqualität und damit die Motivation.

Höhere Motivation und bessere Konzentrationsfähigkeit können sich auch aus der häufig ungestörteren Arbeitsatmosphäre am Telearbeitsplatz ergeben. Der Telearbeiter ist am Telearbeitsplatz in der Regel nicht in dem Maße durch Kollegenbesuche, Telefonanrufe und Besprechungen abgelenkt wie am betrieblichen Arbeitsplatz (vgl. dazu auch oben Rdnr. 32). Große Ablenkung und häufiges Gestört sein fördern Frustration und beeinflussen das Arbeitsergebnis negativ. Gerade für Tätigkeiten, die ein hohes Maß an Konzentration erfordern, und für kreative Arbeiten kann ungestörte Telearbeit ein erheblicher Vorteil sein, der die Produktivität steigert.

Die höhere zeitliche Flexibilität ist oftmals gepaart mit einem größeren inhaltlichen Freiraum des Telearbeiters. Die geringere Anwesenheit im Betrieb macht es

---

[1] Laut Focus vom 11.10.99, Job: Endlich frei, S. 324, stieg einer breit angelegten Studie zufolge bei BMW die Effizienz der Mitarbeiter im Heimbüro durchschnittlich um 16 %. Das BMBF geht in seinem elektronischen Leitfaden zur Telearbeit von einer Produktivitätssteigerung zwischen 10 und 50 % aus.

notwendig, mehr Handlungsspielräume und damit auch Verantwortung auf den Telearbeiter zu verlagern. Dies fördert ebenfalls die Motivation des Telearbeiters.

Die höhere Motivation steigert die Qualität der Arbeitsergebnisse und fördert die Loyalität des Arbeitnehmers.[2]

Nicht zu vernachlässigen ist auch der potenzielle Imagegewinn[3] des Unternehmens durch die Einführung der Telearbeit, das sich als ein innovatives und ein auf die Bedürfnisse der Mitarbeiter eingehendes Unternehmen darstellt.[4] Telearbeit wird zum Symbol für innovatives Denken.[5] Das Unternehmen kann damit seine Attraktivität als Arbeitgeber erhöhen.[6] Es kann leichter qualifizierte Arbeitskräfte am Arbeitsmarkt rekrutieren und im Unternehmen halten. Die Telearbeit erhält damit hohen Stellenwert im Personalmarketing.[7]

3.1.2 Kostenreduzierung

84 Gleichzeitig können mit der Telearbeit bisher bestehende Kosten reduziert werden. Das Vorhalten von Büroräumlichkeiten im Betrieb, insbesondere in teuren Citylagen, kann auf ein Minimum zurückgeführt werden. Da selten oder nie alle Arbeitnehmer gleichzeitig im Betrieb sein werden, können die Büros flexibel von den Mitarbeitern genutzt werden, die gerade anwesend sind. Man spricht hier von sogenannten Shared-desk-Arbeitsplätzen.[8] Kosten für Immobilien wie Mieten, Betriebskosten und Kosten für Büroausstattung können damit reduziert werden. Es muss allerdings ein vernünftiges Verhältnis von Büroarbeitsplätzen zu anwesenden Mitarbeitern gefunden werden.[9]

Ebenso können durch Telearbeit Dienst- und Geschäftsreisen, zumindest teilweise, substituiert werden. Dies spart Zeit und Reisekosten. Ein völliger Verzicht auf Dienstreisen dürfte jedoch nicht sinnvoll sein, da der gelegentliche persönliche Kontakt im Hinblick auf Motivation und Kooperation nicht zu ersetzen ist.

Weitere Einsparungen können sich für das Unternehmen dadurch ergeben, dass es Mitarbeiter längerfristig binden kann. Dies gilt z.B. für die Überbrückung von Schwangerschaften und Kindererziehungszeiten. Es gilt aber auch z.B. bei Betriebsverlegungen oder Verlegungen des privaten Wohnsitzes des Arbeitnehmers, wenn dieser aus persönlichen Gründen die für die bisherige Tätigkeit notwendige

---

[2] Kreis-Engelhardt, Telearbeit, S. 21 ff.
[3] Kreis-Engelhardt, Telearbeit, S. 23.
[4] Liebs/Schuchardt, Telearbeit – ein Leitfaden für Unternehmen, S. 12.
[5] Voss, Telearbeit, S. 48.
[6] BMWi/BMA, Telearbeit, Chancen für neue Arbeitsformen, mehr Beschäftigung, flexible Arbeitszeiten, S. 9.
[7] Kreis-Engelhardt, Telearbeit, S. 20.
[8] Dostal, Telearbeit in der Informationsgesellschaft, S. 68.
[9] So berichtet beispielsweise Focus, Heft 10 2000, S. 272, von einem Fall, in dem sich allmorgendlich sämtliche Mitarbeiter eines Unternehmens auf die Suche nach einem freien Arbeitsplatz begeben, was viel Zeit und auch Nerven kostet, wenn die Mitarbeiter befürchten müssen, keinen freien Platz finden zu können.

Sicht des Arbeitgebers

Mobilität nicht aufbringen will oder kann.[10] Durch eine geringere Mitarbeiterfluktuation können Rekrutierungs- und Einarbeitungskosten reduziert werden.[11] Schließlich entfallen für den Arbeitgeber Kosten wie Fahrtkostenzuschüsse, Essenszuschüsse usw.

Andererseits müssen den ersparten Aufwendungen die Kosten für die Einrichtung und Ausstattung des Telearbeitsplatzes, für die Unterhaltung der Technik sowie die Verbindungskosten gegengerechnet werden. Außerdem ist zu bedenken, dass der Telearbeiter Räumlichkeiten zur Verfügung stellen muss, in denen die Arbeitsleistung erbracht wird. Im Zweifel muss hierfür eine Kompensation stattfinden. Die Frage, wer für die Kosten der Ausstattung des häuslichen Büros, für Miete, Strom, Heizung, Reinigung und Versicherung aufkommt, sollte vertraglich geregelt und bei der Kalkulation berücksichtigt werden. Bei fehlender Vereinbarung steht dem Telearbeiter im Zweifel ein Aufwendungsersatzanspruch nach § 670 BGB zu.[12] Für die Haftung des Telearbeiters gegenüber dem Arbeitnehmer gelten die arbeitsrechtlichen Grundsätze.[13]

85

Weiterhin belegen Untersuchungen, dass sich bei Telearbeitern die krankheitsbedingten Fehlzeiten reduzieren.[14]

Bei sorgfältiger Planung lassen sich für das Unternehmen nicht unerhebliche Kostenreduzierungen erreichen, die wiederum seine Wettbewerbsfähigkeit am Markt steigern. Das Unternehmen behauptet sich besser am Markt und erzielt Wettbewerbsvorteile, so dass es zum Wachstumsmotor für die Gesamtwirtschaft werden und damit als Impulsgeber für die gesamtwirtschaftliche Entwicklung angesehen werden kann.[15]

3.1.3 Servicesteigerung

Durch Telearbeit kann unter bestimmten Voraussetzungen der Service gesteigert werden. Unternehmen bemühen sich, sich an den Wünschen ihrer Kunden zu orientieren. Moderne Kommunikationsmittel lassen neue Formen der Kundenorientierung zu. Telearbeiter sind für diese Art des Kundenkontaktes prädestiniert und können den Kunden unmittelbar in den Prozess der Herstellung des Produktes oder der Dienstleistung integrieren.[16]

86

---

10 Online Forum Telearbeit, Basisinformation Telearbeit, S. 22.
11 Liebs/Schuchardt, Telearbeit – ein Leitfaden für Unternehmen, S. 13.
12 Dulle, Rechtsfragen der Telearbeit, S. 117 f.
13 Zur Haftung vgl. Wedde, Rechtsfragen der Telearbeit, NJW 1999 S. 527 ff, 531. Ebenfalls zur Haftung und zum arbeitsrechtlichen Haftungstrias (keine Haftung des Arbeitnehmers bei leichter Fahrlässigkeit, Schadensteilung unter Berücksichtigung des Verschuldens bei mittlerer Fahrlässigkeit und voller Haftung bei Vorsatz und grober Fahrlässigkeit) vgl. Dulle, Rechtsfragen der Telearbeit, S. 105 ff., m.w.N..
14 BMWi/BMA, Telearbeit, Chancen für neue Arbeitsformen, mehr Beschäftigung, flexible Arbeitszeiten, S. 35.
15 Voss, Telearbeit, S. 30.
16 Kreis-Engelhardt, Telearbeit, S. 17.

Ökonomische Kriterien und Gefahren

Telearbeit beinhaltet wie kaum eine andere Arbeitsform die Möglichkeit einer engen Kooperation auch über Entfernungen hinweg. Die technischen Voraussetzungen für eine umfassende Kommunikation zwischen Betrieb und Telearbeiter sind in der Regel gegeben. Es ist problemlos möglich, entferntes Know-how zu nutzen. Spezialisten können auch über große räumliche Entfernungen hinweg gemeinsam Projekte bearbeiten.

In einem nächsten Schritt ist es problemlos möglich, auch den Kunden als Auftraggeber mit einzubeziehen. In jeder Phase der Produktentwicklung kann deshalb den Bedürfnissen des Kunden Rechnung getragen werden. Reaktionszeiten werden kürzer. Die Nähe zum Kunden wird vergrößert.[17] Von der Telearbeit ist es nur ein kleiner Schritt bis zur Telekooperation.[18]

Unnötige Wartezeiten des Kunden können vermieden werden, wenn z.B. Spitzenbelastungen durch Telearbeiter abgefangen werden. Durch die Einrichtung von Hotlines kann der Kunde bei Problemen schnell Hilfe erhalten. Durch Teleservice kann der herkömmliche Kundendienst Unterstützung erfahren, wenn es dadurch ermöglicht wird, Diagnosen und Fehlerbehebungen durchzuführen.[19] Kleinere Unternehmen werden in die Lage versetzt, stärker für unmittelbare Kundennähe zu sorgen und auf Kundenwünsche schneller zu reagieren.[20]

3.1.4 Personalwirtschaftliche Flexibilisierung

87 Für den Arbeitgeber kann je nach Art der Telearbeit größere personalwirtschaftliche Flexibilität entstehen. So sind Modelle denkbar, nach denen der Arbeitgeber nach Bedarf zusätzliche Telearbeiter beschäftigt. Damit können z.B. Spitzenbelastungen aufgefangen und abgedeckt werden. Umgekehrt kann auch auf die persönlichen Bedürfnisse des Telearbeiters Rücksicht genommen werden. Je nach aktuell verfügbarer Kapazität kann der Telearbeiter selbst steuern, ob er mehr oder auch weniger an Arbeitsleistung erbringt. Die Berücksichtigung seiner persönlichen Belange fördert die Motivation des Telearbeiters und damit das Arbeitsergebnis. Auch kurzfristige Veränderungen auf beiden Seiten können beachtet und einbezogen werden.

Es ist auch denkbar, Telearbeiter im Rahmen der gesetzlichen Vorgaben auf der Basis von Werkverträgen zu beschäftigen.

3.2 Sicht des Arbeitnehmers

Auch für den Arbeitnehmer weist die Telearbeit eine Reihe von Vorteilen auf, von der flexibleren Arbeitszeitgestaltung über die bessere Vereinbarkeit von Familie und Beruf bis hin zu ersparten Fahrtaufwendungen zur Arbeitsstätte. Manche

---

17 Voss, Telearbeit, S. 167.
18 Zur Telekooperation vgl. auch Voss, Telearbeit, S. 45.
19 BMWi/Fachverband Informationstechnik im VDMA/VDMA/ZVEI, Electronic Business, Chancen für den Mittelstand, Update 1999, S. 23 mit Anwendungsbeispielen.
20 Telework, Förderung für den Mittelstand, Heft 2 1997, S. 14.

sprechen fast euphorisch sogar von einer Steigerung der Lebensqualität durch Telearbeit.[21]

3.2.1 Steigerung der Zeitsouveränität

Je nach Art der Telearbeit liegt ein wesentlicher Vorteil für den Arbeitnehmer in der Zeitsouveränität. Der Arbeitnehmer kann sich die Arbeit selbst einteilen. Er kann arbeiten, wann (und gegebenenfalls wo und wie viel) er will.

Die individuelle Zeiteinteilung ermöglicht ihm, die Arbeit mit anderen Interessen (Familie, Hobbies usw.) in Einklang zu bringen. Er ist nicht mehr an starre, vorgegebene Zeiten gebunden. Der Telearbeiter kann die Arbeit seinem individuellen Biorhythmus anpassen. Kreative Phasen können besser genutzt werden.[22] Familiäre Aufgaben sind leichter zu organisieren. Die Grenzen zwischen Arbeit und Freizeit verschwimmen.[23] Auch für konzentriertes Arbeiten ist es sinnvoll, wenn man sich an einen Ort zurückziehen kann, an dem man ungestört arbeiten kann. Des Weiteren entfallen die täglichen Fahrten zur Arbeitsstätte, was gerade in Ballungsgebieten zu erheblichen Zeit- und Kostenersparnissen führen kann. Die größere Selbstbestimmung und Zeitsouveränität führt zu höherer Zufriedenheit und Motivation beim Telearbeiter.

Dieser Trend zu stärkerer Individualisierung, der jetzt auch die Arbeitswelt erfasst, entspricht der gesellschaftlichen Entwicklung. Die Amerikaner sprechen vom sogenannten „cocooning", d.h. dem Zurückziehen in die häusliche Atmosphäre.[24]

Andererseits kann diese Freiheit dazu führen, dass die Trennung von Beruf und Freizeit verschwimmt und die Privatsphäre verloren geht.[25] Der fehlende Austausch und Vergleich mit Kollegen führt zu Ängsten, die Aufgaben nicht im geforderten Umfang wahrzunehmen. Es besteht die Gefahr der Selbstausbeutung (vgl. dazu oben 2.1.1.1.4).

3.2.2 Einkommensverbesserung und sozial-familiäre Beschäftigungsalternative

Gerade im Bereich der Familien, in denen nur ein Ehepartner berufstätig ist, ist ein Nebenerwerb des Partners aus wirtschaftlichen Gründen sinnvoll. Dies gilt insbesondere für Familien mit Kindern. Sind vorher beide Ehepartner berufstätig, muss normalerweise einer den Beruf zumindest vorübergehend aufgeben. Eine weiterhin volle Berufstätigkeit ist oftmals wegen der Kindererziehung organisatorisch nicht möglich, denn Kinderbetreuung und Berufstätigkeit lassen sich häufig kaum vereinbaren. Qualifizierte Teilzeitstellen sind schwer zu finden.

88

---

21 Liebs/Schuchardt, Telearbeit – ein Leitfaden für Unternehmen, S. 18.
22 BMA/BMBF, Telearbeit. Ein Leitfaden für die Praxis, S. 22.
23 Focus vom 11.10.99, Job: Endlich frei, S. 321.
24 Online Forum Telearbeit, Basisinformation Telearbeit, S. 4.
25 Online Forum Telearbeit, Basisinformation Telearbeit, S. 3.

Ökonomische Kriterien und Gefahren

Telearbeit kann hier eine sinnvolle Alternative darstellen[26], weil besser auf die individuellen Bedürfnisse eingegangen werden kann. Die Möglichkeit, z.B. im Krankheitsfall der Kinder einfach zu Hause zu bleiben und von dort aus der Arbeit nachzugehen, erleichtert die Vereinbarkeit von Familie und Beruf.[27] Je nach zu leistender Arbeit kann der Arbeitsplatz als Vollzeit- oder Teilzeitstelle ausgestaltet werden. Denkbar ist auch, die zu leistende Arbeitsmenge und die Vergütung in das Ermessen des Telearbeiters zu stellen. Je nach verfügbarer Zeit kann er dann den Arbeitsumfang und damit sein Einkommen selbst bestimmen.

Statt Unterbrechung für die Kinderbetreuung kann mit der Telearbeit der Beruf weiter von zu Hause aus ausgeübt werden. Dadurch wird die Familie nicht nur materiell besser gestellt, sondern es wird auch die notwendige Wiedereingliederungsphase nach der Babypause vermieden. Der Kontakt zum Betrieb und zu Kollegen bleibt erhalten. So lassen sich Kindererziehung und Beruf sozial-familiär miteinander vereinbaren. Auch andere vorübergehende persönliche Belastungen von Mitarbeitern wie die krankheitsbedingte Betreuung von Angehörigen usw. lassen sich auf diesem Weg durch Telearbeit überbrücken.

89 Auf die Kosteneinsparungen durch entfallende Wege zur Arbeit wurde bereits hingewiesen. Gegebenenfalls kann sogar ein Auto, das bisher ausschließlich für den Weg zur Arbeit genutzt wurde, eingespart werden. Bei der Telearbeit kommt die Arbeit zum Menschen.[28] Der Wegfall der täglichen Fahrten zur Arbeitsstätte lässt dem Telearbeiter mehr Zeit für die Familie.

90 Auch die Integration von Erwerbstätigen mit eingeschränkter Mobilität, z.B. Behinderten, kann durch Telearbeit gefördert werden. Für Behinderte kann die räumliche Distanz zwischen Wohnung und Arbeitsstätte eine fast unüberwindliche Barriere darstellen. Auch spezielle Anforderungen an die Arbeitsumgebung können beim Arbeitgeber oft nicht oder nur mit hohen Kosten erfüllt werden. Der Einsatz von Telearbeit ermöglicht dagegen eine Beschäftigung in der entsprechend eingerichteten Wohnung des Behinderten. Durch flexible Zeiteinteilung können auch Pflege- und Ruhezeiten besser eingehalten werden.[29]

3.2.3 Schwächung einer zentralen Interessenvertretung

91 Oft wird behauptet, die Telearbeit führe zu einer Schwächung der zentralen Interessenvertretungen. Immer wieder wird vorgebracht, die Gewerkschaften bremsten die Einführung der Telearbeit, weil es sich um ein Phänomen handele, das außerhalb der Kontexte liege, in denen sie traditionell tätig gewesen seien, und das bisherige Regulationsformen der Arbeit in Frage stelle.[30] Der globale Wettbe-

---

[26] Zu einer positiven Einschätzung kommt auch der Abschlussbericht über den Ablauf des Modellversuchs „Verbesserung der Vereinbarkeit von Familie und Beruf" im Bundesministerium für Arbeit und Sozialordnung (August 1995 bis Juni 1997).
[27] Voss, Telearbeit, S. 30.
[28] Presse- und Informationsamt der Bundesregierung, Chancen durch Multimedia, S. 45.
[29] BMA/BMBF, Telearbeit. Ein Leitfaden für die Praxis, S. 20 f.
[30] Weißbach/Lampe/Späker, Telearbeit, S. 7.

Sicht des Arbeitnehmers

werb gefährde Löhne und Arbeitsbedingungen. Virtuelle Betriebe führten zu abhängiger Selbständigkeit.[31] Dies gilt insbesondere dann, wenn Telearbeiter nicht als Arbeitnehmer, sondern als Selbständige im Rahmen von Werkverträgen eingesetzt werden.

Dazu ist Folgendes zu bemerken: Soweit der Telearbeiter weiterhin als Arbeitnehmer beschäftigt wird (was zumindest in Deutschland derzeit in der Regel der Fall ist), gelten für ihn dieselben Vorschriften wie für den herkömmlichen Arbeitnehmer in der Betriebsstätte. Dies gilt sowohl für Löhne als auch für Arbeitsbedingungen. Befürchtungen sind insoweit unbegründet.

Soweit Interessenvertretungen fürchten, den direkten Kontakt zum Telearbeiter zu verlieren, ist dies vergleichbar mit der Befürchtung von Vorgesetzten, aufgrund der fehlenden physischen Anwesenheit des Telearbeiters keine hinreichenden Kontrollmöglichkeiten mehr zu haben. Auch für zentrale Interessenvertretungen gilt, dass sich lediglich die Art der Kommunikation ändert. Die Chancen der neuen Kommunikationsmöglichkeiten müssen auch von den Interessenvertretungen stärker erkannt und genutzt werden. Sollten dennoch Befürchtungen offen bleiben, kann diesen gezielt entgegengewirkt werden, indem den Interessenvertretungen, z.B. im Rahmen von Betriebsvereinbarungen, ausdrückliche Mitwirkungsrechte und Kompetenzen im Bereich der Telearbeit übertragen werden. Werden die neuen Kommunikationsmöglichkeiten stärker genutzt, können auch zentrale Interessenvertretungen stärker davon profitieren, weil auch sie dann letztendlich näher an ihren „Kunden" sind und deren Interessen sachgerechter wahrnehmen können.

Nicht von der Hand zu weisen ist dagegen die Gefahr einer Auflösung betrieblicher Strukturen, die Verlagerung von Tätigkeiten auf Selbständige und die Verbreitung ungesicherter Beschäftigungsverhältnisse durch Scheinselbständigkeit und virtuelle Arbeitgeber. Diese Problematik stellt sich allerdings nicht nur im Rahmen der Telearbeit, sondern generell, wenn Betriebe Aufgaben, die bisher von ihren Arbeitnehmern wahrgenommen wurden, auslagern und auf Selbständige, auch z.B. im Rahmen von Outsourcingkonzepten, übertragen. Die Ursachen hierfür müssen sorgfältig eruiert, analysiert und gegebenenfalls beseitigt werden.[32] Starre und unflexible arbeitsrechtliche Regelungen leisten solchen betriebswirtschaftlich begründeten Überlegungen eher Vorschub. Es wäre verfehlt, die Gründe für derartige Tendenzen in der Organisationsform Telearbeit zu suchen.

---

31 Online Forum Telearbeit, Basisinformation Telearbeit, S. 3.
32 Dostal, Telearbeit in der Informationsgesellschaft, S. 43, vertritt die Auffassung, dass neue Technik und neue Lebensstile andere Organisationsformen als die der hochgradig reglementierten Arbeitsplätze im Rahmen abhängiger Beschäftigungsverhältnisse ermöglichen und benötigen.

4. Implementierungsüberlegungen und -strategien

Bei Produkt- oder Organisationsinnovationen ist zunehmend die Frage von Bedeutung, wie eine solche Innovation eingeführt und der damit verbundene Veränderungsprozess gestaltet wird. Wie wichtig diese prozessorientierte Perspektive ist, zeigt die Erkenntnis, dass bis zu 70 % aller Veränderungsvorhaben in Unternehmen nicht zu dem erwarteten Ergebnis führen[1]. Als Konsequenz hieraus wird die Notwendigkeit deutlich, der vielschichtigen Komplexität in den Unternehmen noch stärker Rechnung zu tragen. Dies erfordert aber bei der Betrachtung eines klassisch betriebswirtschaftlich und juristisch geprägten Themas wie dem der Telearbeit, zumindest eine weitere Disziplin zu berücksichtigen, nämlich die der Psychologie.

In den folgenden Ausführungen wird daher zunächst die moderne Organisationsentwicklung als ein Ansatz zur Gestaltung von Veränderungsprozessen dargestellt. Dies erfolgt primär am Beispiel eines der wichtigsten Gestaltungsmerkmale dieses Ansatzes, des Eisbergmanagementments. Im Anschluss daran sollen aus der Kombination dieses Ansatzes – und speziell auch dieses Merkmals – mit traditionellen Implentierungsvorstellungen von Telearbeit Eckpunkte einer erfolgsorientierten Einführungsstrategie entwickelt werden.

4.1 Moderne Organisationsentwicklung als Ansatz des Veränderungsmanagements

Unter Organisationsentwicklung versteht man grundsätzlich einen längerfristig angelegten Entwicklungs- und Veränderungsprozess von Organisationen und den in ihr tätigen Menschen. Dieser Prozess stützt sich dabei auf das Lernen aller Betroffenen durch direkte Mitwirkung und praktische Erfahrungen der involvierten Menschen. Sein Ziel besteht in einer gleichzeitigen Verbesserung der Leistungsfähigkeit der Organisation und der Qualität des Arbeitslebens[2].

Diese in den 70er Jahren postulierte Grundidee bildet das zentrale Grundgerüst dieses Ansatzes – auch heute noch. Allerdings haben sich in der Zwischenzeit viele Rahmenbedingungen geändert. Die Globalisierung der Wirtschaft ist nur ein Beispiel hierfür. Sie hat aufgrund des stärker werdenden Wettbewerbsdrucks zu einer immer intensiver werdenden Veränderungsdynamik in den Unternehmen beigetragen. Dies findet z.B. in der international ausgerichteten Fusionshektik schon seit einigen Jahren seinen Niederschlag. Darüber hinaus waren einige Vorstellungen des traditionellen Organisationsentwicklungsansatzes zu sehr idealisiert, z.B. die Humanisierung des Arbeitslebens als eigenständige Zielsetzung zu

---
[1] Vgl. Fischer, G. et al: Ein trauriges Kapitel. In: Manager Magazin, Heft 24/1994, S. 172
[2] Vgl. Rieckmann, H.: Was ist „Organisationsentwicklung" und was kann sie leisten? In: FB/IE, Heft 32/1983

betrachten. Hier sollte der betriebswirtschaftlichen Realität Rechnung getragen werden, dass die humanere Gestaltung des Arbeitslebens letztendlich immer nur Mittel zum Zweck für eine höhere Wirtschaftlichkeit in den Unternehmen ist. Wenn diese Entwicklungen und Erfahrungen – die anhand dieser beiden Aspekte nur beispielhaft angerissen wurden – berücksichtigt und mit der Grundidee der Organisationsentwicklung abgeglichen werden, dann lässt sich hieraus eine aktualisierte – und für die Praxis hochinteressante – Weiterentwicklung dieses Ansatzes ableiten, die als „moderne Organisationsentwicklung" bezeichnet werden soll.

4.1.1 Ausgewählte Merkmale moderner Organisationsentwicklung im Überblick

Die Gestaltung von Veränderungsprozessen aus Sicht dieser modernen Organisationsentwicklung ist durch eine Vielzahl von Merkmalen gekennzeichnet, die zueinander in enger Wechselwirkung stehen. Beispiele für typische Gestaltungsmerkmale sind[3]:

Einbindung von Macht- und Fachpromotoren!

95 Jeder Veränderungprozess sollte durch mindestens einen Machtpromotor und möglichst mehrere Fachpromotoren begleitet werden.

Machtpromotoren sind Vertreter des Unternehmens, die die entsprechende informelle oder formale Macht besitzen, Entscheidungen zu treffen, Umsetzungen zu beschleunigen und mit ihrer Person oder Funktion hinter dem Veränderungsprojekt stehen. Bei der Einführung von Telearbeit in einem größeren Unternehmen könnte das z.B. der Personalvorstand sein, der die finanziellen Ressourcen bereitstellt, die entsprechenden Vereinbarungen mit dem Betriebsrat trifft und bei auftretenden Problemen schnelle Entscheidungen fällt und diese auch klar und unmissverständlich umsetzt.

Fachpromotoren sind Personen, die die fachlichen Seiten eines Veränderungsprojektes abdecken. Bei der Einführung von Telearbeit wären dies z.B. technische, betriebswirtschaftliche und juristische Spezialisten.

Das Finden und Betreuen dieser beiden Promotorengruppen ist eine zentrale Aufgabe der Person, die für das Veränderungsprojekt verantwortlich ist.

Beteiligung der Betroffenen durch gelenkte Partizipation!

96 Die einzelnen Schritte eines Veränderungsprozesses sollten sich auf der Grundlage möglichst aktiver Mitwirkung der Betroffenen vollziehen. Grundlage hierfür ist die Erkenntniss, dass sich die Menschen am ehesten mit dem identifizieren, was sie selbst mitgestalten können. Um einen möglichst hohen Wirkungsgrad zu erzielen, sollten vorrangig die MitarbeiterInnen einbezogen werden, die (informelle) Meinungsbildner in ihrem Arbeitsumfeld sind. Die Beteiligung der Betrof-

---

[3] In grober Anlehnung an: Rieckmann, H.: Was ist „Organisationsentwicklung" und was kann sie leisten?, a.ga.O.

fenen sollte somit im wesentlichen nach dem Prinzip der gelenkten Partizipaton erfolgen.

Im Falle der Einführung von Telearbeit in einem größeren Unternehmen könnte die Umsetzung dieses Merkmals bedeuten, dass in dem Projektteam nicht nur die Fachpromotoren vertreten sind, sondern auch Vertreter der beteiligten Fachabteilungen (Personalabteilung, Controlling, ...). Die Auswahl dieser Vertreter sollte dabei unter dem Gesichtspunkt der Überzeugskompetenz erfolgen. Man müsste sich also die Frage stellen, ob sie in der Lage sind, die KollegenInnen für Ideen zu begeistern, von denen sie selbst überzeugt sind. So würde über diese Mitarbeitergruppe ein verhältnismäßig hoher Ausstrahlungseffekt erzielt. Voraussetzung ist natürlich, dass es dem für den Veränderungsprozess verantwortlichen Projektleiter gelingt, diese Zielgruppe positiv auf Telearbeit einzustimmen, z.B. durch persönliches Coaching.

Rollierende Gestaltung des Veränderungsprozesses!

Grundlage für die Ablaufplanung sind die einzelnen Phasen eines Organisationsentwicklungs-Projektes. Hierzu gehört zunächst die Auftragsphase, in der eine klare Vereinbarung im Sinne eines Auftrages über das Veränderungsvorhaben geschlossen wird. Im Anschluss daran folgt die Diagnosephase. Hier werden Daten gesammelt und ausgewertet, um auf dieser Basis zu einer eindeutigen Diagnose der Ist-Situation zu kommen. Danach werden die Maßnahmen des Veränderungsprozesses geplant (Planungsphase) und umgesetzt (Umsetzungsphase). Den Abschluss bildet die Auswertungsphase, in der die erreichten Ergebnisse und der abgelaufene Prozess ausgewertet werden. Bei Nichterreichung der gesteckten Ziele sind Folgemaßnahmen zu planen, umzusetzen und auszuwerten.

Veränderungsmanagement ist ein geplanter Prozess, beruht aber auf einer experimentellen Vorgehensweise. Der Ablauf des gesamten Prozesses wird grob geplant, während die Feinplanung von Schritt zu Schritt aufgrund der Reflexion der jeweils erzielten Ergebnisse erfolgt. Über diese Vorgehensweise wird sichergestellt, dass Fehler, die in der vorgelagerten Phase gemacht wurden, bei der Planung und Umsetzung der Folgephase vermieden werden und somit ein Lernpotenzial für den Veränderungsprozess sind. Gleichzeitig gibt es aber eine klare Vorstellung über die zeitlichen und inhaltlichen Eckpunkte des gesamten Projektes.

Bezogen auf den Fall der Einführung von Telearbeit würde die Beachtung dieses Merkmals bedeuten, dass die gemachten Erfahrungen bei der Umsetzung von Telearbeit im Controlling – beispielsweise die Unsicherheit der Mitarbeiter im Umgang mit den nicht mehr klaren Arbeitszeiten – bei der Einführung im Personalwesen berücksichtigt werden, indem eine Informationsveranstaltung und ein spezielles Seminar im Vorfeld für die entsprechenden MitarbeiterInnen durchgeführt werden.

Umfassendes Informationsmanagement!

Wichtige Grundlagen für ein professionelles Veränderungsmanagement sind umfassende Informationsflüsse. Die beteiligten MitarbeiterInnen wie auch die MitarbeiterInnen des gesamten Unternehmens müssen umfassend über Hintergründe, Ziele, Vorgehensweisen u.ä. informiert werden. Gerade bei problematischen Veränderungsprozessen sollte zusätzlich darauf geachtet werden, dass auch ein offener Informations- und Meinungsaustausch zwischen einzelnen Personen und Gruppen sichergestellt wird, der sich auf Sachfragen, idealerweise aber auch auf Verhaltens- und Wertfragen bezieht. Dass bei dem Einführungsprozess von Telearbeit die MitarbeiterInnen z.B. über Intranet, Betriebszeitung oder Aushänge informiert werden, wird an dieser Stelle vorausgesetzt und nicht weiter vertieft. Der ebenfalls angesprochene Informations- und Meinungsaustausch, der bei einer gravierenden Veränderung wie der Einführung von Telearbeit dringend empfohlen wird, könnte z.B. in Form von Diskussionsforen mit der Geschäftsführung bzw. dem Vorstand umgesetzt werden. In kleinen Gruppen treffen sich die beteiligten MitarbeiterInnen mit den Top-Managern, stellen ihre Fragen und diskutieren mit den Managern auch die Konsequenzen der Antworten für einzelne Gruppen oder Personen. Dadurch, dass auch persönliche und kritische Fragen in einer derartigen Atmosphäre gestellt werden können, kommen die Punkte auf den Tisch, die die MitarbeiterInnen tatsächlich bewegen. Durch den interaktiven Ansatz bekommt das Top-Management ganz nebenbei einen Überblick über die tatsächlichen Probleme und kann entsprechend handeln. Ergänzend hierzu bieten sich offene Gespräche zwischen den direkten Vorgesetzten der MitarbeiterInnen und den MitarbeiternInnen an, in denen die Punkte thematisiert werden, die vertraulich und personenbezogen sind.

Berücksichtigung kultureller Unterschiede!

99 International ausgerichtete Veränderungsprozesse (z.B. Fusionen) werden nur erfolgreich sein, wenn die Unterschiede der beteiligten Kulturen berücksichtigt werden. Kulturelle Besonderheiten drücken sich z.B. durch sog. Kulturstandards aus. Kulturstandards geben den Mitgliedern der jeweiligen Kultur eine Orientierung für ihr Verhalten und liefern ihnen Bewertungsgrundlagen, welches Verhalten als normal, typisch und noch akzeptabel anzusehen und welches Verhalten abzulehnen ist. Kulturstandards können gleichsam als Schlüssel zum Verständnis und zur Interpretation fremden Verhaltens herangezogen werden. Sie bieten die Möglichkeit, sich in die Kultur des jeweiligen Landes hineinzuversetzen und somit „kulturadäquat" zu agieren[4]. Bezogen auf die Einführung von Telearbeit in einem größeren Unternehmen bedeutet dies, dass bei einer Einführung über verschiedene Kulturbereiche die jeweiligen Kulturstandards zu berücksichtigen sind. So ist beispielsweise in einer Kultur, in der ein Kulturstandard die strikte Trennung von Arbeits- und Privatbereich ist, Telearbeit sinnvollerweise nicht in einem Home-Office zu realisieren, sondern beispielsweise für mehrere MitarbeiterInnen in einem kleinen Büro in der Nähe der privaten Wohnungen dieser MitarbeiterInnen.

Neben diesen nur kurz angerissenen beispielhaft aufgeführten Merkmalen soll im folgenden das Eisbergmanagement bzw. die ganzheitliche Vorgehensweise bei der Gestaltung von Veränderungsprozessen intensiver betrachtet werden.

---

[4] Vgl. Thomas, A., 1988; zit. nach Flechsig, K.H.: Neues Lernen – Studienprogramm Interkulturelle Didaktik für Wirtschaftsdozenten (Seminarskript), Göttingen 1993

4.1.2 Eisbergmanagement

„Ganzheitliches Denken und Handeln in Organisationen bedeutet, nicht nur der ‚Hardware' Beachtung zu schenken, sondern auch der ‚Software'"[5]. Hinter dieser plakativen Aussage steckt die Erkenntnis, dass das Managen von formalen Aspekten wie Zielen, Organisationsstrukturen und -abläufen, Finanzierungen, technischer Ausstattung, Führungssystemen u.ä. immer nur die eine Seite der Medaille ist. Mindestens genauso wichtig ist die Beachtung der informellen Aspekte wie Motivation, Einstellungen, Ängste u.ä. der betroffenen MitarbeiterInnen zum Veränderungsobjekt und auch kollektiver Merkmale wie z.B. der Unternehmens- und Führungskultur.

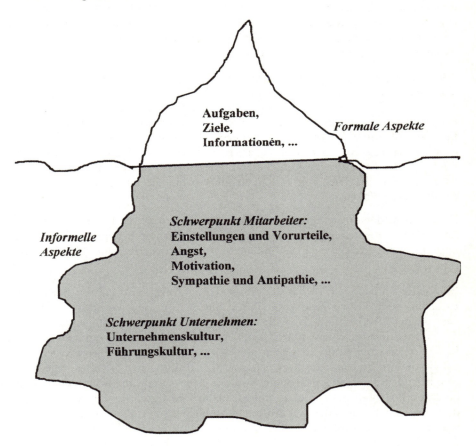

Abb. 1: Das Eisberg-Modell[6]

---

[5] Vgl. Doppler, K./Lauterburg, Ch.: Change Management, 6. Auflage, Frankfurt/Main, New York 1997, S. 157
[6] In Anlehnung an: French, W. L./Bell jr., C. H.: Organisationsentwicklung, 3. Auflage, Stuttgart 1990, S. 33

Symbolisiert wird dieser ganzheitliche Ansatz sehr schön durch das sog. Eisberg-Modell. Dieses ist in Verbindung mit dem Untergang des Luxusdampfers Titanic zu sehen, denn die Titanic ist angeblich bei ihrem Aufprall auf einen Eisberg nicht an den sichtbaren, d.h. an den über der Wasseroberfläche liegenden Elementen des Eisberges gescheitert sein, sondern an den nicht sichtbaren, die unterhalb der Wasseroberfläche lagen und in ihren Dimensionen somit nicht erkennbar und zudem wesentlich größer waren als der sichtbare Teil.

Der obere Teil des Eisberges, der die formalen Aspekte symbolisiert, soll an dieser Stelle nicht weiter vertieft werden. Wesentlich wichtiger, da in der Regel kaum beachtet, ist der untere Teil dieses Modells, der schwerpunktmäßig den informellen Bereich abbildet. Dieser Teil ist so zu interpretieren, dass bei Veränderungsprozessen Aspekte, die in der jeweiligen Individualität der einzelnen beteiligten MitarbeiterInnen liegen, genauso zu berücksichtigen sind wie Aspekte, die das Unternehmen als Ganzes charakterisieren.

101 Zunächst hat ein Mitarbeiter als Individuum eine bestimmte Einstellung gegenüber dem Veränderungsobjekt, in unserem Fall der Telearbeit. Einstellungen werden in diesem Zusammenhang definiert als seelische Haltungen gegenüber einer Person, einer Idee oder Sache, die verbunden sind mit einer Wertung oder einer Erwartungshaltung[7]. Wenn eine Person demzufolge eine negative Einstellung gegenüber der Telearbeit hat, dann ist dieser Sachverhalt im Sinne einer negativen Wertung oder Erwartungshaltung besetzt. Diese Person wird ohne Änderung ihrer Einstellung die Telearbeit bestenfalls nicht behindern, aber wohl kaum konstruktiv unterstützen.

Dem Aspekt der Einstellung verwandt ist der des Vorurteils. Hierbei handelt es sich um eine Einstellung, die kaum auf selbst gemachter Erfahrung, dafür aber umso mehr auf subjektiver Eigenbildung bzw. Generalisierung von Ansichten beruht[8].

102 Ein weiteres Phänomen ist das der Angst. Unter Angst wird ein mit Beengung, Erregung oder Vezweiflung verknüpftes allgemeines Lebensgefühl verstanden, das zu einer „Aufhebung" der willensmäßigen und verstandesmäßigen Steuerung der eigenen Persönlichkeit führen kann. Neben mehreren anderen spezifischen Bedeutungen kann Angst aber auch objektbezogenen Charakter haben, sich also auf bestimmte Sachverhalte beziehen wie z.B. Prüfungen o.ä.[9] Hier liegt dann eine klar identifizierbare Bedrohung vor. Die Alltagserfahrung zeigt jedoch, dass derartige Bedrohungen subjektiv unterschiedlich bewertet werden. Es gibt Studierende – um bei dem Beispiel Prüfungen zu bleiben – für die wirkt eine Prüfung überhaupt nicht bedrohlich, andere empfinden sie als massive Bedrohung und bekommen im wahrsten Sinne des Wortes Schweißausbrüche, wenn sie nur daran denken. Die individuelle Bewertung der „angstauslösenden" Situation ist also von

---

[7] Vgl. Dorsch, F. (Hrsg.): Psychologisches Wörterbuch, 11. Auflage, Bern, Stuttgart, Toronto 1987, S. 163 f.
[8] Vgl. ebd., S. 741
[9] Vgl. ebd., S. 34 f.

zentraler Bedeutung[10] und hat damit auch individuell unterschiedliche Strategien zum Angstabbau zur Folge. Bezogen auf unsere Situation der Einführung von Telearbeit muss das Phänomen Angst demzufolge sehr differenziert gesehen werden. Nur von Angst zu sprechen ist zu oberflächlich und wenig hilfreich. Vielmehr ist es notwendig die spezifische Angstsituation jedes einzelnen Mitarbeiters zu identifizieren, um darauf aufbauend angstreduzierende Maßnahmen durchführen zu können.

Das Phänomen Angst wird in vielen Unternehmen tabuisiert, denn „Angst hat man nicht". Schließlich handele es sich um erwachsene Menschen, die in einem Unternehmen arbeiten. Diese naive bis arrogante Sichtweise ignoriert ihr Vorhandensein und das kommt den Unternehmen teuer zu stehen. Man kann davon ausgehen, dass die Betriebe ca. 100 Mrd. DM jährlich dafür zahlen müssen, dass Mitarbeiter in einem Klima der Angst arbeiten[11]. Dieser Wert verdeutlicht, dass über das Managen von Veränderungsprozessen hinaus eine konstruktive Auseinandersetzung mit dem Faktor Angst in vielen Unternehmen erhebliche Produktivitätssteigerungen auslösen könnte.

Als nächster Aspekt soll die Motivation jedes einzelnen Mitarbeiters für den Veränderungsprozess thematisiert werden. Motivation ist ein umgangssprachlich oft genutzter Begriff, unter dem letztendlich alles und nichts subsumiert wird. Zudem hat er auch aus psychologischer Sicht – in Abhängigkeit von dem zugrundegelegten theoretischen Konstrukt – unterschiedliche (Teil-)Bedeutungen.

Die folgenden Überlegungen beziehen sich primär auf die prozesstheoretischen Überlegungen der Erwartungs-Valenz-Theorie[12] und rücken dabei den Aspekt der Leistungsmotivation in den Vordergrund. Bezogen auf den Einführungsprozess von Telearbeit stellt sich somit die Frage, wie dieser Einführungsprozess zu gestalten ist, damit die beteiligten Mitarbeiter sowohl für den Einführungsprozess selbst als auch für die dann folgende Umsetzung der Telearbeit leistungsorientiert zu motivieren sind.

Grundsätzlich ist hierbei zu beachten, dass Leistungsmotivation abhängt von einer Erwartungs- und einer Bedürfniskomponente. Bedürfnisse sind erlebte Mangelzustände eines Menschen, die mit dem Bestreben nach Befriedigung bzw. Beseitigung verbunden sind[13]. Diese Mangelzustände können von Individuum zu Individuum unterschiedlich sein. So hat beispielsweise ein Mensch das Bedürfnis nach Teamarbeit, ein anderer ein Bedüfnis nach Einzelarbeit. Der Mensch mit dem Bedürfnis nach Teamarbeit würde mit Sicherheit die Einführung von Telearbeit ohne ein Projektteam, in dem man sich austauschen kann, nicht als Möglichkeit wahrnehmen, dieses Bedürfnis zu befriedigen. Bei dem Menschen, der gerne alleine arbeitet, kann davon ausgegangen werden, dass ein nicht vorhandenes Pro-

---

[10] Vgl. Herkner, W.: Lehrbuch Sozialpsychologie, 5. Auflage, Bern, Stuttgart, Toronto 1991, S. 52 f.
[11] Vgl. Stegmann, W./Panse, W.: Kostenfaktor Angst, Landsberg 1996
[12] Vgl. Schanz, G.: Verhalten in Wirtschaftsorganisationen, München 1978
[13] Vgl. Dorsch, F. (Hrsg.), Psychologisches Wörterbuch, a.a.O., S. 79 f.

jektteam genau die Vorgehensweise ist, die seinem Bedürfnis entspricht. Dieses kleine Beispiel verdeutlicht, dass die in der Regel individuell unterschiedlichen Bedürfnisse der einzelnen MitarbeiterInnen bekannt sein müssen und beachtet werden sollten, wenn der Einführungsprozess von Telearbeit leistungsmotivierend wirken soll. Die zweite Komponente, die zu beachten ist, kennzeichnet die Erwartungen der Menschen. Unter einer Erwartung versteht man die Vorwegnahme und zugleich Vergegenwärtigung eines kommenden Ergeignisses[14]. Erwartungen lassen sich wiederum unterscheiden nach Anstrengungs-Resultats-Erwartungen (AR-Erwartungen) und Resultats-Gratifikations-Erwartungen (RG-Erwartungen). Die AR-Erwartungen kennzeichnen Erwartungen, die auf den Zusammenhang zwischen der gezeigten Anstrengung und dem erzielten Resultat verweisen. Ein Mitarbeiter, der sich intensiv dafür einsetzt, eine bestimmte Software für die Telearbeit zu nutzen und mit seinem Engagement bewirkt, dass genau diese Software für den späteren Einsatz auch genutzt wird, kann entsprechend motiviert sein, denn sein Einsatz hat das von ihm angestrebte Resultat bewirkt. Die RG-Erwartungen beschreiben den Zusammenhang zwischen erzieltem Resultat und der damit verbundenen Gratifikation bzw. Belohnung. Wenn der Mitarbeiter, der erreicht hat, dass die von ihm empfohlene Software gekauft wird, jetzt auch noch erwarten kann, dass er für dieses Resultat belohnt wird, dann hat man einen weiteren Meilenstein zur leistungsorientierten Motivation dieses Mitarbeiters erreicht. Eine solche Belohnung könnte z.B. die Einrichtung eines Projektteams sein, das ihn bei der Implementierung dieser Software unterstützt. Endgültig motiviert wird er jedoch nur sein, wenn diese erwartete Gratifikation seinen individuellen Bedürfnissen entspricht. Der Einzelkämpfer in dem weiter oben beschrieben Beispiel wird mit Sicherheit demotiviert sein, da diese Gratifikation seinem Bedürfnis nach Einzelarbeit widerstrebt. Bei dem Teamworker hingegen würde es genau passen, und er dürfte damit hoch leistungsmotiviert sein.

Zusammenfassend bleibt festzuhalten, dass Leistungsmotivation ein Produkt aus AR-Erwartungen, RG-Erwartungen und der aus der individuellen Bedürfnisstruktur resultieren Valenz der erwarteten Gratifikation ist:

Leistungsmotivation = AR-Erwartung x RG-Erwartung x Valenz der Gratifikation

Diese formalisierte Schreibweise verdeutlicht, dass eine wirkliche (Leistungs-)Motivation von Mitarbeitern – auch in Veränderungsprozessen – nur möglich ist, wenn alle drei Faktoren erfüllt sind.

104 Als letzte der hier beschriebenen Aspekte, die mitarbeiterbezogen sind, soll kurz auf Sympathie bzw. Antipathie eingegangen werden. Hierbei handelt es sich um Aspekte, die in erster Linie aus der Interaktion mindestens zweier Individuen resultieren. Sympathie wird allgemein als zwischenmenschliche Anziehung definiert, die auf interpersonaler Attraktivität beruht[15]. Antipathie beschreibt genau

---

[14] Vgl. ebd., S. 188 f.
[15] Vgl. Dorsch, F., Psychologisches Lexikon, a.a.O., S. 669

das gegenteilige Phänomen. Bezogen auf unseren Fall der Einführung von Telearbeit könnten sich diese Aspekte dann auswirken, wenn in der Zusammenarbeit mindestens zweier Mitarbeiter Sympathie- oder Antipathiebeziehungen bestehen. Wenn zwei Mitarbeiter beispielswei bei der Einführung von Telearbeit eng zusammenarbeiten müssen und sich gegenseitig äußerst unsympathisch sind, dann kann davon ausgegangen werden, dass die Handlungen beider sehr stark durch diese Antipathiebeziehung geprägt sind. Dies könnte sich z.B. so äußern, dass zu Lasten der eigentlichen Aufgabenstellung versucht wird, dem anderen Schaden zuzufügen. Der andere revanchiert sich und so entsteht schnell eine destruktive Spirale, die alles andere als förderlich für die eigentliche Aufgabenstellung ist.

Nach dieser individualorientierten Sichtweise informeller Einflussgrößen auf Veränderungsprozesse soll im folgenden die kollektive Perspektive, also die Wirkgröße des Unternehmens oder der Organisation als Ganzes, im Vordergrund stehen. Dabei darf natürlich nicht übersehen werden, dass die auf den einzelnen Mitarbeiter bezogenen und die kollektiven Aspekte eng miteinander verwoben sind und sich größtenteils auch gegenseitig bedingen.

Ein wichtiger informell kollektiver Aspekt ist die Unternehmenskultur. Hierunter versteht man „das implizite Bewußtsein, das alle im Unternehmen Tätigen, die Mitarbeiter und die Führung, verbindet. Die ‚Kultur' des Unternehmens lebt aus den Erfahrungen, Erfolgsmustern und Wertvorstellungen, die das gemeinsame Handeln bestimmen. In ihr sammeln sich Normen und Ziele, Vorbilder und Leitlinien sowie die Grundannahmen, die das Verhalten der Mitglieder im Unternehmen prägen. Unternehmenskultur – als Summe dieser Größen – ist Verhaltensprodukt und Verhaltenskodex zugleich. Von den Mitgliedern der Organisation gestaltet, prägt sie durch die eingeübten Normen das Zusammenleben und Zusammenwirken im Unternehmen"[16]. Unternehmenskulturmerkmale sind letztendlich die ungeschriebenen Gesetze oder Spielregeln in einem Unternehmen. Man wird diese Spielregeln nirgendwo niedergeschrieben finden, aber trotzdem kennt und befolgt sie nahezu jeder. Es kann z.B. noch so oft offiziell bekundet werden, dass für Beförderungen nur die erbrachte Leistung und das vorhandene Potenzial ausschlaggebend ist. Wenn „man" sieht, dass es anders funktioniert, wird „man" sich auch anders verhalten: Der Mitarbeiter, der weiss, dass er für eine geplante Karriere niemals auf einem Betriebsausflug, zu dem die Geschäftsführung einlädt, fehlen darf, wird auch niemals fehlen. Die ungeschriebene Spielregel lautet: Ein Fehlen auf den Betriebsausflügen bedeutet gleichzeitig ein „Karriereknick."

Der Einführungsprozess von Telearbeit in einem größeren Unternehmen – um wieder auf unser Beispiel zurückzukommen – kann durch eine Vielzahl unternehmenskultureller Merkmale positiv oder negativ beeinflusst werden. So würde sich z.B. eine Innovationskultur[17], die durch konstruktive Kritik, flexible Dienstwege,

---

16 Vgl. Höhler, G.: Unternehmenskultur als Erfolgsfaktor. In: Königswieser, R./Lutz, Ch. (Hrsg.). Das systemisch evolutionäre Management, Wien 1992, S. 341
17 Vgl. Höhler, G., ebd., S. 349

Implementierungsüberlegungen und -strategien

Zielkorrektur nach Erkenntnisstand, Toleranz für Querdenker u.ä. geprägt ist, sehr positiv auf den Einführungsprozess von Telearbeit auswirken. Alle Beteiligten wären zugänglich für Neues und könnten gleichzeitig potenzielle Gefahren und Risiken durch „echte" Offenheit und Kritikfähigkeit im Verhältnis untereinander abwenden. Negative Auswirkungen hätte hingegen eine „Ein-Personen-Machtkultur". Hier würden alle Entscheidungen, Abstimmungen und Klärungen sich ausschließlich auf eine Person konzentrieren. Die einzelnen Mitarbeiter wären quasi entmündigt. Dass diese Situation für einen komplexen Veränderungsprozess wie der Einführung von Telearbeit destruktiv wäre, bedarf sicherlich keiner weiteren Erläuterung.

106 Eng in Verbindung mit der skizzierten Unternehmenskultur steht die Führungskultur in einer Wirtschaftsorganisation. In Analogie zu der Unternehmenskultur handelt es sich bei der Führungskultur um Ziele, Normen, Vorbilder und Leitlinien für die Art der (Mitarbeiter-) Führung. Führung selbst wird dabei verstanden als die Art und Weise wie Mitarbeiter unter Beachtung vorhandener unternehmensinter und -externer Einflüsse dazu bewegt werden, die Ziele der Führungskraft zu unterstützen. Entscheidend ist, dass Führungskultur mehr ist als die Beschreibung des Führungsverständnisses durch Konzepte und Techniken wie z.B. dem Konzept der Situativen Führung oder konkreter Techniken wie Führung durch Zielvereinbarung oder Delegation. Sie ist insbesondere mit dem Bestreben verbunden, auch persönliche und unternehmenskulturelle Wertvorstellungen mit zur Grundlage des Führens zu machen. So hat beispielsweise der Automobilkonzern BMW schon Mitte der 80er Jahre unternehmensbezogene Maßstäbe entwickelt, die für die Führungskräfte des Konzerns in Verbindung mit konkreten Führungskonzepten und -techniken Grundlage des Führungshandelns sein sollen. Ein erster BMW-bezogener Aspekt ist der der Leistung und der Arbeit. Dieser Bereich wird als Quelle von Werten wie Objektivität, Selbstbeherrschung, Selbstdisziplin und Schaffensfreude gesehen. Der zweite Bereich wird verstanden als der Bereich des rechten Maßes und soll Handlungsoptionen wie Toleranz, maßvolles Abwägen, aber auch entschiedenes Handeln fördern. Der dritte und letzte Bereich ist schließlich der der Wertgemeinschaft. Hierunter wird verstanden, dass alle Führungskräfte des BMW-Konzerns als Wertgemeinschaft zu sehen sind und die gleichen Werte für sich in Anspruch nehmen sollten[18].

Es liegt auf der Hand, dass die Führungskultur als kollektiver Wert der Führungskräfte in einem Unternehmen auch einen Veränderungsprozess wie die Einführung von Telearbeit entscheidend prägt. Sollte dieser kollektive Wert z.B. in der Beachtung des rechten Maßes – um noch einmal auf das BMW-Beispiel Bezug zu nehmen – liegen, dann ist eine konstruktive Unterstützung des Einführungsprozesses zu erwarten. Die Führungsarbeit wird dadurch geprägt sein, dass Probleme im Einführungsprozess nicht immer nach dem gleichen standadisierten Schema gelöst werden, sondern dass darauf geachtet wird, im richtigen Moment das Richtige zu tun. So kann das bedeuten, dass zwei Mitarbeiter, die die gleichen gravie-

---

[18] Vgl. o.V.: Grundsätze der BMW Führungskultur, München 1985

renden Fehler gemacht haben, mit unterschiedlichen Konsequenzen rechnen müssen. Der eine, der seinen Fehler beispielsweise aus Leichtfertigkeit gemacht hat, muss damit rechnen, aus dem Projekt herausgenommen zu werden. Der andere, der seinen Fehler aus Überarbeitung gemacht hat, kann mit einer coachingorientierten Unterstützung rechnen, um derartige Fehler in Zukunft zu vermeiden. Er bleibt aber auf alle Fälle im Projekt.

4.2 Eckpunkte für den Ablauf eines Telearbeits-Einführungsprozesses

Im folgenden soll ein klassischer Ablauf zur Einführung von Telearbeit[19] als Grundlage herangezogen und vor dem Hintergrund einzelner der zuvor diskutierten Merkmale moderner Organisationsentwicklung weiterentwickelt werden. Der betrachtete Gesamt-Implementierungsablauf beinhaltet folgende drei Schritte:

– Information über Telearbeit und Bestandsaufnahme
– Planung und Umsetzung der einzelnen Einführungsschritte
– Auswertung und weitere Schritte zur Optimierung des Telearbeits-Systems

Vorausgesetzt wird an dieser Stelle, dass es eine klare Projektorganisation mit den entsprechenden Strukturelementen wie einem Projektleiter sowie einem Steuer- und Projektteam gibt. Darüber hinaus wird weiter vorausgesetzt, dass ein klarer Auftrag zur Einführung von Telearbeit existiert und auch Macht- und Fachpromotoren identifiziert und „eingeschworen" wurden.

4.2.1 Information und Bestandsaufnahme

Zunächst sind der Betriebsrat, die Vorgesetzten der potenziellen TelearbeiterInnen und natürlich die potenziellen TelearbeiterInnen selbst zu informieren bzw. einzubinden. Darüber hinaus müssen möglicherweise auch tangierende Abteilungen, externe Kunden und Zulieferer sowie andere Zielgruppen informiert werden. Auf letztere soll an dieser Stelle aber nicht weiter eingegangen werden.

Aus diesen unterschiedlichen Zielgruppen sind zunächst der Betriebsrat und die Vorgesetzten der potenziellen Zielgruppen einzubinden. Dies sollte bereits zu einem sehr frühen Zeitpunkt geschehen, damit für beide Gruppen noch viel Spielraum für Einflussnahmen besteht.

Der Betriebsrat könnte beispielsweise im ersten Schritt über den Machtpromotor hinsichtlich des grundsätzlichen Vorhabens Telearbeit informiert und aufgefordert werden, sowohl in dem Steuer- als auch in dem Projektteam mitzuarbeiten. Die dann benannten VertreterInnen des Betriebsrates werden vom Machtpromotor noch einmal separat und ausführlich über die Zielsetzungen des Projektes und die Auswirkungen von Telearbeit auf die MitarbeiterInnen informiert. Bereits zu diesem Zeitpunkt müsste aus der einseitigen Information eine zweiseitige Kom-

---

[19] Vgl. o.V.: Infosystem Telearbeit, http://www.hamburg.de/Wirtschaft/telearbeit/infosys/wibhh/html/einf_schr.html

munikation werden, d.h. wichtige Anliegen des Betriebsrates sollten in dem Projekt berücksichtigt werden. Dies könnte idealerweise zur Konsequenz haben, dass aus den eingebundenen Betriebsräten Unterstützer von Telearbeit werden. So wären im Sinne der gelenkten Partizipation wichtige Voraussetzungen geschaffen.

108 Auch bei den Vorgesetzten der potenziellen TelearbeiterInnen ist darauf zu achten, dass die Einbindung sehr intensiv ist. Durch Telearbeit wird sich die Art der Führung für die Vorgesetzten ändern; sie kann aufgrund der Rahmenbedingungen nicht mehr so direktiv wie bei einer durch permanente physische Präsenz charakterisierten Führungssituation sein. Dies kann zu Unsicherheit, ja vielleicht sogar zu Angst führen. Der untere Teil des Eisberges ist somit in die Überlegungen einzubeziehen. Die weiteren Gedanken erfolgen unter der Prämisse, dass bei den Vorgesetzten negative Einstellungen und Vorurteile gegenüber Telearbeit bestehen, die abzubauen sind.

Methodisch würde es sich anbieten, mit dieser Zielgruppe einen Workshop durchzuführen. Unter einem Workshop versteht man eine „‚Werkstatt-Veranstaltung', in der eine überschaubare Gruppe von Personen – ein Führungskreis, ein Projektteam, ein Fachausschuß – ein konkretes Thema bearbeitet, dessen Komplexität den Rahmen einer normalen Veranstaltung sprengen würde"[20]. Durch intensive Diskussionen, umfangreiche Hintergrundinformationen und möglicherweise gemeinsam erarbeitete Führungsstrategien für die zukünftigen TelearbeiterInnen können Vorurteile abgebaut und positive Einstellungen entwickelt werden.

Abschließend müssen die potenziellen TelearbeiterInnen informiert bzw. eingebunden werden. Gerade bei dieser Zielgruppe, die mit den umfassendsten Umwälzungen in ihrer eigenen Arbeitsorganisation rechnen muss, ist es sehr wichtig, ausführlich zu informieren und die Möglichkeit zu bieten, sich adäquat einbringen zu können. Die weiteren Ausführungen erfolgen dabei unter der Prämisse, dass es neben der Information insbesondere darum geht, bestehende Ängste der MitarbeiterInnen für Telearbeit zu nehmen.

Auch hier bietet sich die Durchführung eines Workshops an. Informativ sollte auf Bereiche wie Definition, Formen und Vor- bzw. Nachteile von Telearbeit genauso eingegangen werden wie auf die damit verbundenen Anforderungen an alle Beteiligten und die Beweggründe des Unternehmens, diese Form der Arbeitsorganisation einzuführen.

109 Der Abbau von Angst, um zu dem unteren Teil des Eisberges zu kommen, kann z.B. durch Vergleiche sowie den tatsächlichen oder den vermeintlichen Abbau der bedrohlichen Sachverhalte erfolgen. Vergleiche können durch Gespräche mit VertreterInnen anderer Unternehmen, in denen bereits Telearbeit praktiziert wird, angestellt werden. Um dies umzusetzen, sollten z.B. derartige VertreterInnern in den Workshop eingeladen werden, zu vorher ausgearbeiteten Fragen ausführlich Stellung nehmen und – ganz wichtig – auch im informellen Teil eines solchen

---

[20] Vgl. Doppler, K./Lauterburg, Ch.: Change Management, a.a.O., S. 335

Eckpunkte für den Ablauf eines Telearbeits-Einführungsprozesses

Workshops noch für Gespräche mit den TeilnehmernInnen bereit sein. Ein tatsächlicher Abbau der bedrohlichen Situation Telearbeit kann z.B. durch klare Zusagen der Machtpromotoren erfolgen. So kann es vorkommen, dass ein potenzieller Telearbeiter befürchtet, mit Sanktionen rechnen zu müssen, wenn er an einem Nachmittag frei nimmt, nachdem er sein Tagesziel zu Hause schon mittags erreicht hat. Hier kann der Machtpromotor vor allen TeilnehmernInnen eine klare Zusage treffen, dass eine derartige Vorgehensweise vollkommen in Ordnung ist. Vor dem Hintergrund dieses Beispiels würde man von einem vermeintlichen Abbau dieser Bedrohung sprechen, wenn der Machtpromotor sich in dieser Angelegenheit eher „schwammig" äußert, der Mitarbeiter für sich aber diese Aussage entsprechend positiv interpretiert.

Durch diese Art der interaktiven Informations- und Einbindungsstrategie ist auch die Bestandsaufnahme unter dem Blickwinkel der informellen Aspekte im Rahmen des Eisbergmanagements weitgehend abgeschlossen. Über diese Vorgehensweise konnten Bereiche wie Angst, Vorurteile u.ä. nicht nur konkretisiert, sondern in einem ersten Schritt auch schon bearbeitet werden. *110*

Unter formalen Aspekten sind für die Bestandsaufnahme schließlich noch folgende Fragen zu klären:

– Welche Tätigkeiten können als Telearbeit ausgelagert werden?
– Welches Personal steht mit welchen Qualifikationen zur Verfügung?
– Welche technischen Voraussetzungen sind vorhanden?
– Welche arbeitsrechtlichen und ergonomischen Rahmenbedingungen sind zu beachten?
– Wie hoch sind die Kosten des geplanten Telearbeitsplatzes im Vergleich zum herkömmlichen Büroarbeitsplatz?

4.2.2 Planung und Umsetzung
Nachdem über die Bestandsaufnahme alle relevanten formalen und informellen Planungsinformationen gewonnen wurden, geht es jetzt darum, die daraus resultierenden Schritte konkret zu planen und umzusetzen.

Ein wesentliches Grundprinzip bei der Planung und Umsetzung sollte die rollierende Vorgehensweise sein. Konkret leitet sich daraus die Empfehlung ab, sogenannte Pilotbereiche zu definieren und Telearbeit zunächst hier zu erproben. Unter Pilotbereichen versteht man kleinere Bereiche, die das gesamte Unternehmen oder für Telearbeit relevante Unternehmensteile möglichst genau abbilden. Um beispielsweise Telearbeit für den kaufmännischen Bereich eines Unternehmens zu testen, könnte als Pilotbereich das Rechnungswesen gewählt werden. Voraussetzung wäre, dass sowohl die Mitarbeiter- als auch Arbeitsstrukturen vergleichbar zu dem gesamten kaufmännischen Bereich sind. Man kann davon ausgehen, dass dies z.B. für das Durchführen von Buchungen in jedem Fall gegeben ist. In Pilotbereichen bietet sich die Chance, die gemachten Erfahrungen auszuwerten und das bestehende Konzept zu optimieren. So kann aus Fehlern gelernt werden *111* und man verhindert, dass sich ein Fehler durch den gesamten Einführungsprozess zieht.

112 Ein weiteres wichtiges Grundprinzip sollte sein, bei der Planung und Umsetzung die informellen Aspekte des Eisbergmanagements nicht zu vernachässigen. Über die interaktive Gestaltung der Informationphase wurden wichtige informelle Aspekte bereits identifiziert und teilweise auch bearbeitet. Es ist jedoch eine Illusion, davon auszugehen, Phänomene wie Ängste oder Vorurteile durch einmalige Aktivitäten abschließend bearbeitet zu haben. In Anlehnung an das „Walfisch-Syndrom" muss auch hier davon ausgegangen werden, dass derartige Aspekte immer wieder auftauchen. Zu der Metapher: Walfische sind bekanntermaßen Säugetiere, die es schaffen, eine gewisse Zeit ohne Sauerstoff und damit unter Wasser zu bleiben. Irgendwann müssen sie jedoch wieder an der Wasseroberfläche auftauchen, um Sauerstoff zu tanken. Es ist nicht möglich, sie permanent unter Wasser zu halten. Probleme, die nicht zufriedenstellend gelöst wurden, „tauchen" also immer wieder auf. Für die Planung und Umsetzung des Telearbeits-Einführungsprozesses bedeutet das beispielsweise, Veranstaltungsarten, wie sie bereits unter 4.2.1 diskutiert wurden, bei Bedarf zu wiederholen.

113 Bei der konkreten Auswahl des Personals für die Telearbeit müssen natürlich formale Aspekte wie Qualifikation, räumliche Voraussetzungen oder rechtliche Grundlagen berücksichtigt werden. Informelle Aspekte im Sinne des Eisbergmanagements sind aber auch hier mindestens genauso wichtig. Dies soll im folgenden anhand des Motivationsaspektes kurz erläutert werden. Es stellt sich dabei konkret die Frage, worauf bei der Auswahl der MitarbeiterInnen zu achten ist, um eine hohe Leistungsmotivation durch Telearbeit zu erreichen. Vor dem Hintergrund der Ausführungen zur Motivation (vgl. 4.1.1) ist zunächst die Bedürfnisstruktur der in Frage kommenden MitarbeiterInnen zu eruieren. Die wichtigsten Bedürfnisse sollten – sofern sie noch nicht bekannt sind – durch Vorgesetzten-Mitarbeiter-Gespräche erhoben werden. Danach ist abzugleichen, welche Bedürfnisse durch Telearbeit zu befriedigen sind. So würden beispielsweise MitarbeiterInnen, die ein starkes Bedürfnis nach eigenständiger Arbeit haben, durch Telearbeit eine hohe Bedürfnisbefriedigung erfahren. Dies ist allerdings – wie die Ausführungen zur Motivation zeigen – nur der erste Schritt, um eine leistungsorientierte Motivation zu erreichen. Es ist zusätzlich auch darauf zu achten, dass für die in Frage kommenden MitarbeiterInnen ein nachvollziehbarer Zusammenhang zwischen geleisteter Arbeit, erzielten Resultaten und den Bedürfnisbefriedigungsmöglichkeiten besteht. Konkret würde das z.B. bedeuten, nur solche MitartbeiterInnen auszuwählen, die auch über die psychische und methodische Disposition zu eigenständiger Arbeit verfügen, um über Telearbeit die erwarteten Arbeitsergebnisse erzielen zu können. Ein Mitarbeiter, der nicht in der Lage ist, seinen Arbeitsablauf in den Griff zu bekommen, wird wahrscheinlich in der Telearbeit nicht ergebnisorientiert arbeiten und damit keinen klaren Zusammenhang zwischen Anstrengung und Resultat (Anstrengungs-Resultats-Erwartungen) erkennen können. Wäre dies umgekehrt jedoch der Fall und der Mitarbeiter kann jetzt auch noch davon ausgehen, dass die Belohnungen für die mit Telearbeit erzielten Arbeitsergebnisse zu seiner individuellen Bedürfnisbefriedigung (Resultats-Gratifikations-Erwartungen) beitragen, dann kann von einer hohen Leistungsmotivation durch Telearbeit ausgegangen werden. Letzteres könnte z.B. dadurch geschehen, dass ein Telearbeiter mit einem starken Bedürfnis nach selbständiger Arbeit für gute Arbeitsergebnisse immer größeren eigenverantvorlichen Gestaltungsspielraum an seinem Telearbeitsplatz bekommt.

Ergänzend zu den bisher betrachteten Planungs- und Umsetzungsgrößen müssen Aspekte wie die technische und ergonomische Ausstattung der Telearbeitsplätze genauso berücksichtigt werden wie z.B. notwendige Schulungs- und Trainingsmaßnahmen.

4.2.3 Auswertung und weitere Schritte
Die Auswertung des Telearbeits-Einführungsprozesses kann sich auf zwei Teilaspekte beziehen: Zum einen kann sie die Auswertung der einzelnen Pilotprojekte (vgl. 4.2.2) zum Inhalt haben und zum anderen kann es bedeuten, den gesamten Einführungsprozess auszuwerten. Unabhängig von der jeweiligen Perspektive sind jedoch dieselben Methoden und Vorgehensweisen relevant. Daher wird im folgenden nicht weiter differenziert.

Grundsätzlich ist die Auswertung unter dem Blickwinkel der betriebswirtschaftlichen Effizienz vorzunehmen. Hierfür ist ein systematisches begleitendes Controlling notwendig, über das ein permanenter Soll-Ist-Vergleich hinsichtlich der angestrebten Ziele erfolgen kann. Aber im Rahmen der Auswertung sollte auch darauf geachtet werden, dass der informelle Bereich des Eisbergmanagements nicht außen vor bleibt. Wenn beispielsweise Ängste der TelearbeiterInnen, Vorurteile der Vorgesetzten u.ä. existierten, dann muss auch hier überprüft werden, ob die eingeleiteten Maßnahmen erfolgreich waren oder nicht. Unter methodischen Gesichtspunkten wäre dies z.B. auch wieder über Workshops möglich. Bei unbefriedigenden Ergebnissen müssen weitere zusätzliche Maßnahmen durchgeführt werden.

114

Spätestens nach der Auswertung des gesamten Einführungsprozesses der Telearbeit sollten die Voraussetzungen dafür geschaffen werden, dass die weitere Arbeit im Telearbeits-System als kontinuierlicher Verbesserungsprozess zu sehen ist. Auftretende Probleme – sei es im formalen oder informellen Bereich des „Eisberges" – sollten nicht negativ bewertet, sonder als Chance gesehen werden, die Telearbeit weiter zu optimieren und damit letztendlich auch effizienter zu gestalten.

115

4.3 Zusammenfassung
Die Implementierung von Telearbeit ist ein wesentlicher Veränderungsprozess in einer Wirtschaftsorganisation. Vor dem Hintergrund, dass ein Großteil betrieblicher Veränderungsprozesse nicht zu dem gewünschten Ergebnissen führen bzw. scheitern, sind traditionelle Implementierungsstrategien kritisch zu hinterfragen und unter veränderten Sichtweisen durchzuführen. Wichtige Impulse für eine veränderte Sichtweise bietet der Ansatz der modernen Organisationsentwicklung, der den Fokus insbesondere auf die sog. „soft facts" wie die systematische Ein-

116

bindung von Promotoren, die Beteiligung der Betroffenen durch gelenkte Partizipation, die Berücksichtigung kultureller Unterschiede oder ein professionelles Eisbergmanagement legt. Letzteres besagt, dass für den Erfolg von Veränderungen die Beachtung formaler Aspekte (z.B. Entscheidungen oder klar definierte Aufgaben) genauso wichtig ist wie die Berücksichtigung informeller Aspekte (z.B. Vorurteile oder Ängste). Diese Überlegungen sind daher auch die Eckpunkte für die inhaltliche Ausgestaltung der einzelnen Phasen eines Telearbeits-Einführungsprozesses.

5. Telekommunikationsrecht und -infrastruktur, Datenschutz und Datensicherheit

5.1 Telekommunikationsinfrastruktur und Zulassung

Deutschland verfügt über ein vollständig digitales Telefonnetz und eine im weltweiten Vergleich hohe Quote an digitalen Hauptanschlüssen. Jeder dritte ISDN-Anschluss weltweit liegt in Deutschland. Die Mobilfunknetze gehören zu den dichtesten der Welt und decken praktisch das gesamte Bundesgebiet ab. Die dritte Mobilfunkgeneration UMTS (Universal Mobile Telecommunications System), mit der drahtlos multimediale Dienste bereitgestellt werden können, steht kurz vor der Einführung.[1] Die Hälfte der in Europa verfügbaren Rechnerleistung und jeder dritte Breitbandanschluss in Europa ist in Deutschland installiert.[2] Deutschland verfügt damit über gute infrastrukturelle Voraussetzungen für die Telearbeit.

117

In der Vergangenheit wurden als Hinderungsgründe für die Einführung der Telearbeit häufig zu hohe Telekommunikationskosten genannt. Aufgrund der Liberalisierung der Telekommunikationsmärkte sind die Preise für Ferngespräche seit Ende 1997 je nach Tageszeit um bis zu 85 % gesunken.[3] Auch die Kosten für die Nutzung des Internet sind drastisch zurückgegangen und sinken weiter.[4] Telekommunikationskosten dürften deshalb künftig kein Hinderungsgrund für die Einführung von Telearbeit sein.[5]

Telearbeit ist ohne besondere telekommunikationsrechtliche Voraussetzungen möglich und zulässig. Einer besonderen Zulassung oder Erlaubnis für die Übertragung von Daten bedarf es nicht. Lediglich das Betreiben von Übertragungswegen über die Grundstücksgrenze hinaus, die für Telekommunikationsdienstleistungen für die Öffentlichkeit genutzt werden (§ 6 Abs. 1 Nr. 1 TKG), und das Angebot von Sprachtelefondienst auf der Basis selbst betriebener Telekommunikationsnetze (§ 6 Abs. 1 Nr. 2 TKG) sind lizenzpflichtig. Die Anzahl der Lizenzen ist dabei grundsätzlich nicht begrenzt. Auf Erteilung der Lizenz besteht ein Rechtsanspruch, wenn die subjektiven Voraussetzungen des § 8 TKG erfüllt sind.[6]

118

---

[1] BMWi/BMBF, Innovation und Arbeitsplätze in der Informationsgesellschaft des 21. Jahrhunderts, S. 68.
[2] BMWi/Fachverband Informationstechnik im VDMA und ZVEI/VDMA/ZVEI, Electronic Business, Chancen für den Mittelstand, Update 1999, S. 5 f. mit genauen Daten.
[3] Prognos, Informationsgesellschaft in Deutschland, Daten und Fakten im internationalen Vergleich, S. 9.
[4] Prognos, Informationsgesellschaft in Deutschland, Daten und Fakten im internationalen Vergleich, S. 11–14.
[5] BMWi/BMA, Telearbeit, Chancen für neue Arbeitsformen, mehr Beschäftigung, flexible Arbeitszeiten, S. 13.
[6] Einzelheiten vgl. Lammich, Kommentar zum Telekommunikationsgesetz, Loseblatt, Stand Juli 2000.

Ferner unterliegt der Erbringer von Telekommunikationsdienstleistungen einer Anzeigepflicht nach § 4 TKG. Telekommunikationsdienstleistungen sind dabei nach der Legaldefinition des § 3 Nr. 18 TKG das gewerbliche Angebot von Telekommunikation einschließlich des Angebots von Übertragungswegen für Dritte. Anzeigepflichtig sind die Aufnahme, Änderung und Beendigung des Betriebs. Die Anzeige erfolgt innerhalb einer Frist von einem Monat bei der Regulierungsbehörde für Telekommunikation und Post.

Minimale technische Anforderungen für Telearbeit sind ein Telefonanschluss und ein Computer mit Modem oder ISDN-Karte. Die Daten können über das Telefonnetz übertragen werden. Auch eine Übertragung per Internet kommt in Betracht. Je nach Bedürfnis können die Anforderungen ausgeweitet werden. Besondere Bedürfnisse können sich z.B. aus den gewünschten Leistungsmerkmalen und der zu übertragenden Datenmenge ergeben. So kann z.B. ein ISDN-Anschluss sinnvoll sein, der gleichzeitiges Übertragen von Daten und Telefonieren möglich macht und durch den die Übertragungsgeschwindigkeit gesteigert wird. Ferner kann die Einschaltung eines Service Providers sinnvoll sein, der z.B. dem Nutzer den Zugang zum Internet ermöglicht, falls kein eigener Server betrieben wird.

119 Die aufwendigste Form der Datenübertragung wird sicherlich sein, selbst eigene Leitungen von der Deutschen Telekom AG oder anderen Netzbetreibern anzumieten oder gar eigene Leitungen zu legen. Spätestens seit der Liberalisierung der Telekommunikationsmärkte durch das Telekommunikationsgesetz vom 25. Juli 1996[7] ist dies relativ problemlos möglich. Leitungen selbst können als Festnetzleitungen, als Funkverbindungen oder sogar als Satellitenverbindungen geschaltet werden. Jeder dieser Übertragungswege weist spezifische Vor- und Nachteile in Bezug auf Kosten, Geschwindigkeit, Qualität, Sicherheit und Verfügbarkeit auf.

Den vielfältigen Vorteilen eigener bzw. gemieteter Leitungen stehen allerdings verhältnismäßig hohe Kosten entgegen, so dass von dieser Möglichkeit nur im Ausnahmefall und bei besonderen Anforderungen Gebrauch gemacht werden dürfte. Zu den Vorteilen gehören möglicherweise höhere Übertragungsgeschwindigkeiten, höhere Zuverlässigkeit und Ausfallsicherheit, ständige Verfügbarkeit und höhere Datensicherheit.

5.2 Datenschutz

120 Datenschutz ist das Verhindern von allgemein unberechtigtem Zugriff auf personenbezogene Daten zwecks Aneignung und ihrer eventuellen Weitergabe.[8] Geschützt werden müssen sowohl die personenbezogenen Daten des Telearbeiters als auch die personenbezogenen Daten Dritter, die der Telearbeiter im Rahmen seiner Tätigkeit vom Arbeitgeber für seine Tätigkeit zur Verfügung gestellt bekommt.[9]

---

[7] BGBl. I S. 1120.
[8] BMA/BMBF, Telearbeit. Ein Leitfaden für die Praxis, S. 96.
[9] Zum Datenschutz vgl. auch Boemke/Ankersen, Das Telearbeitsverhältnis – Arbeitsschutz, Datenschutz und Sozialversicherungsrecht, BB 2000 S. 1570 ff.

Datenschutz

Grundsätzlich gelten für das Unternehmen und den Telearbeiter auch im Hinblick auf den Datenschutz dieselben Regeln wie für den herkömmlichen Mitarbeiter im Betrieb.[10] Die wesentlichen Regelungen ergeben sich aus dem Bundesdatenschutzgesetz (BDSG)[11], den Datenschutzgesetzen der Länder und den bereichsspezifischen Regelungen wie dem Telekommunikationsgesetz (TKG)[12], der Telekommunikations-Datenschutzverordnung (TDSV)[13] und dem Teledienstedatenschutzgesetz (TDDSG)[14], gegebenenfalls ergänzt durch Betriebsvereinbarungen.[15] Allgemein werden Datenschutz und Datensicherheit über Zugangs-, Zugriffs-, Transport- und Organisationskontrollen gewährleistet.[16]

Grundsätzlich trägt der Arbeitgeber die datenschutzrechtliche Gesamtverantwortung.[17] Er muss seine Mitarbeiter zur Einhaltung der bestehenden Gesetze und betrieblichen Regelungen anhalten. Dies beinhaltet die Unterweisung des Telearbeiters in die datenschutzrechtlichen Bestimmungen und die ausreichende Qualifikation. Daneben muss der Arbeitsplatz so eingerichtet werden, dass die Einhaltung der Datenschutzbestimmungen gewährleistet ist.[18]

5.2.1 Datenschutz des Telearbeiters

Besondere Probleme mit personenbezogenen Daten des Telearbeiters können sich bei der Arbeitszeitkontrolle ergeben. Eine Arbeitszeitkontrolle kann nicht mehr wie bisher durchgeführt werden. Eine Arbeitszeitkontrolle durch die Erfassung der Zugriffszeiten zum betrieblichen Großrechner bzw. Server ist zwar technisch möglich, greift aber in das Persönlichkeitsrecht des Telearbeiters ein und ist rechtlich zumindest bedenklich.[19] Wie bereits dargelegt (vgl. oben 2.1.1.1.5) setzt Tele-

121

---

[10] Dostal, Telearbeit in der Informationsgesellschaft, S. 100; ebenso Fischer/Schierbaum, Telearbeit und Datenschutz, CR 1998 S. 321 ff., 323.
[11] Zu den Verpflichtungen im Einzelnen vgl. Fischer/Schierbaum, Telearbeit und Datenschutz, CR 1998, S. 321 ff.
[12] Telekommunikationsgesetz vom 25. Juli 1996 (BGBl. I S. 1120 ff.), zuletzt geändert durch Art. 2 Abs. 6 der Neufassung des Gesetzes gegen Wettbewerbsbeschränkungen vom 2. September 1998 (BGBl. I S. 2509, 2544 ff.). Zum TKG vgl. Lammich, Kommentar zum Telekommunikationsgesetz, Loseblatt, Stand Juli 2000.
[13] Telekommunikations-Datenschutzverordnung (TDSV) vom 18. Dezember 2000 (BGBl. I S. 1740 ff.), abgedruckt z.B. bei Lammich, Kommentar zum Telekommunikationsgesetz, Anlage B 18; auch abrufbar über die Homepage des Regulierungsbehörde für Telekommunikation und Post unter www.regtp.de.
[14] Gesetz über den Datenschutz bei Telediensten, Art. 2 des Gesetzes zur Regelung der Rahmenbedingungen für Informations- und Kommunikationsdienste, vom 22. Juli 1997 (BGBl. I S. 1870stff., abgedruckt z.B. bei Lammich, Kommentar zum Telekommunikationsgesetz, Anlage A 4; auch abrufbar über die Homepage des Regulierungsbehörde für Telekommunikation und Post unter www.regtp.de. Zum Verhältnis des TKG und der TDSV zum TDDSG und ihrer Anwendbarkeit auf die Telearbeit vgl. Gola, Neuer Tele-Datenschutz für Arbeitnehmer?, MMR 1999, S. 322 ff.
[15] Online Forum Telearbeit, Basisinformation Telearbeit, S.15.
[16] Liebs/Schuchardt, Telearbeit – ein Leitfaden für Unternehmen, S. 47.
[17] Voss, Telearbeit, S. 138.
[18] BMA/BMBF, Telearbeit. Ein Leitfaden für die Praxis, S. 115.
[19] Sbrzesny, DAK-Informationen, Praxis + Recht Magazin, Heft 2 (Juni) 2000, S. 45.

Telekommunikationsrecht und -infrastruktur, Datenschutz und Datensicherheit

arbeit ein erhebliches Maß an Vertrauen seitens der Vorgesetzten und des Betriebs voraus. Herkömmliche zeit- und verhaltensbezogene Kontrolle muss durch ergebnisorientierte Kontrolle ersetzt werden. Falls dieses Vertrauen dem Arbeitnehmer nicht entgegengebracht werden soll oder kann, sollte bei diesem Arbeitnehmer besser auf Telearbeit verzichtet werden.

5.2.2 Datenschutz der Arbeitsdaten

122 Die personenbezogenen Daten Dritter, die der Arbeitgeber dem Telearbeiter für seine Tätigkeit zur Verfügung stellt, müssen im gleichen Umfang geschützt werden wie im Betrieb. Besonderheiten ergeben sich aus zwei Aspekten: zum einen werden häufig Arbeitsunterlagen mit derartigen Daten in der Wohnung des Telearbeiters gelagert. Der Arbeitgeber hat aber keine Möglichkeit, den Zugang zur Wohnung des Telearbeiters zu beschränken. Zum zweiten findet ein ständiger Datenaustausch zwischen dem Telearbeiter und dem Unternehmen in beiden Richtungen statt. Dadurch können erhöhte Sicherheitsanforderungen für Zugangs- und Berechtigungskontrollen erforderlich werden.[20]

Zum erstgenannten Punkt hat der Telearbeiter dafür zu sorgen, dass Arbeitsunterlagen mit personenbezogenen Daten auch in seiner Wohnung vor dem Zugriff Dritter geschützt sind. Dies gilt insbesondere für den Zugriff von Familienangehörigen, Mitbewohnern und Gästen bzw. Besuchern.[21] Es empfiehlt sich, den Telearbeiter zur Einhaltung der datenschutzrechtlichen Bestimmungen anzuhalten und je nach Sensibilität der Daten genaue Vereinbarungen zwischen dem Arbeitgeber und dem Telearbeiter über den Umgang mit vertraulichen Daten zu treffen. Dies kann z. B. durch Verfahrensrichtlinien als Betriebsvereinbarungen geschehen, in denen der Schutz des Arbeitsplatzes, der Hard- und Software, der Übertragung und der Daten sowie die Datensicherheit angesprochen werden.[22] Die Belehrung des Telearbeiters über die Notwendigkeit der Einhaltung der datenschutzrechtlichen Bestimmungen sollte aus Beweisgründen schriftlich dokumentiert werden.

123 Am heimischen Arbeitsplatz müssen Vorkehrungen getroffen werden, um den Zugriff unbefugter Dritter auf Unterlagen, Daten und Hard- und Software zu unterbinden. Das Arbeitszimmer sollte abschließbar sein. Schriftliche Unterlagen können verschlossen aufbewahrt werden. Dafür müssen abschließbare Schränke vorhanden sein. Der Zugriff zum Computer kann durch mechanische Schlösser und durch Passwörter etc. beschränkt werden.[23] Der Telearbeiter muss dafür Sorge tragen, dass Passwörter entweder nicht oder zumindest so gesichert verwahrt werden, dass Dritte nicht auf diese Codewörter zurückgreifen können.

Der Telearbeiter darf nur freigegebene Geräte, Programme und Hilfsmittel einsetzen. Nur dadurch kann sichergestellt werden, dass der Informationstransfer

---

[20] Voss, Telearbeit, S. 134.
[21] BMA/BMBF, Telearbeit. Ein Leitfaden für die Praxis, S. 115.
[22] Voss, Telearbeit, S. 134.
[23] BMWi/BMA, Telearbeit, Chancen für neue Arbeitsformen, mehr Beschäftigung, flexible Arbeitszeiten, S. 28.

Datensicherheit

zwischen Unternehmen und Telearbeitsplatz reibungs- und störungsfrei ablaufen kann und dass höchstmöglicher Schutz gewährleistet werden kann.[24] Private und dienstliche Anwendungen müssen am Arbeitsplatz strikt getrennt werden.

Bezüglich des Datenaustausches zwischen Telearbeiter und Unternehmen ist Folgendes zu bemerken: Der elektronische Austausch von Daten stellt ein Sicherheitsrisiko dar. Die Daten müssen auf dem Transport vor dem Zugriff Dritter geschützt werden. Auch hier hängen die zu treffenden Sicherungsmaßnahmen wesentlich von der Sensibilität der Daten ab. Bei sehr sensiblen Daten kann erwogen werden, die Daten über eigene Netze zu verschicken. Erfolgt der Datenaustausch über Internet, müssen Verschlüsselungsverfahren eingesetzt werden, um Missbräuche zu verhindern. Entsprechende Codierungs- und Decodierungssoftware ist am Markt verfügbar, die am Telearbeitsplatz und im Unternehmen installiert werden sollte. Empfehlenswert ist auch, Informationsübertragungen ständig zu protokollieren.[25]

Ruft der Telearbeiter personenbezogene Daten vom Zentralrechner seines Arbeitgebers oder aus unternehmensinternen Netzwerken ab, muss der Betrieb sicherstellen, dass die Daten tatsächlich nur vom Telearbeiter abgerufen werden können. Dies kann durch Zugriffskontrollen gewährleistet werden, indem sich der Telearbeiter durch Passwörter ausweisen muss, und indem vor der Bekanntgabe der Daten weitere Identitätskontrollen erfolgen.

5.3 Datensicherheit

Datensicherheit ist der Grad des Schutzes von Daten vor unbefugter Ausspähung, Vernichtung, Verfälschung oder länger andauernder Nichtverfügbarkeit.[26] Auch hierfür gelten grundsätzlich dieselben Regelungen wie im Betrieb.[27] Datenschutz und Datensicherheit sind eng miteinander verzahnt.

124

Die Abhängigkeit der Unternehmen von Daten ist heute so groß, dass die Vernichtung oder Verfälschung von Daten in größerem Umfang die Existenz des Unternehmens ernsthaft gefährden können.

Häufig greift der Telearbeiter über öffentliche Netze auf unternehmensinterne Netzwerke zu. Gewöhnlich ist der Zugriff durch Kennung und Passwort geschützt. Dennoch ist nicht auszuschließen, dass Unberechtigte in das Netz eindringen und an vertrauliche Informationen gelangen, die sie nutzen, verändern oder zerstören. Dem muss durch entsprechende Sicherheitsmaßnahmen entgegengewirkt werden.

Man sollte sich deshalb bei der Einführung der Telearbeit Gedanken über eine angemessene Sicherheitspolitik machen. In Bezug auf die Datensicherheit muss nicht bei jedem Telearbeitsplatz die maximal erreichbare Sicherheit zur Verfügung

125

---

[24] Voss, Telearbeit, S. 135.
[25] Voss, Telearbeit, S. 136.
[26] BMA/BMBF, Telearbeit. Ein Leitfaden für die Praxis, S. 96.
[27] Dostal, Telearbeit in der Informationsgesellschaft, S. 100.

gestellt werden. Vielmehr müssen die technischen und organisatorischen Vorkehrungen in einem angemessenen Verhältnis zum angestrebten Schutz stehen und aufeinander abgestimmt sein.[28] Mögliche Schäden müssen mit dem Sicherheitsaufwand verglichen und darauf abgestimmt werden. Der Schutz der Daten wird in der Regel durch Zugangs-, Zugriffs-, Transport- und Organisationskontrollen gewährleistet.[29]

Ferner muss zur Vermeidung von technisch oder durch Fehlbedienung bedingten Datenverlusten Vorsorge getragen werden, dass in genügendem Umfang Sicherungskopien erstellt werden. Die Nachvollziehbarkeit von Datenänderungen und Datenzugriffen sollte durch Protokollierung sichergestellt werden.[30] Schließlich müssen die Daten und Programme durch entsprechende aktuell gehaltene Schutzprogramme vor Viren gegen Verlust und Fälschung geschützt werden.

Die Ausführungen haben gezeigt, dass Datenschutz- und Datensicherheit zwar oft als Hinderungsgründe für die Einführung der Telearbeit genannt werden, diese Aspekte aber häufig überbewertet werden. Letztlich verursachen Datenschutz und Datensicherheit keine unüberwindbaren Schwierigkeiten, wenn sie frühzeitig bei der Projektplanung berücksichtigt werden.[31] Auch der dafür notwendige organisatorische Aufwand hält sich in Grenzen.

5.4 EXKURS: Virtuelle Unternehmen

126 Die Besonderheiten des Telearbeiters als Arbeitnehmer wurden bereits oben (vgl. Rdnr. 132 ff.) dargestellt. Daneben besteht auch die Möglichkeit, Telearbeiter als selbständige Unternehmer zu beschäftigen.[32] Z.T. wird die selbständige oder freiberufliche Telearbeit als eigentliche Telearbeit der Zukunft angesehen.[33]

Als Vertragsformen zwischen dem beauftragenden Unternehmen und dem selbständigen Telearbeiter kommen in erster Linie ein Dienstvertrag oder ein Werkvertrag in Betracht. Beim Dienstvertrag wird nach §§ 611 ff. BGB lediglich eine Tätigkeit geschuldet, ohne dass es auf einen bestimmten Erfolg ankommt. Beim Werkvertrag nach §§ 631 ff. BGB dagegen wird nicht nur die Tätigkeit, sondern ein bestimmter Erfolg geschuldet. Wie viel Zeit aufgewandt wird, ist grundsätzlich unerheblich. Die Vergütung wird fällig, wenn das Werk hergestellt und abgenommen ist. Bis dahin trägt der Werkunternehmer (also der Telearbeiter) das Risiko. Mit der Abnahme beginnt die Verjährung.

Statt Dienst- oder Werkvertrag kann auch ein Geschäftsbesorgungsvertrag nach § 675 BGB vereinbart werden. Schließlich lässt es die Vertragsfreiheit als Ausprä-

---

[28] BMA/BMBF, Telearbeit. Ein Leitfaden für die Praxis, S. 115; Kreis-Engelhardt, Telearbeit, S. 75.
[29] Liebs/Schuchardt, Telearbeit – ein Leitfaden für Unternehmen, S. 47.
[30] Voss, Telearbeit, S. 139.
[31] So auch Voss, Telearbeit, S. 139.
[32] Dostal, Telearbeit in der Informationsgesellschaft, S. 6 und 12, vertritt die Ansicht, Erwerbsarbeit sei zu rigide reglementiert, weshalb sich das überkommene, abhängige Arbeitsverhältnis nicht für echte Telearbeit eigne.
[33] Dostal, Telearbeit in der Informationsgesellschaft, S. 142.

gung der Privatautonomie zu, verschiedene Vertragsarten miteinander zu kombinieren oder neue Vertragsarten zu entwickeln. Für den Vertrag zwischen dem Unternehmer und dem selbständigen Telearbeiter gilt also dasselbe wie zwischen Unternehmer und seinem sonstigen Vertragspartner.

Oftmals wird das Unternehmen auch umfangreichere Arbeiten vergeben wollen, die ein Telearbeiter allein nicht schaffen kann. Es stellt sich die Frage, wie dies vertraglich zweckmäßig abgewickelt werden kann.

Das Unternehmen kann zunächst Verträge mit mehreren selbständigen Telearbeitern schließen. Dies setzt allerdings nicht nur erheblichen Koordinierungsaufwand durch das beauftragende Unternehmen voraus, sondern auch die Trennbarkeit der einzelnen zu erbringenden Leistungen.

127

Oftmals wird das beauftragende Unternehmen nicht Verträge mit mehreren Partnern schließen, sondern das Produkt bzw. die Dienstleistung aus einer Hand einkaufen wollen. Hierfür bieten sich folgende Lösungsmöglichkeiten: das Unternehmen beauftragt einen selbständigen Telearbeiter mit der Gesamtdurchführung des Projekts. Dieser erteilt dann Unteraufträge an weitere selbständige Telearbeiter als seine Subunternehmer. Der Nachteil für den selbständigen Telearbeiter, der das Projekt übernommen hat, liegt darin, dass er in diesem Fall die Gesamtverantwortung auch für seine Subunternehmer trägt.

Will der selbständige Telearbeiter diese Gesamtverantwortung nicht allein tragen, kommt eine weitere Möglichkeit in Betracht, von der zunehmend Gebrauch gemacht wird: mehrere selbständige Telearbeiter schließen sich projektbezogen als virtuelles Unternehmen zusammen und bewerben sich in diesem Rahmen um das Projekt.[34] Das Unternehmen existiert dabei nur virtuell und nur für den Zeitraum der Projektabwicklung. Es stellt sich in diesem Fall die Frage, welche Rechtsform für solche virtuelle Unternehmen gilt.

128

Sämtliche handelsgesellschaftliche Formen wie z.B. OHG, KG, GmbH oder AG scheiden meist aus, weil es in der Regel an einer Anmeldung und Eintragung im Handelsregister fehlt. Da virtuelle Unternehmen oftmals nur für die Dauer eines bestimmten Projekts existieren, fehlt es oft auch an einer auf Dauer angelegten Tätigkeit, die Voraussetzung für ein Gewerbe ist. Die Form eines Vereins kommt ebenfalls nicht in Betracht, da sich diese Rechtsform nur bedingt für eine wirtschaftliche Betätigung eignet. Virtuelle Unternehmen können deshalb nur, wie beispielsweise auch Zusammenschlüsse von Freiberuflern (z.B. Sozietäten von Rechtsanwälten, Steuerberatern, Wirtschaftsprüfern, Ärzten, Architekten usw.) und Arbeitsgemeinschaften in der Bauindustrie (Arge), als BGB-Gesellschaften eingeordnet werden.[35] Es gelten somit die §§ 705–740 BGB.

---

[34] Dostal, Telearbeit in der Informationsgesellschaft, S. 67, definiert virtuelle Unternehmen als Zusammenschlüsse von telearbeitenden Einzelpersonen zu einem als Einheit auftretenden Unternehmen.

[35] So im Ergebnis auch Noack, ZGR 1998 S. 592 ff., 615, der darauf hinweist, dass es bislang eine noch wenig entwickelte rechtswissenschaftliche Diskussion gibt, ob und inwiefern diese Vertragswerke einer gesellschafts- und konzernrechtlichen Einordnung unterliegen.

Eine BGB-Gesellschaft (auch GbR genannt) gehört zur Gruppe der Personengesellschaften und ist nicht rechtsfähig (keine juristische Person). Sie kann ohne weitere formale Voraussetzungen zu jedem beliebigen Zweck gegründet werden. Dieser Zweck kann auch ein vorübergehender sein. Voraussetzung sind neben dem gemeinsamen Zweck lediglich mindestens zwei Gesellschafter, die sich gegenseitig verpflichten, den gemeinsamen Zweck zu fördern, § 705 BGB. Die Gesellschafter einer BGB-Gesellschaft haften grundsätzlich mit dem Gesellschaftsvermögen. Daneben haften sie aber auch nach § 128 HGB analog persönlich mit ihrem Privatvermögen. Die Höhe der Haftung ist unbeschränkt. Die Gesellschafter haften gegenüber Gläubigern als Gesamtschuldner. Eine Beschränkung der Haftung im Außenverhältnis auf das Gesellschaftsvermögen ist nur durch eine individualvertragliche Abrede mit dem Gläubiger möglich[36], ferner, wenn die Vertretungsmacht nach außen erkennbar beschränkt war.[37]

Virtuelle Unternehmen als Zusammenschlüsse einzelner selbständiger Telearbeiter sind also in der Regel BGB-Gesellschaften. Bei der Annahme von Aufträgen sollten die Gesellschafter die Haftung untereinander, also im Innenverhältnis, vertraglich regeln. Diese Vereinbarung gilt dann allerdings nur im Innenverhältnis, dem Gläubiger (Auftraggeber) gegenüber haften sie weiterhin als Gesamtschuldner. Empfehlenswert ist es deshalb, die Haftung im Vertrag mit dem Auftraggeber auf das Gesellschaftsvermögen zu beschränken.

129 Denkbar ist ebenfalls, dass sich nicht nur mehrere einzelne Telearbeiter, sondern auch mehrere Unternehmen, die z.B. aus Telearbeitern und/oder anderen Mitarbeitern bestehen, zu virtuellen Netzwerken zusammenschließen. Man kann hier zwischen hierarchischen und polyzentrischen Netzwerken unterscheiden.[38] Bei hierarchischen Netzwerken zeichnet nur ein Unternehmen gegenüber dem Vertragspartner verantwortlich. Das Verhältnis zwischen dem verantwortlichen Unternehmen und seinen Unterauftragnehmern richtet sich nach den jeweiligen zwischen ihnen geschlossenen Verträgen. Bei polyzentrischen Netzwerken dagegen stehen die kooperierenden Unternehmen auf derselben Stufe. Diese können dann wie Arbeitsgemeinschaften im Baugewerbe eine BGB-Gesellschaft bilden. Auch hier ist es sinnvoll, zwischen der BGB-Gesellschaft und dem Auftraggeber die Haftung vertraglich zu beschränken, und die Haftung der kooperierenden Unternehmen im Innenverhältnis zu regeln. Bei Unternehmensnetzwerken sind zusätzlich die Bestimmungen des Kartellrechts zu beachten.[39]

---

[36] BGH, Urteil vom 27. September 1999, NJW 1999 S. 3483; Müssig, Wirtschaftsprivatrecht, S. 372.
[37] Führich, Wirtschaftsprivatrecht, S. 322; Kraft/Kreutz, Gesellschaftsrecht, S. 148.
[38] Ensthaler/Gesmann-Nuissl, Virtuelle Unternehmen in der Praxis – eine Herausforderung für das Zivil-, Gesellschafts- und Kartellrecht, BB 2000 S. 2265 ff., 2266.
[39] Vgl. dazu auch Ensthaler/Gesmann-Nuissl, Virtuelle Unternehmen in der Praxis – eine Herausforderung für das Zivil-, Gesellschafts- und Kartellrecht, BB 2000 S. 2265 ff., 2269.

6. Arbeitsrechtliche Gefahren und Lösungen

Die Einführung von Telearbeit wirft im Hinblick auf die Rechtsstellung der Arbeitnehmer, die sich in dieser Arbeitsform befinden, zusätzliche Probleme auf. Immerhin bewegen sie sich nicht oder nicht ausschließlich im Betrieb des Arbeitgebers, sondern gehen ihrer Arbeit in ihrer eigenen Wohnung, einem Servicecenter, einem ausgelagerten Satellitenbüro oder im Aussendienst[1] nach, so dass sie sich der ständigen Abhängigkeit entziehen. Damit stellen sich Fragen nach dem Status als Arbeitnehmers und damit auftretenden Problemen ebenso wie Lösungsnotwendigkeiten nach interner, also betrieblicher Interessenvertretung und der Befolgung arbeitsschutzrechtlicher Forderungen. Im Hinblick auf die Verantwortlichkeit des Arbeitgebers/Unternehmers sind damit insbesondere Vorkehrungen erforderlich, die im Rahmen der speziellen oder allgemeinen Arbeitsbedingungen vereinbart oder festgelegt werden müssen.

130

6.1 Statusfragen

Soll eine organisatorische Einbindung derjenigen, die Telearbeit durchführen, vorgenommen werden, so bieten sich dafür unterschiedliche Verbindungsmöglichkeiten an, ohne die Arbeitnehmereigenschaft als zwingend notwendig ansehen zu müssen. Bei den dahin gehenden Überlegungen muss also im Vordergrund stehen, inwieweit und in welcher Gestaltungsform Telearbeit erwünscht, aber auch nachgefragt ist. Dafür sind einerseits die betriebswirtschaftlichen Überlegungen[2] maßgeblich, aber auch die Frage der Durchsetzbarkeit innerhalb des Betriebes[3] und die Frage, in welcher Form Arbeitnehmer bereit sind, die Arbeitsform anzunehmen[4]. Zu unterscheiden bleibt diesbezüglich zusätzlich, ob der Arbeitnehmer als Telearbeiter neu eingestellt werden soll, dann bestehen für die Vereinbarung des Status kaum Hindernisse, weil die Vereinbarung ohne Beachtung eines vorhergehenden Besitzstandes i.S. erworbener Rechte und sozialer Sicherheit möglich ist, oder ob der Arbeitnehmer bereits im Betrieb tätig war und nun seine Beschäftigung auf Telearbeit – gleich welcher Art – umgestellt werden soll, dann bleiben für die unterschiedlichen Alternativen weniger Spielräume, sofern der Arbeitnehmer nicht bereit ist, seinen Status zu verändern.

131

Zu bedenken wird danach regelmäßig sein, welche Art der organisatorischen Einbindung eines Telearbeiters sich für den Betrieb als die beste darstellt. Die Lösung dessen wird sich aus den betrieblichen Erfordernissen einerseits und den tatsäch-

---

[1] Vgl. dazu Rdnrn. 65 ff., 81, 83 ff.
[2] Vgl. dazu Rdnrn. 58 ff.
[3] Vgl. dazu Rdnrn. 94 ff.
[4] Vgl. dazu Rdnrn. 62 ff.

6.1.1 Arbeitnehmereigenschaft

132 Geht man von der normalen, herkömmlichen Verbindung zu einem Arbeitnehmer aus, so stellt sich dieser als ein Mitarbeiter dar, der innerhalb des Betriebes nach Vorgabe des Arbeitgebers in Art und Weise, Ort und Zeit der Leistung fremdbestimmt und persönlich abhängig von diesen Weisungen[5] tätig wird; zusätzlich besteht ins einer Person auch die wirtschaftliche Abhängigkeit. Dass diese herkömmlichen Definitionskriterien nicht mehr ausreichen bzw. zutreffen ergibt sich aus der Wandlung der Arbeitsplätze[6], die gerade im Bereich der Telarbeit nicht mehr von Ort oder Zeit abhängen müssen. Hiernach geht es dem BAG folgend vielmehr um die organisatorische Verbindung bzw. Einbindung in den Betrieb[7] in jeweils typologischer Betrachtungsweise[8], d.h. dass die bezeichneten Kriterien in unterschiedlicher Art und Weise und Intensität gegeben sein können und im Ergebnis ausschließlich das Gesamtbild entscheiden[9]. Für die Frage der rechtlichen Bindung einzelner Telearbeiter an ein Unternehmen stellt sich damit zwar keine von vorn herein sichere Er- bzw. Entscheidungsform dar[10]. Ob er es im Rahmen betriebsgerechter Organisation darauf ankommen kann, bleibt indes dahin gestellt, ist es doch bei der Frage der Einführung von Telearbeit überhaupt und/oder der Umwandlung von herkömmlichen Arbeitsplätzen in Telearbeitsplätze überwiegend eine Frage der präzisen rechtlichen Gestaltung. Streitige Einschätzungen von Arbeitsplätzen und rechtlichen Verbindungen zwischen Telearbeitern und dem Unternehmen werden sich nur dann aufwerfen, wenn derartige Vereinbarungen fehlen oder wenn sich Arbeitsplätze in Laufe der Zeit verändert haben und nunmehr das einmal Vereinbarte nicht mehr zutrifft.

Für die Frage der Gestaltung von Arbeitsverträgen mit Telearbeitern bleibt die Festlegung des Begriffes gleichwohl von Bedeutung deshalb, weil auch für die präzise Vereinbarung eines Arbeitsverhältnisses bei einem Telearbeiter die Notwendigkeit besteht, eine in der Gesamtschau dem Arbeitnehmerbegriff entsprechende, aber rechtliche „sichere"[11] Vereinbarung zu treffen. Unabhängig von der Frage, ob bei der Begriffsdefinition die gesetzliche Abstufung im Rahmen des Arbeitsvertrages von einer dualen Differenzierung in Arbeitnehmer und Selbstständige oder einer Dreiteilung in Arbeitnehmer, arbeitnehmerähnliche Personen und Selbstständige ausgeht[12] oder, ob diese Teilung nur bei der Zuordnung der arbeit-

---

[5] BAG, Urt. v. 9.3.1977 – 5 AZR 110/76 – EzA Nr. 9 zu § 611 BGB – Arbeitnehmerbegriff –; BAG, Urt. v. 17.10.1988 – 5 AZR 89/89 – EzA Nr. 31 zu § 611 BGB – Arbeitnehmerbegriff –.
[6] Vgl.: Wank (NZA 1999, 226), der die gewandelte Rechtsprechung des BAG aufzeigt.
[7] BAG, AP Nr. 94 zu § 611 BGB – Anhängigkeit –.
[8] Vgl. zur Bezeichnung: ErfK/Preis § 611 BGB Rdnr. 65
[9] BAG, AP Nr. 26 zu § 611 BGB – Abhängigkeit –.
[10] So zu Recht ErfK/Preis § 611 BGB Rdnr. 66; Wank, NZA 1999, 226.
[11] Womit hier die Sicherheit der späteren Interpretation als arbeitsvertragliche Vereinbarung gemeint ist.
[12] Hromadka, 1997, 576.; zustimmend Preis (ErfK § 611 Rdnr. 72)

Statusfragen

nehmerähnlichen Personen zur Gruppe der wirtschaftlich den Arbeitnehmern oder den Unternehmern von Bedeutung ist[13], bleiben für die Begriffsbestimmung und damit für den notwendigen Inhalt einer Vereinbarung Essentialia zu beachten, die sich aus den Abhängigkeitsstrukturen des Arbeitsverhältnisses ableiten lassen müssen[14]. In praxi ist deshalb eine Synthese von herkömmlichem und zeitgemäßem Arbeitnehmerbegriff[15] erforderlich.

6.1.2 Telearbeiter als Arbeitnehmer

Werden Kriterien gesucht, um Telearbeiter als Arbeitnehmer in den Betrieb einzubinden, so darf nicht an die räumliche Verbindung gedacht werden, die nach den überkommenen Vorstellungen den Charakter des Arbeitsverhältnisses prägt. Gerade diese örtliche Einbindung kann teilweise erfolgen (z.B. wenn der Arbeitnehmer in alternierender Telearbeit tätig wird), muss und darf aber nicht zwingende Voraussetzung für die Annahme eines Arbeitsverhältnisses werden. Zu denken ist bei einem Telearbeiter vielmehr an die organisatorische Einbindung in den Betrieb, die auf vielerlei Weise erfolgen kann und den Arbeitnehmer auf den Betrieb in gewisser Weise fixiert oder seine Arbeitsleistung von inneren Vorgängen im Betrieb abhängig macht. Soll von dieser Grundüberlegung ausgegangen und die Arbeitnehmereigenschaft des Telearbeiters zweifelsfrei begründet werden, so besteht die sicherste Methode darin, den Arbeitnehmer nach dem herkömmlichen Arbeitnehmerbegriff vertraglich zu binden:

133

– Der Arbeitnehmer wird also im Arbeitsvertrag auch als solcher bezeichnet[16]. Damit ist der zu Dienstleistung als Telearbeiter Verpflichtete kraft privatautonomer Regelung als Arbeitnehmer mit allen Rechten und Pflichten anzusehen. Allein aus dieser vertraglichen Bezeichnung wird abgeleitet, dass eine Auslegung des Vertrages oder eine weitere Prüfung des Status des Arbeitnehmers nicht erforderlich ist[17]. Die Vertragsparteien sind an dem erklärten Willen festzuhalten, eine Änderung der Vertragsleistung allein bewirkt keine Änderung des Arbeitnehmerstatus, sondern Arbeitgeber und Arbeitnehmer müssen unmissverständlich durch ausdrückliche Erklärung eine gewollte Änderung des Status vereinbaren[18].

---

[13] Wank (NZA 1999, 228 ff.) in Erwiderung gegenüber Preis (ErfK § 611 BGB Rdnr. 72), der an dieser Auffassung Wanks (Arbeitnehmer und Selbständige, S. 94 ff.) Kritik geäußert hatte.
[14] So im Ergebnis wohl auch zutreffend Preis (ErfK § 611 BGB 72 a.E.); dies mit Recht hervorhebend: Wedde, NJW 1999, 527
[15] So Wank (NZA 1999, 231 und Arbeitnehmer und Selbständige, S. 92 ff.); s.a. ErfK/Preis, § 611 BGB Rdnr. 80 ff.
[16] ErfK/Preis, § 611 BGB Rdnr. 46; Wank, NZA 1999, 232; Wank, AuA 1998, 193; HzA/Worzalla, Gr. 1 Rdnr. 208
[17] LAG Thür, NZA – RR 1998, 296; BAG, AP Nr. 37 zu § 1 KSchG – Betriebsbedingte Kündigung -..
[18] ErfK/Preis, § 611 BGB Rdnr. 46 mit dem ausdrücklichen Hinweis, dass in einem solchen Falle durchaus auch an Aufsplittung der Leistung in Arbeitsleistung und werkvertragliche Leistung gedacht werden und diese Teilung vereinbart werden kann, sofern dadurch nicht arbeitsrechtliche Schutzvorschriften umgangen werden (dazu auch Rumpenhorst, NZA 1993, 1067 ff.)

Im Streitfall wird allerdings zu bedenken sein, dass die alleinige Bezeichnung als Arbeitnehmer gerade bei der Vereinbarung als Telearbeitnehmer durch die Herauslösung aus dem Betrieb dann problematisch werden kann, wenn der Status des Arbeitnehmers zum Streitfall wird und die eine oder andere Vertragspartei bzw. sogar beide einen anderen Staus als den eines Arbeitnehmers behaupten und als vereinbart bezeichnen[19]. Für diesen Fall kann über die Bezeichnung hinaus auf mehrere Anhaltspunkte der Erkenntnis- und Interpretationsmöglichkeiten zurück gegriffen werden, die der Auslegung indiziell helfen. De jure entscheidet über das Vorliegen eines Arbeitsverhältnisses oder eines anderen Vertragstypus mithin der Geschäftsinhalt und die Durchführung des Vertrages, wobei der tatsächlichen Durchführung im Widerspechensfall das Schwergewicht zukommt[20]. Daraus lassen sich Rückschlüsse darauf ziehen, wie die Rechte und Pflichten und die sonstigen Arbeitskonditionen gehandhabt werden. Diese lassen auf den Willen des Arbeitgebers/Unternehmers und des Arbeitnehmers schließen, ein Arbeitsverhältnis begründen zu wollen oder aber unterwirft sie auf Grund der tatsächlich vorgenommenen Umstände auch gegen ihren ggf. erklärten Willen den Regelungen eines zwischen ihnen bestehenden Arbeitsverhältnisses[21]:

– Der Umfang des Weisungsrechts des Unternehmers und die Bindung des Telearbeiters an dieses sind ein zentrales Kriterium für die Interpretation[22] für das Bestehen eines Arbeitsverhältnisse. Je intensiver die Bindung des Telearbeiters an die Weisungen ist, desto eher besteht eine Vermutung für das Bestehen eines Arbeitsverhältnisses[23]. Betrachtet man indes die einzelnen Kriterien der Weisungsbindung, so bedarf es einer näheren Untersuchung.

Örtliche Gebundenheit: Die Bindung des Telearbeiters an einen bestimmten Leistungsort ergibt sich für einen externen, isolierten Telearbeiter dann, wenn sein ausschließlicher Ort zur Verbindung mit dem Unternehmen von vornherein definiert ist, egal ob dies seine Wohnung mit einer bestimmten telekommunikativen Ausstattung und den für die Telearbeit notwendigen Arbeitsmitteln ist oder ob der Telearbeiter extern mobil an bestimmten Orten tätig werden muss und über bewegliche Arbeitsmittel verfügt oder die Ergebnisse über eine feste Verbindungsstation an den Unternehmer übermitteln muss. Diese Bindung kann sowohl ausdrücklich als auch durch die Übergabe entsprechender Arbeitsmittel, z.B. durch die Installation der unternehmenseigenen Hardware

---

[19] So im Ergebnis wohl auch: MünchHb/Richardi § 23 Rdnr. 53
[20] Fenski, Rdnr. 358; BAG, EzA Nrn. 26, 56, 63 zu § 611 BGB – Arbeitnehmerbegriff –.
[21] Die diesbezügliche Praxis nach Maßgabe des § 7 Abs. 4 SGB IV zur Verhinderung von Scheinselbständigkeit ist zwar in erster Linie sozialversicherungsrechtlich von Bedeutung, kann aber wohl bei der arbeitsrechtlichen Wertung solcher Vertragsverhältnisse nicht ausser Betracht bleiben, weil auch gerade im Telearbeits„markt" die Gefahr derartiger Erscheinungsformen besteht (so wohl auch Fenski, Rdnr. 358 b).
[22] Worzalla in HzA, Gruppe 1 Rdnr. 144; ErfK/Preis § 611 BGB Rdnr. 82; BAG, NZA 1995, 622; Collardin, S. 27.
[23] ErfK/Preis a. a. O.

etwa in der Wohnung des Telearbeiters[24], konkludent erfolgen[25]. Entscheidend, ist, dass der Arbeitnehmer nicht über die unterschiedlichen Einsatzorte entscheiden kann, diese ihm vielmehr vorgegeben sind[26]. Handelt es sich indes um einen alternierenden Telearbeiter, so sind ihm bereits bestimmte Anwesenheiten im Betrieb des Unternehmers vorgegeben, so dass er sich insoweit jedenfalls von einem Arbeitnehmer, der zweifelsfrei in den Betrieb eingegliedert ist, nicht unterscheidet und deshalb das Kriterium der Weisungsgebundenheit in örtlicher Hinsicht erfüllt[27]. Gleiches liegt auch dann vor, wenn der Unternehmer Telearbeiter über Satelliten- oder Nachbarschaftsbüros ggf. auch über Call-Centers für seinen Betrieb tätig werden lässt. In allen drei Fällen steht dem Telearbeiter ein fester Arbeitsplatz zur Verfügung, von dem aus der Unternehmer die Leistungserbringung aus vertraglicher Vereinbarung heraus erwarten und verlangen kann. Ob es hierbei auf die Unterscheidung zwischen Satelliten- und Nachbarschaftsbüros deshalb ankommen kann, weil üblicherweise letztere im Regelfall von mehreren Unternehmern benutzt und getragen werden[28], scheint fraglich. Immerhin bleibt dem Telearbeiter der Ort, an dem die vertragliche Arbeitsleistung zu erbringen ist, durch den Unternehmer vorgegeben. Die Tatsache, dass der vorgegebene Ort von mehreren Unternehmern genutzt wird, kann die örtliche Gebundenheit des Telearbeiters nicht in Frage stellen, allenfalls könnte sich daraus eine Lockerung im Hinblick auf die Bindung an den Betrieb ergeben.

Soweit allerdings die örtliche Weisungsgebundenheit nicht besteht, ist ggf. auf die weiteren Möglichkeiten von Weisungen zurückzugreifen, denen der Arbeitnehmer unterliegen kann. Gerade bei mobilen Telearbeitern kann dies erforderlich werden, wenn die Bindung an einen bestimmten örtlichen Kreis oder einen festen vorgegebenen Kunden- oder Kommunikationspartnerstamm nicht besteht.

Für die Vereinbarung eines gewollten Arbeitsverhältnisses empfiehlt es sich demzufolge, eine Aussage über den Arbeitsort bzw. die örtliche Gestaltung der Tätigkeit zu treffen, auch und selbst dann, wenn diese vielfältig sein sollten.

Zeitliche Gebundenheit: Eine zeitliche Gebundenheit ist dann anzunehmen, wenn der Telearbeiter zu vorgegebenen Zeiten dem Unternehmer zur Verfügung stehen muss, sei es dass er sich zu diesem Zeitpunkt in den Zentralrechner einlocken muss, sei es dass er zu diesem Zeitpunkt abrufbereit zu sein hat, sei es dass er über einen bestimmten Zeitraum hinweg mit den Arbeitnehmern oder einem Arbeitnehmer im Betrieb des Unternehmers zu kommunizieren hat. Bei diesen Tatbeständen ist nicht zweifelsfrei von einer Arbeitnehmereigenschaft auszugehen, weil die Verpflichtung zur Einhaltung von Terminen und zur Termintreue auch Gegenstand von Vereinbarungen im Rahmen z.B. eines Werkvertrages sein können. Allerdings besteht insoweit ein Unterschied als der Telearbeiter als Arbeitnehmer die Termine nicht frei bestimmen kann

---

[24] S. dazu unter auch zur „Eingliederung in den Betrieb"
[25] Wank, NZA 1999, 231
[26] BAG, EzA Nr. 38 zu § 611 BGB Arbeitnehmerbegriff
[27] Wank, NZA 1999, 232
[28] So Wank, a.a.O.

und auch nicht zu den vereinbarten Zeiten eine nur seinen zwischenzeitlich gewonnenen Ergebnissen entsprechende Leistung zu erbringen hat, sondern im Rahmen der vereinbarten Zeit dem Unternehmer zu einer ggf. von diesem ad hoc bestimmten Leistung zur Verfügung stehen muss[29], d.h. einseitig der Weisung des Unternehmers unterliegt, ohne dass diese einseitige Weisung auch erfolgen muss – entscheidend ist ausschließlich, dass der Unternehmer in der Lage und befugt ist, ein entsprechendes Verlangen äußern zu dürfen[30].

Zu bedenken bleibt hierbei allerdings, dass durch die seit Jahren laufenden Bemühungen um die Flexibilisierung von Arbeitszeit und die insbesondere durch das Arbeitszeitgesetz[31] ermöglichten Lockerungen der Arbeitszeit gegenüber früher geltenden Bestimmungen nunmehr unter dem Gesichtspunkt der zeitlichen Weisungsbindung eine deutliche Verringerung der Gebundenheit von Arbeitnehmern erreicht werden kann. Gerade hierdurch kann aber auch eine Verschärfung der Bindung eintreten, weil innerhalb eines bestimmten Zeitkorridors, der vorgegeben ist, nunmehr die Arbeitsleistung zu erbringen ist. Die in diesem Zusammenhang möglichen Festlegungen von Ruf-, Arbeitsbereitschaft, Abrufarbeit oder Bereitschaftsdienst sind geeignet, die zeitliche Verfügbarkeit des Arbeitnehmers erheblich zu vermindern[32]. Hinzu kommen die zwischenzeitlich entwickelten Arbeitszeitmodelle von Monats- oder Jahresarbeitszeit, deren Vereinbarung die zeitliche Bindung des Telearbeiters weiter löst[33]. Damit erweist sich die zeitliche Gebundenheit als ein sehr deutliches Indiz für die Feststellung der Arbeitnehmereigenschaft, sofern die Vereinbarungen sich nicht ausschließlich auf termintreue Arbeiten beziehen. Dieses kann auch zusätzlich dadurch verstärkt werden, dass – sofern keine Zeiterfassung z.B. über den telekommunikativen Weg festgelegt wird – der Telearbeiter selbst über die geleistete Arbeitszeit Buch führt und die Aufstellung zum Ende eines Abrechnungszeitraumes dem Unternehmer/Arbeitgeber übergibt[34].

In Rahmen einer vertragliche Vereinbarung sollten zur Arbeitszeit demzufolge Aussagen getroffen werden, aus denen sich ggf. auch ergibt, dass der Telearbeiter in den vereinbarten Zeiträumen der Einflussnahme des Unternehmers unterliegt oder bei betrieblichen Notwendigkeiten Arbeitsleistung erbringen muss. Soweit sich in dieser Frage keine unmittelbare Regelungsnotwendigkeit ergibt, weil dem Unternehmer die Lage der Arbeitszeit deshalb egal ist, weil er die Arbeiten und deren Ergebnisse jederzeit zugespielt erhalten kann oder weil der Zugang zum Rechner des Unternehmers für den Telearbeiter jederzeit möglich ist, bedarf es doch im Arbeitsverhältnis zumindest der Vereinbarung bzw. des Gebotes, die zulässigen Arbeitszeiten nach Maßgabe des Arbeitszeitgesetzes, Höchstarbeitszeiten, Ruhepausen und Mindestruhezeiten[35] einzuhalten[36]. Bedenkt man, dass es sich dabei um eine öffentlich-rechtliche, bußgeld-

---

[29] Collardin, S. 27
[30] ErfK/Preis, § 611 BGB Rdnr. 84
[31] v. 6.6.1994 (BGBl. I S. 1170) zul. geänd. d. G. v. 8.6.1998 (BGBl. I S. 1242)
[32] ErfK/Preis § 611 Rdnr. 85; BAG AP Nr. 4 zu § 611 – Werkstudent –
[33] Boehmke, BB 2000, 150
[34] Boehmke, BB 2000, 151 mit Hinweisen auf die Praxis
[35] §§ 3, 4 und 5 ArbZG v. 6.6.1994 (BGBl. I S. 1242) mit nachfolgenden Änderungen

und strafbewehrte[37] Verpflichtung des Arbeitgebers/Unternehmers handelt, liegt es in seinem wohlverstandenen Interesse diese als Gebot an den Arbeitnehmer weiterzugeben.

Fachliche Gebundenheit: Die Bindung an die Art und Weise, wie die Tätigkeit auszuführen ist, ergibt sich zunächst bereits aus der vorgegebenen und anzuwendenden Software[38]. Hierbei muss es nicht zwangsläufigerweise um Eingabemasken oder Reihenfolgen der Arbeitsschritte gehen[39], zumal sich diese oft aus der Logik des Systems ergeben. Zusätzlich ist die Frage der fachlichen Weisungsbindung dann fraglich, wenn die Tätigkeit als Telearbeiter höherwertiger wird und sich der Weisungen gerade deshalb entzieht, weil der Telearbeiter wegen seiner speziellen Fachkunde, die ihn von anderen Arbeitnehmern abhebt, tätig werden soll[40]. Dementsprechend hebt auch das BAG nicht maßgeblich auf die fachliche Gebundenheit ab[41].

Gleichwohl kann aus dieser Konstellation nicht darauf geschlossen werden, dass für Telearbeiter überwiegend fachliche Gebundenheit nur deshalb ausgeschlossen sei, weil sie im Rahmen ihrer von der Betriebs-/Dienststelle des Unternehmers/Arbeitgebers entfernten Tätigkeit über räumliche Flexibilität, erhebliche Zeitsouveränität verfügen und ihre Arbeit möglicherweise weitgehend eigenständig planen und organisieren können[42]. Solange innerhalb des Rechtsverhältnisses die Möglichkeit des Unternehmers/Arbeitgebers erhalten bleibt, inhaltliche, verfahrens- oder ablauforganisatorische Weisungen zu erteilen, bleibt die fachliche Gebundenheit erhalten[43]. Ergänzend eröffnen sich eine Vielzahl von elektronischen Kontrollmöglichkeiten, die retrospektiv fehlende Weisungsmöglichkeiten substituieren[44]. Zusätzlich ist die fachliche Abhängigkeit auch unter dem Gesichtspunkt der Information zu beachten[45], weil Aufgabenzuweisung verbunden mit Eingriffsmöglichkeiten bei Problemen, Störungen oder Änderungswünschen erhalten bleiben[46].

Vertraglich kann deshalb das Weisungsrecht unterschiedlich fixiert werden, je nachdem inwieweit es überhaupt möglich und sinnvoll ist, Weisungen bzw. Weisungskompetenzen zu fixieren. Angesichts eines Telearbeitnehmers, der wegen seiner hohen Qualifikation eingestellt wurde oder werden soll, kann es durchaus ausgeschlossen sein, an fachliche Weisungen überhaupt zu denken, weil dem Unternehmer/Arbeitnehmer eine vergleichbare Kompetenz fehlt

---

[36] Boehmke, BB 2000, 150
[37] §§ 22, 23 ArbZG
[38] Wedde, Telearbeit, S. 57 f.
[39] Wank, NZA 1999. 231
[40] BAG, EzA Nrn. 17 und 26 zu § 611 – Arbeitnehmerbegriff –
[41] Wank, Arbeitnehmer und Selbständige, S. 16 m.w.N.
[42] Kilz/Reh, Telearbeit, S. 45 f.; ErfK/Preis, § 611 BGB Rdnrn. 86, 105 ff.; HzA/Worzalla, Gr. 1 Rdnrn. 161 ff.; BAG, EzA Nrn. 6 und 74 zu § 611 BGB – Arbeitnehmerbegriff –
[43] Boehmke, BB 2000, 149
[44] Popp, BB 1997, 1792
[45] Kilz/Reh, AuR 1991, 203 ff.
[46] Kilz/Reh, Telearbeit, S. 17

oder weil der Telearbeitnehmer nicht bereit ist, sich dahin gehenden Weisungen zu unterwerfen.

Stellen sich in diesen Fällen Schwächen oder Lücken unter dem Gesichtspunkt der Weisungsgebundenheit heraus, so ergibt sich daraus jedoch noch keinesfalls die Annahme, dass ein Arbeitsverhältnis im rechtlichen Sinne nicht vorliege. Zusätzlich zu dem Inhalt des Weisungsrechts des Arbeitgebers ist zu bedenken, dass der Telearbeiter auch organisatorischen Zwängen unterworfen sein kann, gleichsam einer organisatorischen Weisungsgebundenheit, die sich ergibt aus der

Eingliederung in den Betrieb/in die Dienststelle: Wenn insoweit das BAG[47] für die aus der organisatorischen Weisungsgebundenheit folgende persönliche Abhängigkeit formuliert: „Abhängig beschäftigt ist danach derjenige, der in eine fremde Arbeitsorganisation eingegliedert ist, weil er hinsichtlich Ort, Zeit und Ausführung seiner Tätigkeit einem umfassenden Weisungsrecht seines Vertragspartners unterliegt", so ist dies für die Interpretation der Rechtsbeziehung zu einem Telearbeiter wenig hilfreich, weil die gerade dargestellten Kriterien nicht immer in überzeugender Weise greifen. Aufschlussreich sind in derartigen Fällen allerdings organisatorische Zuordnungen, wenn sie offen zutage liegen, indem etwa die Leistung gegenüber einer bestimmten Organisationseinheit des Unternehmers erbracht werden muss, eine Kooperation mit bestimmten Beschäftigten vorgegeben ist, ständige on-line Verbindung besteht, die durchzuführenden Arbeiten – wenn auch nur dem Grunde nach – oder der Tätigkeitsrahmen thematisch zugewiesen werden oder betriebliche Verhaltens- und Ordnungsvorschriften auch ausserhalb des Betriebes, etwa bei der Telearbeit anderenorts, einzuhalten sind. Gleiche Einschätzungen lässt auch die Einrichtung des privaten Arbeitsplatzes des Telearbeiters mit der Hardware und sonstigen Büroeinrichtungsgegenständen durch den Unternehmer/Arbeitgeber zu[48]. Im Kern bedeutet mithin die Eingliederung in den Betrieb als Merkmal der Weisungsgebundenheit, dass der Telearbeiter in seiner Aufgabenerfüllung fremdbestimmt tätig werden muss, auch wenn die Fremdbestimmung möglicherweise in die Arbeit selbst nicht hineinreicht.

Für die vertragliche Vereinbarung eines Telearbeitsverhältnisses mit Arbeitnehmereigenschaft des Telearbeiters dürfte es demnach nötig aber auch ausreichend sein, wenn die unmittelbare Einbindung in den Betrieb des Unternehmers/Arbeitgebers durch eine entsprechende Zuordnung zu einer Organisationseinheit oder eine unmittelbare Anbindung an diese im Sinne einer länger dauernden Kooperation festgelegt wird.

– Zusätzliches Kriterium der Annahme einer Arbeitnehmereigenschaft ist zunehmend das Fehlen jeglichen unternehmerischen Risikos geworden. Aus der Tatsache, dass der Telearbeiter kein unternehmerisches Risiko trägt[49], ergibt

---

[47] EzA Nr. 61 zu § 611 BGB – Abhängigkeit – und EzA Nr. 8 zu § 10 AÜG
[48] Wank NZA 1999, 231 m.w.N.; Boemke, BB 2000, 152
[49] Das schließt indes nicht aus, dass er an dem unternehmerischen Gewinn prozentual beteiligt ist, da es sich dabei auch eine Form eines gewinn- oder leistungsabhängigen Arbeitnehmerlohnes handeln kann.

sich in der Interpretation eines Vertragsverhältnisses ein weiterer Punkt für die Annahme eines Arbeitsverhältnisses. Wirtschaftsrechtliche Vertragsverhältnisse, die einen Risikoausschluss beinhalten, sind – jedenfalls soweit es die Leistung von Diensten betrifft – fremdnützig. Gerade das ist aber nur ein Kriterium des Arbeitsverhältnisses[50], wenn es sich damit um eine die persönliche Abhängigkeit begründende Vertragsgestaltung handelt[51]. Kern eines Indizes für das Vorliegen eines Arbeitsverhältnisses ist damit nicht die ausgewogene Risikoverteilung zwischen den Vertragspartnern eines Vertrages auf Leistung von Diensten[52], sondern die Frage danach, inwieweit das Vertragsverhältnis dem zur Dienstleistung verpflichteten Partner Raum lässt, eigenständige unternehmerische Tätigkeiten in den Leistungsprozess einzubringen. Die hier abzuleitende persönliche Abhängigkeit findet also ihre Grundlage in der Vereinbarung darüber, dass der Vertragspartner z.B. höchstpersönlich zu leisten hat, ihm mithin kein Raum bleibt, eigene Arbeitskräfte in die Dienstleistung einzubringen[53], die Leistung durch Dritte überhaupt oder teilweise erbringen zu lassen[54], über die Leistungszeit und den Einsatz der Arbeitskraft (oder -kräfte) selbstständig zu disponieren[55]. In diesem Rahmen kann auch davon ausgegangen werden, dass das fehlende unternehmerische Risiko für den Abschluss eines Arbeitsverhältnisses spricht, wie dies auch insbesondere darin zum Ausdruck kommt, dass der zur Dienstleistung Verpflichtete keinerlei eigene Aufwendungen und keinen eigenen Kapitaleinsatz zu leisten hat[56].

– In Betracht für die Annahme eines Arbeitsverhältnisses kommt weiterhin die Tatsache, dass der zur Dienstleistung Verpflichtete dem Berechtigten seine gesamte Arbeitskraft im Rahmen des gesetzlich zulässigen Umfanges zur Verfügung stellt[57].

– War die online Verbindung bereits Anlass für die Annahme zeitlicher Weisungsgebundenheit, so stellt sich die Tatsache zusätzlich dann als Indiz dar, wenn die örtliche Trennung stärker ist oder wird, weil durch die telekommunikative Verbindung dieser eintretende Mangel geheilt werden kann[58], denn durch diese Form der Verbindung wird eine ständige Überwachung und Kontrolle ermöglicht[59].

---

50 ErfK/Preis § 611 BGB Rdnr. 92; Wank NZA 1999, 232 f.; HzA/Worzalla, Gr. 1 Rdnr. 177.
51 So mit Recht gegen Wank (NZA 1999.231) Preis (ErfK § 611 Rdnr. 92) und Worzalla (HzA Gr. 1 Rdnr. 178).
52 So Wank, NZA 1999, 232 f.; ebenso Collardin, S. 27
53 EzA Nr. 61 zu § 611 BGB – Arbeitnehmerbegriff –; HzA/Worzalla, Gr. 1 Rdnr. 292
54 HzA/Worzalla, Gr. 1 Rdnr. 181, 292
55 BSG, AP Nr. 28 zu § 611 – Abhängigkeit –
56 LG München I, NZA 1997, 943
57 Collardin, S. 27
58 HzA/Worzalla, Gr. 1 Rdnr. 296
59 Kilz/Reh, Telearbeit, S. 17

Betriebswirtschaftlich relevant ist bezüglich der Wahl, ob ein reguläres Arbeitsverhältnis begründet werden soll, neben der unmittelbaren Bindung der Einzelperson an den Betrieb auch die Kostenseite. Danach werden Arbeitnehmer, die Telearbeit verrichten, rechtlich und hinsichtlich der Vergütung und der Ansprüche aus dem Arbeitsverhältnis genauso behandelt wie jeder andere Arbeitnehmer auch, der sich täglich im Betrieb oder in der Dienststelle befindet, d.h. es bestehen Urlaubs-, Entgeltfortzahlungs-, Freistellungs-, Erziehungsurlaubs-, Mutterschutz- oder Sozialversicherungsansprüche in gleichem Umfange. Hinzu kommt, dass der Unternehmer auch verpflichtet ist, im Rahmen der in der Wohnung stattfindenden Telearbeit auf die Einhaltung von Arbeitsschutzvorschriften zu achten[60]. Ob allerdings das kostenbezogene Element die Entscheidung weitgehend zu tragen in der Lage ist, ist einerseits von der betriebsinternen Situation und der Kostengestaltung innerhalb des Betriebes abhängig, andererseits auch von der Frage, inwieweit sich der Unternehmer des Einflusses auf den Arbeitnehmer begeben will. Während die Weisungsbefugnisse auch beim Telearbeitnehmer über die bestehenden Telekommunikationsmittel bestehen bleiben, stellen andere Formen der Beschäftigung oder der Vertragsbeziehungen zu Telearbeitern diese Weisungsbefugnisse weitgehend in Frage.

6.1.3 Telearbeiter als Heimarbeiter oder heimarbeiterähnliche Personen

134 Wenn unter 6.1.2 der Telearbeiter im Rahmen eines Arbeitsverhältnisses dargestellt worden ist, so stellt dies wohl die in der Regel am meisten verbreitete Form der Telearbeit[61] dar, ist indes auch mit den dementsprechenden Einbindungen und Zwängen verbunden. Für die unternehmerischen Belange ist dabei in erster Linie daran zu denken, dass der Telearbeiter dem Weisungsrecht, dem jederzeitigen Zugriff und der jederzeitigen Kontrolle des Unternehmers unterliegt und dass er seine Arbeitskraft im Rahmen der zulässigen Arbeitszeit ausschließlich oder doch in einem Maße zur Verfügung zu stellen hat, das die Tätigkeit für ein Konkurrenzunternehmen normalerweise ausschließt. Auch hat diese Form der Tätigkeit den Vorteil, beim Arbeitnehmer eher eine Identifikation und damit positive Motivation mit dem Betrieb zu erreichen, als wenn er als aussenstehender Dritter lediglich Leistungen in abgesprochener Form erbringt, ohne deren weiteres Schicksal zu erfahren. Andererseits bringt die Einbindung als Arbeitnehmer eine Reihe von Kosten, die unabhängig vom Leistungsumfang und der Leistungsstärke zu tragen sind, wie z.B. Sozialversicherungsbeiträge, Entgeltfortzahlung im Krankheitsfall, Urlaub, und daneben die Befolgung von Ansprüchen aus der Fürsorgepflicht und die Verwirklichung aller Arbeitsschutzvorschriften auch dann, wenn der Arbeitnehmer seine Arbeit von seiner Wohnung aus an der Unternehmer liefert und kaum oder nur wenige Male im Betrieb des Unternehmers erscheint.

---

[60] S. dazu Rdnrn. 159 ff.
[61] Nach Schulz/Schmid/Krömmelbein (WSI-Mitteilungen 1999, 720) befinden sich etwa 90 % der Telearbeiter in einem Arbeitsverhältnis

Statusfragen

In der Diskussion der vergangenen Jahre spielte demgegenüber auch die Telearbeit als Heimarbeit[62] eine erhebliche Rolle, ohne jedoch ein vergleichbares Gewicht oder ein im Verhältnis zu Diskussion angemessenes Gewicht zu erlangen[63]. Gleichwohl kann diese Form der Dienstleistung durchaus eine betriebswirtschaftlich interessante Alternative darstellen, weil der Unternehmer nicht auf die Qualität bei der Leistung achten und diese durchsetzen muss, sondern er muss die Arbeitsergebnisse in Empfang nehmen und hat das Recht sie auf Qualität zu prüfen und ggf. abzulehnen. Für den Arbeitsprozess selbst trägt der Teleheimarbeiter mithin ausschließlich die Verantwortung, der Unternehmer hat keinen Einfluss auf die Art und Weise, Zeit und Ort der Dienstleistung[64]. Der Unternehmer hat diesbezüglich weder die Möglichkeit noch die Notwendigkeit, sich um eine kontinuierliche Verbesserung des Prozesses oder der Produkte bzw. ein Qualitätsmanagement bemühen zu müssen. Seine Kontrolle setzt erst am fertigen Produkt bzw. an der fertigen Tele-Dienstleistung an[65].

Heimarbeiter nach § 1 Abs.1 HAG[66] sind demzufolge Personen, die in einer selbstgewählten Arbeitsstätte, allein oder mit Familienangehörigen im Auftrage eines Unternehmers erwerbsmäßig arbeiten und dem Unternehmer die Arbeitsergebnisse zur Verwertung überlassen (§ 2 Abs. 1 HAG). Kennzeichnend ist also die Selbstständigkeit[67] und die Tatsache, dass die Heimarbeiter nicht selbstständig am Marktgeschehen teilhaben[68]. Wenn sie also die von Ihnen erstellten Arbeiten nicht selbstständig in den Wettbewerb bringen, so erbringen sie Dienstleistungen für einen Dritten, der die Arbeiten seinerseits verwertet, sie ggf. auch in seine betrieblichen Prozesse einspeist und ggf. weiter verarbeitet. Derartige können auch Telearbeiten sein[69].

---

[62] Genau ist hierbei zu beachten, dass Telearbeit der Begrifflichkeit nach eine Arbeit ist, die ausserhalb der Betriebes erbracht wird. Die Qualifizierung als Tele*heim*arbeit ist hierbei regelmäßig nicht korrekt, wenn nicht an die besonderen rechtlichen Voraussetzungen von Heimarbeit gedacht wird. Ein Arbeitnehmer, der seine Arbeit zuhause erbringt und über Telekommunikationsmittel mit dem Betrieb verbunden ist, ist damit noch kein Heimarbeiter (so fälschlicherweise Rautenberg/Obenauer, PersR 1996, 60). Die rechtliche Stellung als Heimarbeiter ist von den nachgenannten Bedingungen abhängig.

[63] Welsch, PersR 1991, 459

[64] Pfarr/Drüke, S. 28

[65] Otten, S. 38; Brecht, § 2 Rdnr. 7; Maus/Schmidt, § 2 Rdnr. 66; Wedde, NJW 1999, 529

[66] Heimarbeitsgesetz v. 14. 3. 1951 (BGBl. I S. 191) zul. geänd. d. G. v. 16. 12. 1997 (BGBl. I S. 2942)

[67] Wedde, NJW 1999, 528

[68] Wedde a.a.O.

[69] Die ehemals geführte Streit, ob es sich dabei auch um höhergestellte Angestelltentätigkeiten handeln könne, ist zwischenzeitlich als erledigt zu betrachten. Computertelearbeit kann auch als Computer*heim*arbeit erbracht werden (Kappus, Computerheimarbeit, NJW 1984, 2387; dslb., Telearbeit, S. 219; Wedde, Telearbeit und Arbeitsrecht, S. 68; Simon/Kuhne, BB 1987, 203; Kilian/Borsum/Hoffmeister, S. 153; Collardin, S. 28 f.). Die ebenfalls unter das Heimarbeitsgesetz fallenden Hausgewerbetreibenden werden allerdings begrifflich nicht Telearbeit leisten können, da sie „am Stück" arbeiten (§ 2 Abs. 2 HAG – vgl. dazu auch speziell: Pfarr/Drüke, S. 35; a.A. Wedde, NJW 1999, 528 f.)

Eine gleiche Qualifizierung gilt dann, wenn die Telearbeiter nicht für einen Gewerbetreibenden tätig sind, sondern einer Person zuarbeiten, die qua definitionem dem Begriff nicht unterfällt, wie etwa Rechtsanwälte, Steuerberater und andere Freie Berufe[70]. Auch hierbei geht es einerseits nur um die wirtschaftliche Abhängigkeit, während die persönliche Weisungsgebundenheit nicht besteht[71]. Ebenfalls hat der Unternehmer nur die Möglichkeit, das fertige Produkt (z.B. Schreibarbeiten, Listen, Adressen oder auch Bauzeichnungen, Pläne) zu prüfen und setzt mit seiner Prüfung erst hier an, auch dann wenn er selbst dem heimarbeiterähnlichen Personenkreis die Arbeitsmittel und die Telekommunikationsmöglichkeiten zur Verfügung stellt. Von Bedeutung ist in diesem Fall allerdings, dass er für die Einhaltung des Arbeitsschutzes keine Verantwortung trägt, weil die persönliche Abhängigkeit, also insbesondere die Weisungsgebundenheit fehlt; allerdings muss er bei Überlassung von Arbeitsmitteln darauf achten, dass diese den Arbeitsschutzvorschriften entsprechen (§ 16 HAG).

Beide Formen der Telearbeit sind betriebswirtschaftlich mit Besonderheiten verbunden, die aus der sozialen und materiellen Sicherung des Heimarbeitnehmerkreises verbunden sind. Nach § 29 HAG bestehen besondere Kündigungsfristen, die zu beachten sind, wenn ein Teleheimarbeitsverhältnis aufgelöst werden soll. Sofern einfachere Arbeiten per Telearbeit verrichtet werden, wie z.B. Adressenschreiben, Abschreibearbeiten o.ä. besteht eine bindende Festsetzung über Entgelte und sonstige Vertragsbedingungen[72], nach deren Maßgabe ein bestimmtes Entgelt zuzüglich eines 10 %-igen Heimarbeitszuschlages für die Bereitstellung, Beleuchtung, Heizung und Reinigung des Arbeitsraumes[73]. Gemäß § 12 BUrlG steht Heimarbeitern darüber hinaus ein Urlaubsanspruch von mindestens 24 Urlaubstagen zu, für den ein Urlaubsentgelt von 9,1 % des Jahreseinkommens zu zahlen ist[74]. Schließlich stehen ihnen Zuschläge nach §§ 10 und 11 Entgeltfortzahlungsgesetz[75] für Krankheitsfälle und Feiertage zu. Nicht außer Acht gelassen werden dürfen auch ggf. bestehende Tarifverträge, die diese Mindestverpflichtungen derjenigen die Heimarbeit ausgeben oder die Heimarbeit leisten, in anderer Weise regeln können. Angesichts der Sozialversicherungspflichtigkeit der Heimarbeiter[76] stellt sich die Vergabe von Heimarbeit in der Kosten-Leistungsrechnung nicht anders dar als die Beschäftigung von abhängigen Arbeitnehmern. In der Frage der Prüfungs- und Aufsichtpflicht ergeben sich demgegenüber gerin-

---

[70] Fenski, Rdnr. 365
[71] Collardin, S. 30
[72] Festsetzung von Entgelten und sonstigen Vertragsbedingungen für Adressenschreiben, Abschreibearbeiten und ähnliche Arbeiten in Heimarbeit v. 16.10.1979 (BAnz 1980 Nr. 5) zul. geänd. d. Bek. v. 28.1.1997 (BAnz 1997, 6474).
[73] Fenski Rdnr 365
[74] Vgl. zur Berechnung der Höhe näher § 12 Nr. 1 BUrlG
[75] Gesetz über die Zahlung des Arbeitsentgelts an Feiertagen und im Krankheitsfall v. 26. Mai 1994 (BGBl. I S. 1410) zul. geänd. d. Gesetz v. 19. Dezember 1998 (BGBl. I S. 3843).
[76] § 13 SGB III – Arbeitsförderung v. 24. März 1997 (BGBl. I S. 594) zul. geänd. d. Gesetz v. 22. Dezember 1999 (BGBl. I S. 2626) – vgl. auch: Lohre/Mayer/Stevens-Bartol, Erl. zu § 13.

gere Einbindungen, da keine Weisungsrechte bestehen und auch die übertragene Arbeit nicht in unmittelbarer Fristbindung von Tag zu Tag zu erledigen ist[77]. Insoweit wird es dementsprechend auf die betriebliche Konstellation ankommen, ob die Form der gesetzlich fixierten Heimarbeit für die Verrichtung von Telearbeit gewählt werden soll. Auch bei einer Beschäftigung in Heimarbeit wird zu bedenken sein, dass der Arbeitnehmer nicht einer vergleichbaren Identifikation mit dem Betrieb oder der Dienststelle zugänglich ist, wie derjenige, der zumindest z.T. in den Betrieb durch Anwesenheit eingebunden ist, der unmittelbaren Weisung unterliegt und näheren Zugang zur Belegschaft hat.

6.1.4 Selbstständige und Scheinselbstständige

Die Durchführung von Telearbeit durch Anbieter auf dem Markt erfolgt im Rahmen selbstständiger Tätigkeit. Vereinbarungen über die Durchführung gewünschter Arbeiten gleichen einer Bestellung welcher Arbeit auch immer. Der Anbieter verfügt über eigene Kapazitäten an Personal und Arbeitsmitteln und wird damit eigenständig als Unternehmer tätig. Dementsprechend stellt sich der Auftrag an einen solchen Unternehmer als ein Dienstleistungsvertrag dar, der nicht weiter zu qualifizieren ist. Entscheidend ist, dass in diesen Fällen eine Weisungsbefugnis auf die Durchführung der Arbeiten, wie sie etwa einem Arbeitnehmer gegenüber besteht, nicht in Frage kommt. Der Besteller der Arbeit hat lediglich das Produkt in Empfang zu nehmen und zu prüfen. Zwischen dem Besteller und dem Telearbeit erbringenden Unternehmer bestehen ausschließlich gleichberechtigte Beziehungen, in denen der Besteller für die Bezahlung und der Telearbeit – Unternehmer für die korrekte Erbringung der Leistung zu haften haben.

Betriebswirtschaftlich stellt sich diese Form der Telearbeit als eine fest kalkulierbare Größe dar, die von Schwankungen in Lohnnebenkosten für den Besteller nur dann abhängig wird, wenn die vertragliche Vereinbarung mit dem Unternehmer über einen längeren Zeitraum andauern soll und ständig Tele-Dienstleistungen im Rahmen eines Dauerschuldverhältnisses erbracht werden sollen. Diese Form eignet sich mithin insbesondere für einmalige Leistungen im Rahmen von Projekten oder Umstellungen, für die die Grundlagen geschaffen werden oder in denen die Implementierung eines besonderen elektronischen Systems vorgenommen werden sollen. Nachteilig wirkt sich ggf. aus, dass eine Einflussnahmemöglichkeit während der Erstellung des Leistungsergebnisses im Regelfall nicht besteht, sondern der Umfang und der Inhalt der Leistung von vorn herein definiert sein muss. Werden in diesem Zusammenhang Abstimmungen und Zusammenarbeit erwartet oder verlangt, so kann dies natürlich vertraglich vereinbart werden, aus dem Vertragsverhältnis allein heraus wird es allerdings nur dann zu erwarten sein, wenn es sich um nebenvertragliche Aufklärungs-, Auskunfts- oder Fragepflichten handelt, deren Inhalt ggf. durch die bestellten Ergebnisse indiziert ist. In allen anderen Fällen bedarf die Erbringung der Arbeiten durch aussenstehende, selbstständige Dritte des Vertrauens des Bestellers ebenso wie der Zuverlässigkeit, der

---

[77] Fenski Rdnr. 367

Seriosität, der Kompetenz und der Vertrauens- und Glaubwürdigkeit des Tele-Unternehmers. Zusätzlich bleibt zu berücksichtigen, dass der Tele-Unternehmer als Anbieter über ein hohes Know – how verfügen dürfte, dass aber über den Weg der Bestellung bei ihm in den Betrieb oder die Dienststelle nicht dauerhaft einfließt, so dass nach Beendigung der Telearbeit der Eintritt eines größeren Know-how-Verlustes zu erwarten ist. Unabhängig davon ist davon auszugehen, dass der Tele – Unternehmer mit grosser Motivation an den Auftrag heran gehen wird, aber mit gegenüber eigenen Arbeitnehmern geringer ausgebildeter Loyalität[78], da er seine Dienstleistungen nicht einem Unternehmer allein anbietet, sondern am Marktgeschehen Teil hat und seine Kapazitäten auf mehrere Aufträge oder Bestellungen von unterschiedlichen Unternehmern verteilt. Dies kommt z.B. zum Ausdruck dadurch, dass er

– für mehrere Unternehmer im Regelfall tätig ist,
– selbst akquiriert,
– selbst wirbt,
– auf eigenes Risiko tätig ist,
– seine Ergebnisse selbst vermarktet,
– sich an den Marktbedürfnissen orientiert, auch wenn dabei der einzelne Unternehmer bei der Erfüllung eines Auftrages zurück stehen muss,
– weiter reichende Kommunikationswege zur Verfügung hat, als zu nur zu dem einen Auftraggeber,
– einen höheres Entgelt für die Leistung verlangt als rechnerisch bei der Arbeitsleistung eingestellter Telearbeiter zu veranschlagen wäre[79].

Ob diese Kriterien für die Annahme selbständigen Unternehmertums noch erforderlich erscheint fraglich[80], weil bestimmte Inhalte auf zwischenzeitlich überholt erscheinen. Zudem wären Sie bei bestimmten Konstellationen, z.B. der Einflussnahme auf die Arbeit durch telekommunikative Weisungen, geeignet, die Selbstständigkeit in Frage zu stellen, einen „verdeckten Heimarbeiter" zu schaffen und damit eine Ordnungswidrigkeit zu begründen.

Zu achten ist demzufolge auf die besonderen Erscheinungsbilder der Selbstständigkeit, die insbesondere an den Kriterien zu messen sind, dass

– der Auftragnehmer auf eigene Rechnung arbeitet und das volle vertraglich vereinbarte Honorar erhält,
– das vereinbarte Honorar wie auch die Konditionen der zu erbringenden Leistung frei ausgehandelt sind,
– keine Zahlung der Sozialversicherungsbeiträge durch den Auftraggeber erfolgt, sondern der Auftragnehmer selbst für Renten-, Kranken- und Pflegeversicherung Sorge zu tragen hat,
– eine Aufnahme in die Arbeitslosenversicherung nicht stattfindet,

---

[78] Löchler, Personalwirtschaft 1997, 22 f.
[79] Müllner, Privatisierung, S. 101; dslb., CuR 1985, 35
[80] So schon Collardin, S. 30

– die Versicherung gegen Arbeitsunfälle ausschließlich Sache des Auftragnehmers ist und
– keinerlei sozialer Arbeitnehmerschutz (Kündigungsschutz, Mutterschutz, Fortzahlung des Entgelts im Krankheitsfall und bei Feiertagen, bezahlter Urlaub u. ä.) vom Auftraggeber zu leisten ist.

Gerade hier ist allerdings die Notwendigkeit gegeben, eine Abgrenzung durch Prüfung vorzunehmen, um nicht eine Scheinselbstständigkeit zu begründen, die aus dem selbstständigen Unternehmer einen Tele-Arbeitnehmer oder eine arbeitnehmerähnliche Person machen würde.

Dies kann nach der gesetzlichen Definition dann eintreten, wenn von den Kriterien

– Beschäftigung keiner versicherungspflichtigen Arbeitnehmer, die mehr als 630,– DM/monatlich beziehen,
– Tätigkeit auf Dauer und im Wesentlichen nur für einen Auftraggeber,
– Auftraggeber selbst oder eine vergleichbarer Auftraggeber lassen derartige Tätigkeiten regelmäßig durch von ihnen beschäftigte Arbeitnehmer durchführen,
– Fehlen der typischen Merkmale unternehmerischen Handelns (s.o. Rdnr. 133, S. 113),
– Tätigkeit entspricht dem äußeren Erscheinungsbild nach einer Tätigkeit, die zuvor für den Auftraggeber auf Grund eines Beschäftigungsverhältnisses ausgeübt wurde

drei erfüllt sind[81].

Die damit auf den sozialen Schutz der Arbeitnehmer gerichteten Kriterien erweisen sich allerdings dann als fragwürdig, wenn in freiberuflicher Tätigkeit die erbrachten Dienstleistungen nur deshalb einem einzigen Auftraggeber gegenüber erbracht werden, weil die Aufgabe als solche so komplex ist, dass sie nicht neben anderen erbracht werden kann[82]. Insoweit ist die Frage nach der Dauer von Bedeutung, wobei der Begriff der Dauer wohl der „regelmäßigen Tätigkeit" gleichgesetzt werden kann und vom BFH mit 13,1 % des zeitlichen Umfanges der Tätigkeit noch angenommen wurde[83].

Interessant ist auch die prozentuale Abgrenzung des BAG im Hinblick auf die Wesentlichkeit der Dauer. So sind 75 % Tätigkeit für einen Vertragspartner noch nicht als „wesentlich" anzusehen[84] während 82 % ausreichen sollen[85]. In der Literatur findet sich die Forderung nach einer 85 %-Grenze[86], die Spitzenverbände

---

[81] § 7 Abs. 4 Sozialgesetzbuch IV – Gemeinsame Vorschriften für die Sozialversicherung – (SGB IV) vom 23.12.1976 (BGBl. I S. 3845), zul. geänd. d. Gesetz v. 20.12.1999 (BGBl. I 2000 S. 2).
[82] Haag, Haag & Partner, Börsenblatt 1999, Nr. 38, S. 20; dslb. Börsenblatt 1999, Nr. 45 S. 17; Haufe Wirtschafts News, Ausgabe 1/'99, S. 2
[83] Vgl. dazu Fenski, Rdnr. 358 e
[84] BAG EzA Nr. 174 zu § 613 a BGB
[85] BAG AP Nr. 8 zu § 2 HAG
[86] Bauer/Diller/Lorenzen, NZA 1999, 171

der Sozialversicherung halten 5/6 der Tätigkeit für wesentlich[87], so dass übereinstimmend eine Grenze zwischen 83 und 85 % auf jeden Fall erreicht ist.

Die Frage des Auftretens in unternehmerischem Verhalten mag sich bisweilen auf Grund einer festen werkvertraglichen Vereinbarung jedenfalls vorübergehend nicht stellen, und die Frage nach versicherungspflichtig Beschäftigten erübrigt sich immer dann, wenn ein Einzelner mit seinem ganz speziellen Know-how gefragt ist, der sich an einen Auftraggeber nicht wie ein Arbeitnehmer binden will, sondern seine Tätigkeit in freier Selbstbestimmung zu leisten beabsichtigt[88].

Eine andere Frage ist die nach der vorherigen Tätigkeit in einem gleichgelagerten Beschäftigungsverhältnis bei demselben Auftraggeber, die sich aus der Prüfung der vorher gehenden Tätigkeit mit der Berücksichtigung des Arbeitnehmerbegriffs lösen lässt.

136 In diesen Fällen wird es sich aus betriebswirtschaftlichen Überlegungen anbieten und nötig sein, die vertragliche Gestaltung für die Erbringung der Dienstleistung so vorzunehmen, dass weder eine inhaltliche noch eine organisatorische Weisungsbindung anzunehmen ist. Dies ist von Bedeutung insbesondere für die zeitliche Verfügbarkeit des Tele-Dienstleisters und die Gestaltung seiner Arbeit, die in der Vereinbarung also auch den Hinweis darauf enthalten sollte, dass der Tele-Dienstleister durch eine qualifizierte Person seiner Wahl erbringen lassen kann; dies würde dem Argument der Verpflichtung zu höchstpersönlicher Tätigkeit des Arbeitnehmers nach § 614 BGB entgegenstehen[89]. Wird diesbezüglich nicht getrennt, so ist der Tele-Dienstleister vom ersten Augenblick an als Arbeitnehmer zu betrachten und unterliegt der Lohnzahlungspflicht, rückwirkender Abführung von Sozialversicherungsbeiträgen usw. Soweit also ein Auftrag einem selbstständig auftretenden Unternehmer übertragen wird, ist bereits aus diesen Gründen auf eine präzise Abgrenzung der vertraglichen Konditionen zu achten und ggf. die Organisation seines eigenen Unternehmens zu hinterfragen. Zu bedenken ist hierbei nämlich auch, dass der Grundsatz der Vertragsfreiheit hier nur in eingeschränktem Maße anzuwenden ist, weil anderenfalls die Möglichkeit bestehen könnte, dass der soziale Schutz, den das Arbeitsrecht dem Arbeitnehmer geben will, durch die vertraglichen Vereinbarungen umgangen werden könnte[90]. Insoweit ist auf den freien Willen des Telearbeiters abzustellen, der nicht etwa zu der freien Mitarbeiterschaft oder dem Unternehmertum gedrängt worden sein darf[91].

6.1.5 Tele-Arbeitnehmer im Ausland (IPR)

137 Unabhängig von der Frage des Status des Telearbeiters ergeben sich Besonderheiten dann, wenn die Tele-Dienstleistung aus dem Ausland importiert werden soll. Sind zunächst die Fragen des zulässigen Imports zu beachten, so stellen sich wei-

---

[87] NZA 1999, 522 ff. = BB 1999, 471 ff.
[88] ErfK/Preis § 611 BGB Rdnr. 120
[89] So wohl auch Fenski, Rdnr. 358 b
[90] MünchHb/Richardi, § 23 Rdnrn. 55 ff.
[91] BAG (GS) AP Nr. 16 zu § 620 BGB – Befristeter Arbeitsvertrag

tere Fragen nach der zulässigen Beschäftigung, wie sie oben in Rdnr. 77 ff. behandelt worden sind.

6.1.5.1 Tatsächliche Ausgangslagen

Soweit insoweit eine Geschäftsbeziehung mit selbstständigen Unternehmern eingegangen werden soll, stellen sich zum einen keine arbeitsrechtlichen Fragen und ist die Beziehung im Rahmen internationaler Vertragsgestaltung vorzunehmen, womit insbesondere gemeint ist, dass sich Beschränkungen wie in einem Arbeitsverhältnis aus sozialen Schutzgesichtspunkten oder aus der gesetzgeberischen Fürsorge für den wirtschaftlich – sozial Schwächeren nicht ableiten lassen.

Wenn der Unternehmer indes einen in sein Weisungsrecht eingebundenen, abhängigen Arbeitnehmer[92] beschäftigen will und auf die Gestaltung der Dienstleistung damit maßgeblichen Einfluss haben will, ist im Zusammenhang mit dem Vertragsschluss an die Konsequenzen und Vorgaben des Internationalen Privatrechts zu denken. Während in der Vergangenheit die Tätigkeit von Arbeitnehmern für deutsche Betriebe im Ausland überwiegend als Einsatz von Leitenden Angestellten stattfand[93] und damit die arbeitsrechtliche Fragestellung wegen der herausgehobenen Stellung und der zumeist besonderen Vertragsgestaltung weitgehend problemlos war, sind für Telearbeiter Tätigkeiten denkbar, die mit einfachen oder einfacheren Arbeiten in den betrieblichen Ablauf eingebunden sind, nur eben ihre Tätigkeit über Datenleitungen vom Ausland wahrnehmen. Damit bleibt bei den Telekommunikationsmitteln auch der betrieblich-interne Kontakt zu den Arbeitskollegen aufrecht erhalten, ja eine Kommunikation kann so erfolgen, als ob sich beide Arbeitnehmer im gleichen Hause befänden. So betrachtet ergibt sich Fragestellung nach der Vertragsgestaltung und der Geltung welchen Rechts, die des Rechts, in dem der Telearbeiter seine Leistung erbringt, oder des deutschen Rechts, weil der Unternehmer seinen Betrieb in der Bundesrepublik unterhält. Darüber hinaus besteht nach Art. 27 EGBGB für die Partner eines Länder übergreifenden Vertrages auch das Recht, die Geltung einer bestimmten Rechtsordnung zu vereinbaren oder aus dem Vertrag mit hinreichender Sicherheit schlüssig[94] erkennen lassen, so dass z.B. ein Telearbeiter, der in Frankreich tätig ist, sich gegenüber dem deutschen Unternehmer in einem Vertragsverhältnis befinden kann, für das die Geltung japanischen Rechts vereinbart ist. Voraussetzung ist allerdings, dass die im Nachfolgenden dargestellten Voraussetzungen erfüllt sind, deren Inhalte sich vornehmlich aus der speziell für Arbeitsverträge geltenden Vor-

---

[92] Hierbei muss es sich um einen Arbeitnehmer in dem o. beschriebenen Sinne handeln. Ein Heimarbeiter unterfällt der Geltung nicht, da ein Heimarbeitsverhältnis kein Arbeitsverhältnis ist (BAG, EzA Nr. 165 zu § 613a BGB) – vgl. dazu näher Fenski, Rdnrn 467 f.
[93] Collardin, S. 188
[94] Dies kann sich unterschiedlichen Indizien ergeben, z.B. auch aus der Vereinbarung eines Erfüllungsortes, des Gerichtsstandes, der Währung, in der der Lohn zu zahlen ist oder auch nur aus einzelnen Bezugnahme auf Vorschriften einer bestimmten Rechtsordnung.

schrift des Art. 30 EGBGB ergeben und die Privatautonomie diesbezüglich sachlich einschränken[95].

6.1.5.2 Grenzen der Rechtswahl

138 Grenzen der Rechtswahl ergeben sich nicht generell daraus, dass eine ausländische arbeitsrechtliche Rechtsordnung gegenüber der deutschen etwa weniger Schutz eines Telearbeiters vorsehen würde. Die Frage nach einer Grenze stellt sich mithin nicht in Bezug auf den gesamten Arbeitsvertrag von vorn herein. Es ist vielmehr immer dann eine entsprechende Prüfung gefordert und vorzunehmen, wenn sich ein individueller Anspruch konkretisiert hat und an Arbeitsvertrag und Rechtsordnungen zu messen ist[96], also insbesondere Lohnzahlungspflicht[97], Urlaub, Schadensersatzpflicht, Vertragsübernahme bei Betriebsübergang[98], Kündigungsschutz[99] oder alle weiteren Fragen, die mit Begründung, Inhalt, Erfüllung oder Beendigung eines Arbeitsverhältnisses zusammenhängen[100]. Diese Prüfung hat sich nach Art. 30 Abs. 1 i.V.m. Abs. 2 EGBGB auf die Frage zu erstrecken, ob dem Arbeitnehmer Schutz oder Rechte entzogen werden, die bei unterbliebener Rechtswahl nach Ermittlung des objektiv geltenden Rechts für den Arbeitnehmer günstiger wären, d.h. der anzustellende Vergleich zwischen den beiden Rechtsordnungen darf nicht zu dem Ergebnis kommen, dass die Vereinbarung eines anderen Rechts den Arbeitnehmer von für ihn günstigen, zwingenden Rechtsvorschriften des an sich objektiv geltenden Rechts ausschließt[101]. Hierbei ist unter dem objektiv geltenden Recht das zu verstehen, das mangels Rechtswahl anzuwenden wäre. Danach ist gem. Art. 30 Abs. 2 NR. 1 EGBGB bei fehlender Rechtswahl von dem Recht auszugehen, das in dem Staat gilt, in dem der Telearbeiter in Erfüllung seines Arbeitsvertrages mit dem deutschen Unternehmer normalerweise seine Arbeit verrichtet[102]. Hierbei ist es unschädlich, wenn er in Erfüllung seiner Tätigkeit vorübergehend in einen anderen Staat entsandt wird. Für den Telearbeiter geht es dabei allerdings nicht um den Standort seines Rechners sondern um seinen gewöhnlichen Aufenthaltsort[103], immer vorausgesetzt, dass die Vertragsparteien eine eindeutige Rechtswahl getroffen haben, anderenfalls wäre von der Notwendigkeit einer ausschließlich objektiven Bestimmung des für den Vertrag geltenden Rechts durch Außenstehende auszugehen[104].

Werden mithin die vereinbarte und die objektiv bei fehlender Rechtswahl anzuwendende Rechtsordnung miteinander verglichen, so ist für den einzelnen konkreten Anspruch des Telearbeiters die rechtliche Grundlage zu wählen, die für ihn

---

[95] HzA/Braasch, Glied.Nr.: 1.2 Rdnr. 65; MünchHB/Birk § 19 Rdnr. 3
[96] MünchHB/Birk § 19 Rdnr. 25
[97] LAG Hamm, IPRspr. 1989 Nr. 68
[98] LAG Hamburg, IPRspr. 1989 1989 Nr. 70
[99] BAG NJW 1987, 211; BAG IPRspr. 1985 Nr. 49
[100] S. dazu insgesamt: Palandt/Heldrich, Art. 30 EGBGB Rdnr. 3
[101] Palandt/Heldrich, Art. 30 EGBGB Rdnr. 5
[102] HzA/Braasch, Glied.Nr. 1.2 Rdnr. 62
[103] Fenski Rdnr. 477;
[104] Vgl. Art. 30 Abs. 2 Satz letzter Halbsatz EGBGB.

günstiger ist. Damit wird nicht der Arbeitsvertrag insgesamt verändert, sondern nur der konkrete, geltend gemachte Anspruch dem günstigeren Recht durch Verdrängung der Rechtswahl durch das objektive Vertragsstatut unterworfen. Zu diesen zwingenden Vorschriften, die nicht abdingbar sind, sind – soweit in der jeweilig als objektv geltend zu betrachtenden Arbeitsrechtsordnung vorhanden – z.B. zu rechnen: das Arbeitnehmererfindungsrecht, Jugendarbeitsschutz, Mutterschutz, Arbeitszeitvorschriften[105]. Bei dieser Zusammenstellung werden auch die gegenüber ausländischen Arbeitnehmern und Arbeitgebern für ihre in der Bundesrepublik Tätigen geltenden Regelungen nach § 7 Arbeitnehmer-Entsendegesetz[106] in umgekehrter Betrachtung als zwingend anzusehen sein: Höchstarbeits- und Mindestruhezeiten, bezahlter Mindestjahresurlaub, Mindestentgeltsätze einschl. der Überstundensätze, Sicherheit, Gesundheitsschutz und Hygiene am Arbeitsplatz[107] und der Gleichbehandlungsgrundsatz[108].

Eine weitere Grenze für die Rechtswahl ergibt sich schließlich aus der Unabdingbarkeit von Vorschriften mit zwingendem wirtschafts- und sozialpolitischen Gehalt nach Art. 34 EGBGB[109]. Dann nämlich, wenn die Geltung ausländischen Rechts vereinbart ist, lassen die Kollisionsnormen die Geltung der Bestimmungen unberührt, die ohne Rücksicht auf das vereinbarte Recht den Sachverhalt nach deutschem Recht zwingend regeln[110]. Das Kollisionsrecht gibt keine Anhaltspunkte dafür, um welche Bestimmungen es sich dabei handeln soll. Innerhalb der deutschen Rechtsordnung ist zusätzlich überwiegende, wohl herrschende Meinung, dass von der Regelung nicht alle Bestimmungen erfasst werden, die nach deutschem Recht zwingenden Charakter haben[111], wobei es nicht auf die Natur der Vorschriften als öffentlich-rechtliche oder privatrechtliche ankommt[112]. Entscheidend für die Anwendung des Art. 34 EGBGB ist vielmehr, dass die jeweiligen Vorschrift zumindest auch im Hinblick auf ihre Bedeutung für das Gemeinwohl erlassen worden ist[113]. Von Bedeutung für vertragliche Vereinbarungen ist dies insoweit, als daraus der Schluss abzuleiten ist, dass Vorschriften, die ausschließlich den persönlichen Arbeitnehmerschutz betreffen nicht unter Art. 34

---

[105] Palandt/Heldrich Art. 30 EGBGB Rdnr. 6
[106] Gesetz über zwingende Arbeitsbedingungen bei grenzüberschreitenden Dienstleistungen (Arbeitnehmer – Entsendegesetz – AEntG – vom 26.2.1996 (BGBl. S. 227) zul. geänd. d. Gesetz v. 19.12.1998 (BGBl. I S. 3843)
[107] Wobei diese drei Aspekte angesichts der räumlichen Trennung kaum eine Rolle spielen können, wenn nicht eine örtliche Kontrolle vereinbart worden ist.
[108] Dass hierbei durch splitting von Vertragsbestimmungen eine Günstigkeitsauswahl i.S. einer „Rosinentheorie" stattfinden könnte, ist Anlass zu Kritik und Zweifeln an der Frage, wie die Günstigkeit ermittelt werden kann (Soergel/von Hoffmann, Art. 30 EGBGB Rdnr. 32). Diese Frage kann durch ausdrückliche Vereinbarung der entsprechenden Konditionen im Arbeitsvertrag vermieden werden, soweit die Vertragspartner sich Regelungen der beiden Rechtsordnungen berücksichtigen und dementsprechend handeln.
[109] Palandt/Heldrich Art. 34 EGBGB Rdnr. 1
[110] Fenski, Rdnr. 482
[111] Soergel/von Hoffmann, Art. 34 EGBGB Rdnr. 8
[112] BT-Drs. 10/504, S. 83 (Regierungsbegründung des IPR – Neuregelungsgesetzes)
[113] BAG, EzA Nr. 3 zu Art. 30 EGBGB

EGBGB fallen. Nach der Rechtsprechung des BAG fällt demzufolge das deutsche Kündigungsschutzrecht nicht unter die zwingenden Vorschriften i.S. des Art. 34 EGBGB[114], ebenso wenig das Diskriminierungsverbot nach § 613 a BGB[115]. Voraussetzung hierbei ist allerdings in jedem Fall, dass das Arbeitsverhältnis im Hinblick auf den Arbeitsort einen Bezug zum deutschen Territorium hat; fehlt dieser, so greift Art. 34 EGBGB nicht[116].

Soweit deshalb mit einem Arbeitnehmer bei isolierter Telearbeit im Ausland ein Vertrag geschlossen wird, der auf ausländischer Rechtswahl beruht, sind Bedenken aus den Regelungen des Internationalen Privatrechts nicht herzuleiten, da der örtliche Bezug fehlt. Handelt es sich hingegen um einen Arbeitnehmer in alternierender Telearbeit, soll dieser mithin auch im Unternehmen selbst innerhalb der Bundesrepublik Arbeiten erbringen, so wird dadurch der örtliche Bezug hergestellt und verlangt die Beachtung des IPR.

6.1.5.3 Feststellung bei unterlassener Rechtswahl

139 Wie bereits näher ausgeführt löst eine fehlende Rechtswahl in Zweifelsfällen die Notwendigkeit aus, das für das Arbeitsverhältnis geltende Recht festzustellen. Hierbei ist nach Art. 30 Abs. 2 Nr. 2 letzter Hbs. EGBGB die „engere Verbindung" des Arbeitsvertrages zu dem Recht eines anderen Staates zu prüfen (objektives Vertragsstatut). Dies entscheidet sich nach der Gesamtheit der Umstände[117]. Um die dahin gehenden und erforderlichen Konkretisierungen festzustellen, wird auf die Staatsangehörigkeit der Vertragspartner[118], den Wohnsitz des Arbeitnehmers[119], eine möglicherweise frühere (lange) Inlandstätigkeit des Arbeitnehmers[120], den Sitz des Arbeitgebers[121], die Zugehörigkeit zu einem Trainee-Programm des Arbeitgebers, die für die Entlohnung vereinbarte Währung, den Ort des Vertragsschlusses, die Vertragssprache, die Vereinbarung sozialer Vorteile oder die Regelung der Sozialversicherung abgestellt[122]. Zu berücksichtigen bliebt hierbei allerdings regelmäßig, dass eine Rechtswahl auch stillschweigend vorgenommen worden sein kann, so dass die Versuche der Interpretation dem Vereinbarten zuwider laufen können.

Sobald jedoch das objektive Vertragsstatut ermittelt worden ist, stellt sich als weitere Frage die der Auswirkung des Art. 34 EGBGB, soweit trotz ansonsten geltenden ausländischen Rechts ein Inlandbezug besteht. Nach dessen Maßgabe ist dann auf die zwingenden Vorschriften des deutschen Rechts abzustellen, deren Geltung nicht ausgeschlossen werden kann. Hierbei geht es mithin um Vorschriften, die aus staatlichen Interessen gemeinschaftsordnenden Charakter haben und

---

[114] BAG, EzA Nr. 1 zu Art. 30 EGBGB
[115] BAG EzA Nr. 2 zu Art. 30 EGBGB
[116] MünchHB/Birk § 19 Rdnr. 80 f.
[117] BAG, EzA Nr. 3 zu Art. 30 EGBGB
[118] BAG, EzA Nr. 1 zu Art. 30 EGBGB ; MünchHB/Birk § 19 Rdnr. 52
[119] Ebenda
[120] MünchHB/Birk a.a.O.
[121] BAG, EzA Nr. 1 zu Art. 30 EGBGB
[122] Vgl. HzA/Fenski, Glied.Nr. 4.6 Rdnr. 390 m.w.N.; MünchHB/Birk a.a.O. m.w.N.

deshalb in die persönlichen Freiheitsrechte oder private Rechtsverhältnisse eingreifen, wie z.B. Ein- und Ausfuhrbestimmungen, Aussenwirtschaftsrecht, Kriegswaffenkontrollrecht, Arznei-, Lebensmittel oder Betäubungsmittelrecht[123].

In diesem Zusammenhang ist schließlich auch noch der deutsche ordre public gem. Art. 6 EGBGB in die Überlegungen einzubeziehen, also solche Vorschriften ausländischen Rechts von der Geltung für den Arbeitsvertrag auszunehmen, die mit den wesentlichen Grundsätzen des deutschen Rechts nicht vereinbar sind. Hierbei steht in aller erster Linie die Verträglichkeit mit den Grundrechten[124]. Eine wirkliche im Bereich anderer Vorschriften maßgebliche Bedeutung kommt Art. 6 EGBGB allerdings nur dann zu, wenn die Rechtsfolgen der Anknüpfung an ausländisches Recht zu einer nach deutschem Rechtsempfinden und Gerechtigkeitsvorstellungen zu unerträglichen Ergebnissen führte[125]. Davon kann nur in seltenen Fällen ausgegangen werden[126], wenn bedacht wird, welche Regelungen der deutschen Arbeitsrechtsordnung noch nicht einmal über Art. 34 EGBGB Eingang in eine zwingende Beeinflussung des Arbeitsverhältnisses nach ausländischer Rechtswahl finden (s.o.).

Für die Beschäftigung von Tele-Arbeitnehmern empfehlen sich daraus unterschiedliche Vertragsvereinbarungen je nachdem, ob es sich um isolierte Telearbeit vom Ausland her handelt oder ob der Tele-Arbeitnehmer in alternierender Telearbeit zugleich auch in der Bundesrepublik tätig werden soll. Soweit der örtliche Bezug zur Bundesrepublik nicht hergestellt wird, kann sich eine Vereinbarung ausländischen Rechts anbieten. Ist dagegen der örtliche Bezug hergestellt, so spricht Vieles dafür, einen Vertrag abzuschließen, der dem deutschen Recht entspricht. Auch wenn dies aus betriebswirtschaftlichen Überlegungen heraus möglicherweise nicht als günstig angesehen wird, so erscheinen doch Rechtsklarheit und die sicheren Regelungen als ein Umstand, der geeignet ist, eventuell auftretende Probleme von vorn herein zu vermeiden[127]. Dies gilt auch für die noch darzustellenden und der betrieblichen Praxis bedeutsamen kollektivrechtlichen Fragen. Insbesondere die Frage nach einer Betriebsvereinbarung in der Privatwirtschaft oder einer Dienstvereinbarung im Bereich der öffentlichen Wirtschaft lassen auf diesem Wege einen problemloseren Interessenausgleich und Regelungsgehalt vermuten[128].

---

[123] Vgl. näher Soergel/von Hoffmann, Art. 34 Rdnr. 16 ff.
[124] HzA/Fenski, a.a.O.; MünchHB/Birk § 19 Rdnrn. 101 ff.
[125] BAG, EzA Nrn. 1–3 zu Art. 30 EGBGB
[126] MünchHB/Birk § 19 Rdnr. 96
[127] So auch HzA/Braasch, Glied.Nr. 1.2 Rdnr. 67
[128] Dies muss vor allem im Hinblick auf die immer wieder diskutierten Fragen der Arbeitnehmereigenschaft, der Beteiligung der Mitarbeitervertretungen in einzelnen personalwirtschaftlichen Entscheidungen und der einzelnen Vertragskonditionen gesehen werden. Vgl. zu den diskutierten Problemen z.B.: Wedde, NJW 1999, 527 ff.; Wank, NZA 1999, 225 ff.; Boemke, BB 2000, 147 ff.; Boemke/Ankersen, BB 2000, 2254 ff.;

6.1.5.4 Form der Rechtswahl

140 Wenn eine Rechtswahl vorgenommen werden soll, so ergeben sich dafür mehrere Möglichkeiten. Die Vereinbarung eines Tele-Arbeitsverhältnisses nach deutschem Recht ist formfrei, soweit es sich nicht um einen befristeten Arbeitsvertrag handelt[129]. Soweit ein Vertrag nach ausländischem Recht abgeschlossen werden soll, ist von der in dieser Rechtsordnung vorgegebenen Form auszugehen. Eine Betrachtung nach deutschem Recht beinhaltet auch die Möglichkeit neben einer ausdrücklichen Vereinbarung, eine Wahlvereinbarung stillschweigend durch schlüssiges Handeln vorzunehmen, wobei nach Art. 27 Abs. 1 S. 2 dies sich mit hinreichender Sicherheit aus den Bestimmungen des Vertrages oder aus den Umständen ergeben muss [130]. Mithin verbindet sich mit einem solchen Verhalten die Problematik einer Feststellung des vereinbarten Vertragsstatuts und die Unsicherheit der eventuell für erforderlich gehaltenen objektiven Ermittlung des Vertragsstatuts. Regelmäßig erscheint es deshalb sinnvoll, ein Länder übergreifendes Arbeitsverhältnis der Rechtssicherheit wegen schriftlich zu vereinbaren um bei Zweifelsfragen eine feste Grundlage zu haben.

Die tarifvertragliche Festlegung geltenden Inlandsrechts für Tele-Arbeitsverhältnisse wird als rechtlich möglich betrachtet[131], erscheint jedoch prozessual nicht unproblematisch[132]; hierbei sind allerdings Auslandstarifverträge[133] gesondert und weniger mit Zweifeln behaftet zu betrachten. Auch sind in betriebsinternen Vereinbarungen (Betriebs-/Dienstvereinbarungen) vergleichbare Probleme nicht auszuschließen, führen indes im Zusammenhang mit einer Gleichbehandlung der Tele-Arbeitnehmer im Ausland zu einem betriebsinternen Konsens. Hierbei wird allerdings zu bedenken und vorzubehalten bleiben, dass eine betriebsinterne Vereinbarung regelmäßig nur dann in Betracht zu ziehen sein wird, wenn dem Betrieb angehörende Arbeitnehmer in Telearbeit beschäftigt werden. In der Mehrzahl der Fälle werden aber Tele-Arbeitnehmer, die in isolierter Telearbeit im Ausland tätig werden, nicht als in den Betrieb eingegliedert zu betrachten sein, so dass von daher bereits eine Betriebsvereinbarung derartige Arbeitnehmer mangels Vertretung durch den Betriebsrat nicht erfasst. Andererseits ist für alternierende Tele-Arbeitnehmer bzw. solche Arbeitnehmer, die ihr Arbeitsverhältnis in ein solches umwandeln möchten, das auch Telearbeit umfasst, regelmäßig in den Geltungsbereich der Betriebs- oder Dienstvereinbarung einbezogen sein. In diesen Fällen bleibt die Regelung letztlich unerlässlich.

6.2 Kollektivrechtliche Fragen

141 Unter dem Blickwinkel der Gesamtheit der Arbeitnehmer bleiben Telearbeit und Telearbeitnehmer in dem hier verstandenen Sinne[134] nicht von Einflüssen ausge-

---

[129] § 623 BGB verlangt zumindest die schriftliche Vereinbarung der Befristung
[130] HzA/Braasch Glied.Nr. 1.2 Rdnr. 62
[131] Vgl. Nachweise bei: HzA/Braasch Glied.Nr. 1.2 Rdnr. 68
[132] HzA/Braasch a.a.O.
[133] Vgl. hierzu: Soergel/von Hoffmann, Art. 30 Rdnr. 25; Junker, S. 411 f.
[134] Vgl. Rdnr. 78

Kollektivrechtliche Fragen

nommen, die von der kollektiven Interessenvertretung der Arbeitnehmer außerhalb der Betriebe durch Gewerkschaften und innerbetrieblich durch Betriebsräte ausgehen. In einer Vielzahl von Unternehmen stellt sich die Telearbeit als eine neue Form von Arbeitsleistung dar, die neben den herkömmlichen Arbeitsweisen eingeführt wird. Damit ergibt sich für die Zukunft eine Parallelität herkömmlicher Arbeitsmethoden und der Telearbeit. Folge dessen ist nicht etwa nur die Neueinstellung von Arbeitnehmern in Telearbeit zusätzlich zu den bisher vorhandenen Arbeitnehmern, sondern es ergibt sich vielmehr die Konsequenz und Erscheinung, dass bereits Tätige aus der herkömmlichen Arbeitsmethode in die Telearbeit wechseln wollen. Die Gründe dafür sind vielfältig[135] und stellen sich als arbeitsrechtlich nicht als relevant dar, da sie ausschließlich motivierende Faktoren für eine bestimmte Entscheidung beinhalten.

Arbeitsrechtliche und damit auch betriebliche Relevanz haben demgegenüber alle Fragen, die sich aus der Geltung von Tarifverträgen herleiten oder die die innerbetriebliche Beteiligung des Betriebsrates betreffen.

6.2.1 Tarifrechtliche Geltungsfragen

Geht von der Eingliederung des Arbeitnehmers in den Betrieb des Arbeitgebers aus[136], so verändert sich weder durch den Wechsel eines Arbeitnehmers von der bisherigen Arbeitsleistung zu einer solchen durch Telearbeit noch durch die Einstellung in Telearbeit von vorn herein der Status des Arbeitnehmers als Arbeitnehmer. Dementsprechend erscheint es auch nicht maßgeblich, ob eine tarifgebundener Arbeitnehmer und ein tarifgebundener Arbeitgeber Telearbeit vereinbaren, wenn keine speziellen Regelungen hierfür vorhanden sind. In diesen Fällen gelten die bestehenden Tarifverträge ohne weiteres auch für das nunmehr veränderte Arbeitsverhältnis fort. Daraus folgt zugleich, dass sich die allgemeinen Konditionen des Arbeitsverhältnisses nicht ändern, sofern nicht zulässige, abweichende Regelungen im Änderungsvertrag zum Arbeitsvertrag vorgenommen worden sind (z.B. Haftungsfragen, Zutrittsrechte, Kostentragungspflicht für Arbeitsmittel, Entgelt für die Inanspruchnahme der Wohnung des Tele-Arbeitnehmers u.ä.).

142

Eine andere Betrachtungsweise ist allerdings dann geboten, wenn spezielle Tarifverträge über die Telearbeit bestehen, wie dies z.B. bei der Deutschen Telekom der Fall ist[137]. In einem solchen Fall ergeben sich spezielle Rechte und Pflichten für Arbeitgeber und Arbeitnehmer sofern sie tarifgebunden sind und Telearbeit vereinbaren. Inwieweit diese in das betriebliche Miteinander eingreifen, hängt letztlich von der Dichte der getroffenen Regelungen und davon ab, ob es sich um individualrechtliche oder betriebliche und betriebsverfassungsrechtliche Normen handelt, an die auch die im Übrigen nicht tarifgebundenen Arbeitnehmer nach § 3 Abs. 3 TVG gebunden sind.

---
[135] S.o. Rdnrn. 83 ff.
[136] S.o. Rdnrn. 132
[137] Vgl. etwa den Abdruck bei: Kilz/Reh, S. 103

Unmittelbar auf Telearbeit aus dem Ausland und auf Telearbeitnehmer, die im Ausland arbeiten und/oder beheimatet sind ergeben sich Tarifverträgen keine Auswirkungen[138], es sei denn, dass bestimmte auslandsbezogene Tatbestände ausdrücklich in den Regelungsgehalt der Tarifvertragsparteien aufgenommen worden sind. In einem solchen Fall erscheint es denkbar, dass auch ausländische Telearbeit von deutschen Tarifverträgen erfasst wird[139]. Angesichts derzeitiger Regelungslücken wird dem allerdings kaum wesentliches Gewicht beizumessen sein. Auch scheint es nicht zu erwarten, dass sich Tarifverträge mit Auslandsbezug im Bereich der Telearbeit zu einem bemerkenswerten Regelungsfaktor ausweiten werden.

Etwas anderes kann sich allerdings dann ergeben, wenn die innerdeutschen oder künftig möglicherweise auch innereuropäischen Tarifpartner sich unmittelbar der Telearbeit selbst annehmen sollten, oder wenn sie bestimmte Modalitäten wie etwa Bildschirmarbeit, Rationalisierungsschutz oder die Einführung neuer Arbeitsmethoden (sprich hier: Telearbeit) zum Regelungsgegenstand erheben[140] und damit etwa die bestehenden Vorschriften über Bildschirmarbeitsplätze erweitern rsp. zu verbessern suchen. Denkbar wären in diesem Zusammenhang auch tarifrechtliche Zuordnungsregelungen, mit denen Satellitenbüros oder ausgegliederte Arbeitsplätze ausdrücklich dem Betrieb gem. § 3 Abs. 1 Nr. 3 BetrVG zugeordnet würden, um damit die Einbeziehung in den Schutz der Arbeitnehmervertretungen oder die Bildung eigener Arbeitnehmervertretungen zu sichern[141].

6.2.2 Arbeitnehmervertretungsrechtlicher Schutz

143 Betrachtet man die Telearbeit als eine in einem bereits bestehenden Unternehmen einzuführende neue Form der Arbeit im Betrieb bzw. für den Betrieb, so werden vornehmlich Arbeitnehmer davon betroffen, die dem Betrieb angehören. Dann allerdings sind auch die Vertretungen der Beschäftigten (Personalräte, Betriebsräte, Mitarbeitervertretungen im kirchlichen Bereich) involviert, sofern die jeweiligen Betriebe, Einrichtungen oder Dienststellen die nötige Beschäftigtenzahl von fünf wahlberechtigten Mitarbeitern aufweisen[142].

Voraussetzung für die Beteiligung der Arbeitnehmervertretungen bleibt dabei jedoch regelmäßig, dass der neue Telearbeiter – unabhängig von der Frage, ob er neu eingestellt oder ein bestehendes Arbeitsverhältnis in ein isoliertes oder alternierendes Telearbeitsverhältnis umgestaltet wird – rechtlich als betriebszugehörig zu betrachten ist. Da der Begriff der Betriebszugehörigkeit sich nicht an der räumlichen Nähe zum Betrieb orientiert, sondern als betriebszugehörig der Arbeitnehmer anzusehen ist, der dem Weisungsrecht des Arbeitgeber untersteht und organisatorisch in den Betrieb eingegliedert ist[143], bieten die unterschiedlichen

---

[138] Soergel/von Hoffmann, Art. 30 EGBGB Rdnr. 14
[139] A.a.O., Rdnr. 25 m.w.N.
[140] Pfarr/Drüke, S. 68 ff.
[141] Boemke/Ankersen, BB 2000, 2254
[142] Vgl. § 5 MVG-EKD; §§ 1 Abs. 1, 6 Abs. 1 MAVO; § 1 BetrVerfG; § 12 Abs. 1 BPersVG und die vergleichbaren Vorschriften in allen Gesetzen der Bundesländer
[143] S.o. Glied.Nr.: 6.1.2; vgl. Auch näher: Dulle, S. 214 ff..

Formen der Telearbeit grundsätzlich keine Schwierigkeiten, denn ausgegliederte Büros, die dem Hauptbetrieb zuarbeiten, sind organisatorische Teile des Ganzen, einzelne Telearbeiter, die in ihren Wohnungen arbeiten, sind online regelmäßig kommunikationstechnisch-organisatorisch angebunden und dürften auch offline der Weisungsgebundenheit unterworfen sein[144]. Welchem Betrieb oder Betriebsteil gegenüber dann eine Zuordnung erfolgt, ist letztlich von der jeweiligen Organisationsform des Betriebes abhängig. Eine eigenständige Arbeitnehmervertretung bei einem selbständigen, ausgelagerten Betriebsteil (§ 4 Satz 1 BetrVG) kommt ebenso in Betracht wie eine Zuordnung zum Hauptbetrieb, wenn eine organisatorische Selbständigkeit nicht feststellbar ist. Dies setzt immer eine Mehrzahl von Arbeitnehmern voraus, die in einem solchen Betriebsteil tätig sind. Der einzelne Telearbeitsplatz in der Wohnung eines Arbeitnehmers kann diese Fragen bereits mangels Betriebsratsfähigkeit nach § 1 BetrVG nicht aufwerfen[145] und bleibt damit unter den oben dargestellten Voraussetzungen zum Arbeitnehmerbegriff Bestandteil des Hauptbetriebes oder Betriebsteils, dem der Telearbeitnehmer zuarbeitet.

Während in den nicht betriebsratspflichtigen Kleinunternehmen oder solchen, in denen kein Betriebsrat besteht, die Einführung und Gestaltung von Telearbeit sich als alleinige Entscheidung des Arbeitgebers darstellt, sollte sie gleichwohl tunlichst nicht ohne Abstimmung und Besprechung mit den betroffenen Arbeitnehmern stattfinden, denn ihre Akzeptanz wird die Realisierung überhaupt erst möglich machen. Unter Geltung des Betriebsverfassungsgesetzes ist die Einführung und Gestaltung der Telearbeit demgegenüber zwingend an die Beteiligung des Betriebsrates gebunden, in den dem Personalvertretungsrecht unterworfenen Dienststellen ist sie ohne Beteiligung der Personalräte nicht möglich und auch in Anwendung der kirchlichen Mitarbeitervertretungsordnungen oder -gesetze bedarf sie der Beteiligung. Da alle angesprochenen Vorschriften sowohl gleiche oder ähnliche Informationsrechte für die Arbeitnehmervertretungen beinhalten wie auch Beteiligungen in weiter reichender Form, soll hier wegen der Übersichtlichkeit auf die Regelungen des Betriebsverfassungsrechts abgestellt werden[146].

---

[144] Vgl. auch Boehmke/Ankersen, a.a.O.; BAG, AP § 1 BetrVG Nrn. 5, 7, 9
[145] S. Fn. 142
[146] Die Übereinstimmungen lassen sich beispielhaft synoptisch erkennen:

Gegenstand	BetrVG	BPersVG	MVG – EKD
Allg. Information	§ 80 Abs. 2	§ 68 Abs. 2	§ 34 Abs. 1
Arbeitsschutz	§§ 87 Abs. 1 Nr. 7, 89 Abs. 2	§§ 75 Abs. 3 Nr. 11, 81 Abs. 2, 3	§ 40 lit. b
Arbeitsplatzgestaltung	§ 90 Abs. 1 Nr. 4	§ 75 Abs. 3 Nr. 16	§ 40 lit. g
Einf. neuer Arbeitsmethoden	§ 90 Abs. 1 Nr. 3	§ 76 Abs. 2 Nr. 7	§ 40 lit. h
Einstellungen	§ 99 Abs. 1	§§ 75 Abs. 1 Nr. 1, 76 Abs. 1 Nr. 1	§ 42 lit. a
Versetzungen	§ 99 Abs. 1	§§ 75 Abs. 1 Nr. 3, 76 Abs. 1 Nr. 4	§ 42 lit. g
Kündigungen	§ 102	§ 79	§ 42 lit. b

6.2.2.1 Allgemeine Information, Unterrichtung und Beratung

144 Nach § 80 Abs. 2 BetrVG ist der Betriebsrat zur Durchführung seiner Aufgaben von dem Arbeitgeber umfassend und rechtzeitig zu unterrichten. Die insoweit vorauszusetzende Aufgabenerfüllung, aufgrund deren dem Betriebsrat ein Informationsrecht zusteht, ist nach § 80 Abs. 1 BetrVG in einer Reihe der dort bezeichneten allgemeinen Aufgaben zu finden, hierzu gehören

- die Überwachung der zugunsten der Arbeitnehmer geltenden Vorschriften (Nr. 1), etwa Vorschriften zum Arbeitsschutz und zur technischen und gesundheitlichen Sicherheit,
- die Anregung von Maßnahmen, die den Arbeitnehmern im Zusammenhang mit der Telearbeit dienen können (Nr. 2), etwa die Anregung zu Prämien, Gratifikationen oder anderen Anreizen[147]
- in Betacht kann auch die Anregung zu Umgruppierungen gezogen werden, um den Besonderheiten der Telearbeit zu entsprechen[148]
- ebenso die Förderung schutzbedürftiger Arbeitnehmerkreise (Nrn. 4, 6, 7) oder Aspekte der Gleichberechtigung (Nr. 2a), wenn man berücksichtigt, dass die Möglichkeit der Telearbeit es erleichtern kann, Beruf, Familie und Haushalt miteinander zu vereinbaren.
- da in diesem Zusammenhang dann auch Mitbestimmungstatbestände berührt werden (s.u.) erweist sich die Information des Betriebsrates als unverzichtbar.

Die Einführung von Telearbeit, auch wenn sie in der Wohnung des Telearbeitnehmers lokalisiert ist, stellt die Gestaltung und die Einrichtung neuer Arbeitsplätze dar. Dies löst das Beratungsrecht des Betriebsrates nach § 90 Abs. 1 Nrn. 2 und 4 BetrVG ebenso aus, wie ein Beratungserfordernis nach Nr. 3 wegen der Änderung des Arbeitsverfahrens und der in diesem Bereich bestehenden Kontrollmöglichkeiten[149].

Betrachten wir unter der Prämisse einer Informations- und Beratungsnotwendigkeit auf Grund des Gesetzes die Telearbeit, so wird dieser Verpflichtung eine verstärkte Priorität dadurch zugemessen, dass daneben weit reichende Mitbestimmungstatbestände zu besorgen sind. Eine Verkürzung der Information und Beratung zu Anfang würde mithin zwangsläufigerweise in einer späteren Phase dann, wenn einzelne Personalmaßnahmen durchzuführen sind, dieselben Verlangen nach Information, Beratung und ggf. Änderung einzelner Gegebenheiten auslösen. Allerdings erwiese sich die spätere Änderung bereits ins Werk gesetzter Vorstellungen wesentlich problematischer als die Abstimmung in der Anfangsphase, in der noch allen Überlegungen ohne präjudizielle Festlegung nachgegangen werden kann.

145 Zusätzlich bleibt zu berücksichtigen, dass die Beteiligungstatbestände – wie etwa § 90 BetrVG – bereits bei der Planung ansetzen. Wenn also die Überlegungen be-

---

[147] Dulle, S. 234 m.w.N.
[148] Fitting/Kaiser/Heither/Engels § 80 Rdnr. 19
[149] Fitting/Kaiser/Heither/Engels § 90 Rdnr. 43, § 87 Rdnr. 241

ginnen, Telearbeit einzuführen, setzt die Verpflichtung zu Information und Beratung ein. Dass hierbei auch die Möglichkeit besteht, zusätzlichen Sachverstand von aussen Stehenden einzufordern, mag sich anbieten, wenn der Betriebsrat den internen Informationsmöglichkeiten nachgegangen ist und die bestehenden Fragestellungen nicht gelöst werden konnten[150]. Der nach § 90 BetrVG erfasste Sachbereich für Unterrichtung und Beratung erweist sich dabei als sehr weitreichend:

– technische Anlagen nach Nr. 2 sind alle Geräte, die im Zusammenhang mit Telearbeit erforderlich sind[151], d.h. also nicht nur der PC für sich sondern die Gesamtheit der technischen Einrichtung eines entsprechenden Arbeitsplatzes mit all den Maschinen, Gerätschaften und Hilfsmittel, die den Arbeitsablauf möglich machen, wozu selbst auch die Beleuchtung zu zählen ist[152],
– Arbeitsverfahren und Arbeitsabläufe nach Nr. 3 beziehen sich auf die zur Erfüllung der Arbeitsaufgabe eingesetzte Technologie[153], die in dieser Kombination der Telearbeit eine neue ist, und die räumliche und zeitliche Abfolge des Zusammenwirkens von Arbeitnehmer, Informationen und den Arbeitsmitteln[154].
– mit der räumlichen Verlagerung des Arbeitsplatzes in die Wohnung des Arbeitnehmers, in ein ausgelagertes Satellitenbüro, auch ggf. bei mobiler Telearbeit werden Planungen von Arbeitsplätzen und deren Gestaltung notwendig, die von Nr. 4 erfasst werden.

Die ausdrückliche Vorschrift des § 90 Abs. 2 BetrVG verlangt in dieser Hinsicht eine Information und Beratung also eine Beteiligung schon in gesteigerten Intensität. Den Bedenken, der Meinung und den Vorschlägen des Betriebsrates kommt insoweit eine gewichtigere Bedeutung zu, weil sie hinsichtlich des Zeitpunktes, zu dem der Betriebsrat informiert wird, noch Berücksichtigung finden können müssen und nach den Vorstellungen, die dieser Vorschrift zugrunde liegen auch Berücksichtigung finden können sollen.

Nicht übersehen werden darf in diesem Zusammenhang schließlich, dass das Informations- und Beratungsrecht durch § 91 BetrVG gegenüber anderen Informationsrechten des Gesetzes in besonderer Weise bewehrt ist. Soweit im Rahmen der Beratung Aspekte, die arbeitswissenschaftlichen Erkenntnissen und der menschengerechten Gestaltung der Arbeit entsprechen, offensichtlich nicht beachtet werden und dementsprechende Bedenken, die der Betriebsrat geltend macht, unberücksichtigt bleiben, besteht die Möglichkeit des Betriebsrates, Abhilfe oder Ausgleich zu verlangen und dies durch ein Initiativrecht durchzusetzen, sodass im Ergebnis darüber letztlich die Einigungsstelle entscheidet. Hierbei dürfte es im Wesentlichen um Fragen der technischen Gestaltung unter vornehmlich Arbeits-

146

---

[150] BAG, AP § 80 BetrVG Nrn.30, 48; Fischer/Schierbaum PersR 1996, 425; Kollmer/Vogl, ArbSchG, Rdnr. 101
[151] Fitting/Kaiser/Heither/Engels § 90 Rdnr. 26; vgl. auch die Aufzählung der unterschiedlichen Terminal – Arten bei Dulle, S. 237
[152] Fitting/Kaiser/Heither/Engels, a.a.O.; GK – Wiese, § 90 Rdnr. 13
[153] Fitting/Kaiser/Heither/Engels § 90 Rdnr. 31; GK – Wiese, § 90 Rdnr. 15
[154] Fitting/Kaiser/Heither/Engels § 90 Rdnr. 32, GK – Wiese, § 90 Rdnr. 16

Arbeitsrechtliche Gefahren und Lösungen

schutzgesichtspunkten gehen[155], es müssen aber auch die Belastungen berücksichtigt werden, die sich beim Telearbeiter ggf. aus dem häuslichen Umfeld ergeben, z.B. durch Gestaltung des Tele-Arbeitsplatzes oder die Durchführbarkeit des geplanten Arbeitsverfahrens im häuslichen Bereich. Dementsprechend richten sich die damit durchsetzbaren Minderungen oder Beseitigungen von Belastungen oder Ausgleichsmaßnahmen z.B. auf[156]:

- die ergonomische Gestaltung des Arbeitsplatzes und der Geräte,
- die Vermeidung von Zwangshaltungen ggf. auch durch vorgegebene Pausen oder Erholzeiten,
- die Einrichtung eines Mischarbeitsplatzes etwa durch alternierende Telearbeit,
- die Eingrenzung der Isolation des Telearbeitnehmers durch regelmäßige Kontakte mit Mitarbeitern/Kollegen,
- gesundheitliche Kontrollen der Bildschirmarbeit wegen,
- Blendschutzeinrichtungen u.ä.,
- Verkürzung der täglichen Arbeitszeit,
- Zusätzliche Freizeit,
- Tele-Arbeit-Zuschläge zum Lohn.

Dass sich für derartige Bemühungen weniger das Mitbestimmungsverfahren denn der Abschluss einer Betriebsvereinbarung eignet, liegt angesichts der diesbezüglichen Regelungsbedarfs und der Möglichkeit unterschiedlicher Auffassungen auf der Hand[157]. Dass dann allerdings von vornherein eine solche Vereinbarung den gesamten Komplex der Telearbeit erfassen sollte, bietet sich an. Insbesondere erscheint dies ökonomisch sinnvoll und betrieblich angemessen, bedenkt man die weiteren Beteiligungstatbestände, deren generelle Erfüllung durch die einmalige Vereinbarung erfolgen könnte und sich damit für die Zukunft als obsolet erwiese, solange die notwendigen Informationen weiterhin gegeben werden und die Praxis sich in den Grenzen der Betriebsvereinbarung bewegt. Neben den gesetzlich vorgegebenen Regelungsgrenzen für Arbeitsschutz pp. bleibt einzig zu berücksichtigen, dass die Betriebsvereinbarung nur in den Grenzen des § 77 Abs. 3 BetrVG möglich ist, also dort ausgeschlossen ist, wo tarifrechtliche Regelungen ohne Öffnungsklausel bestehen oder Tarifüblichkeit anzunehmen wäre.

6.2.2.2 Soziale Mitbestimmungsrechte

147 Werden die weiter gehenden Rechte des Betriebsrates betrachtet, so stehen hier Mitbestimmungstatbestände in Rede, von deren Einhaltung die Einführung von wie auch die Beschäftigung eines Arbeitnehmers in Telearbeit abhängig ist. Eine Maßnahme, der der Betriebsrat nicht zugestimmt hat, darf nicht vollzogen werden[158]. Andererseits stellen sich eine Reihe von Regelungsnotwendigkeiten dar, ohne die Telearbeit letztlich in einer Grauzone stattfinden würde, deren Proble-

---

[155] Dulle, S. 238 m.w.N.
[156] Vgl. Fitting/Kaiser/Heither/Engels § 91 Rdnrn. 19f. m.w.N.
[157] Richardi § 91 Rdnr. 23
[158] BAG, DB 1994, 2450 (2452)

matik in unterschiedlichsten Fragestellungen Streit verursachen könnte. Betrachtet man dies im Hinblick darauf einzelne zu treffende Vorkehrungen, so bieten sich zunächst die als soziale Angelegenheiten bezeichneten Tatbestände des § 87 BetrVG an. Hierbei ist zu beachten, dass der Arbeitgeber die Zustimmung des Betriebsrates einholen muss, der Betriebsrat aber auch von sich aus derartige Regelungen beantragen und über ein Einigungsverfahren ggf. erzwingen kann.

Wenn in § 87 Abs. 1 Nr. 1 BetrVG die Verhaltensregelungen der Arbeitnehmer und die Ordnung im Betrieb angesprochen werden, so gilt dies zunächst nur für den räumlichen Bereich des Betriebes, nicht aber für die Räume, in denen der Tele-Arbeitnehmer seiner Tätigkeit nachgeht, soweit diese nicht Betriebsräume (z.B. Nachbarschafts- oder Satellitenbüros) sind. Für die Verhaltensweise und die Ordnung in den privaten Räumen des Telearbeiters hat der Betriebsrat kein Mandat und der Arbeitgeber angesichts des Rechts auf Unverletzlichkeit der Wohnung aus Art. 13 GG keine Regelungskompetenz. Andererseits ergeben sich aus den ergonomischen und arbeitsschutzrechtlichen Anforderungen eine Reihe von Regelungsnotwendigkeiten, an denen weder Arbeitgeber noch Betriebsrat vorbei gehen dürfen. Bedenkt man etwa das Verhalten des Arbeitnehmers beim Umgang mit den Geräten, bei Fragen der Datensicherheit, der Frage des Zugangs von Familienangehörigen oder Fremden zu dem Arbeitsraum, die Frage der Nutzung der zur Verfügung gestellten Geräte für private Zwecke, den Einsatz technisch bestehender Faszilitäten bei ausserbetrieblichen Anlässen, so müssen klare Verhaltensmuster festgelegt werden, um Arbeit, Produkt und Ausgangs- wie erarbeitete Daten zu schützen. Um gerade hier eine Lösung zu finden, kann das Regelungswerk in der Durchführung eines Mitbestimmungsverfahrens kaum erlassen werden. 148

Problematische Regelungen werden durch die Arbeitszeitregelungen in § 87 Abs. 1 Nr. 2 angeschnitten. Feststehende Arbeitszeiten und damit eine Anpassung an die allgemeinen betrieblichen Arbeitszeiten könnten sich dadurch ergeben, dass nur über eine bestehende on-line-Verbindung zu den Betriebszeiten des Hauptbetriebes die Arbeitsleistung erbracht werden kann. Dann aber werden die Flexibilisierungsmöglichkeiten, deretwillen Telearbeit gerade geschätzt wird[159], nicht genutzt. Lässt der Arbeitgeber aber eine weite Zeitsouveränität zu, so bleibt nur eine eingeschränkte Kontrollmöglichkeit für die Einhaltung von Arbeitszeiten und eine vergrößerte Notwendigkeit zu Vertrauen oder die Umstellung der Arbeitszeitberechnung von Zeitorientierung auf Ergebnisorientierung. Alles in allem bleibt bei dieser von der Art der Telearbeit einerseits und den betrieblichen Erfordernissen andererseits determinierten Fragen für den Betriebsrat und den Arbeitgeber zunächst nur die betriebsbezogene Entscheidung und sodann der Rückzug auf den gesetzlich gezogenen Rahmen für die Arbeitszeit. Allerdings werden solche Regelungen dann, wenn der Telearbeitnehmer nicht an feste on-line-Kommunikationszeiten gebunden ist, nicht kontrollierbar sein. Es werden Sonntags- oder Feiertagsarbeit ebenso wenig ausgeschlossen werden können wie 149

---
[159] Kilz/Reh, S. 21, 27, 46

etwa Nachtarbeit, wenn der Arbeitnehmer seine Zeitsouveränität ausschöpfen will. Es kann allerdings für die Einführung von Telearbeit bereits eine mitbestimmte Festschreibung der arbeitszeitrechtlichen Regelungen erfolgen[160] – etwa auch dadurch, dass mitbestimmt Einschaltzeiten des Terminals des Telearbeiters festgelegt werden, in denen die Kommunikation mit dem Hauptrechner stattfinden darf[161]. Derartige Regelungen reichen allerdings im Zweifel nicht aus, weil sie Rüstzeiten oder Vorbereitungen oder Zusammenhangsarbeiten nicht mit erfassen, in allen Fällen sollten sie aber im Arbeitsvertrag weiter gegeben werden, damit der Arbeitnehmer informiert ist, dass er letztlich bei zu ausgeweitetem privaten Zeitmanagement seinen Arbeitsvertrag verletzt. Andererseits bedarf es bei dahin gehenden Regelungen auch der mitbestimmten Festlegung von Zeiten in denen Arbeitsbereitschaft, Rufbereitschaft oder Bereitschaftsdienst festgelegt bzw. vereinbart werden sollen[162]. Hinsichtlich des beabsichtigten Einsatzes von Tele-Arbeitnehmern besteht mithin eine umfassende Mitbestimmung bezüglich der Arbeitszeit.

150 Aus den Erfahrungen mit Telekommunikationsgeräten und Rechnern ist bekannt, dass diese Geräte über software-Komponenten verfügen, die die Zeiten von Benutzung oder Einschaltung, ja selbst die jeweils eingesetzten Programme protokollieren. Diese Komponenten sind ebenso wie unterschiedliche andere einsetzbar, aber auch deaktivierbar. Werden sie unbeachtet gelassen, besteht die Möglichkeit eines kontrollierenden Zugriffs und die Feststellung, ob der Tele-Arbeitnehmer alle seine Verpflichtungen erfüllt hat oder ob er möglicherweise Arbeitszeit zu anderen Zwecken eingesetzt hat. Damit stellen nahezu alle Rechner technische Einrichtungen dar, die technische oder ergebnisbezogene Kontrollen ermöglichen und damit die Leistungen oder das Verhalten der Arbeitnehmer kontrollierbar machen. Dass diese Möglichkeit ggf. anonym genutzt wird oder werden kann, ist dabei von besonderer Bedeutung, eröffnet sie doch den unbemerkten Eingriff in die Persönlichkeitssphäre des Arbeitnehmers[163]. Betriebsverfassungs-rechtlich wird damit, unabhängig von der Frage, ob die Kontrolle beabsichtigt ist oder ob sie lediglich als Nebenzweck der technischen Einrichtung möglicherweise eingesetzt werden kann, der Mitbestimmungstatbestand des § 87 Abs. 1 Nr. 6 BetrVG ausgelöst, weil allein die objektive Eignung zu derartigen Kontrollen bereits ausreicht, sofern eine Protokollierung stattfindet und auswertbar ist[164], ohne voraus zu setzen, dass diese Auswertung auch tatsächlich erfolgt[165]. Konsequenz dessen muss allerdings auch sein, dass bei von vorn herein gesichert deaktivierter Protokollierungsfunktion eine Mitbestimmung ausscheidet. Anders ist personalvertretungsrechtlich die Eignung nahezu jeder EDV-Anlage durch ggf. auch später ein-

---

[160] Dulle S. 240 f.
[161] Fitting/Kaiser/Heither/Engels § 87 Rdnr. 126
[162] BAG, AP § 87 BetrVG 1972 Nr. 9; Fitting/Kaiser/Heither/Engels § 87 Rdnr. 126; GK – Wiese § 87 Rdnr. 337
[163] GK – Wiese, § 87 Rdnr. 424
[164] BAG, AP § 87 Überwachung Nrn. 2, 9, 12; Richardi, § 87 Rdnr. 546; GK – Wiese, § 87 Rdnr. 428
[165] Fitting/Kaiser/Heither/Engels § § 87 Rdnr. 230

gesetzte oder einsetzbare entsprechende Programme zur Leistungs- und Verhaltenskontrolle anerkannt[166], aber eine Mitbestimmung davon abhängig gemacht, dass eine entsprechende Vorkehrung mit dem Ziel der Kontrolle getroffen wird, d.h. die Anlage wird dementsprechend technisch verändert oder die Beschäftigten (Systembetreuer) werden in die Möglichkeit der Kontrolle eingewiesen. Objektiv wird mit diesen Maßnahmen die Kontrollmöglichkeit erst final – also mit dem Zweck der Kontrolle – geschaffen und löst die Mitbestimmung[167] aus[168]. Unter diesem Gesichtswinkel erweist sich die Mitbestimmung des Betriebs-/Personalrates letztlich in jedem Falle als notwendig.

Nach § 87 Abs. 1 Nr. 7 BetrVG steht dem Betriebsrat ein Mitbestimmungsrecht bei Fragen der Verhütung von Arbeitsunfällen und Berufskrankheiten und bei der Wahrung des Gesundheitsschutzes für die Arbeitnehmer zu. Dieses wird das umfassende Informations-, Beratungs- und Anwesenheitsrecht aus § 89 BetrVG, die allgemeine Aufgabenstellung nach § 80 Abs. 1 Nr. 1 BetrVG und die Möglichkeit zu freiwilligen Betriebsvereinbarungen nach § 88 BetrVG ergänzt[169]. Damit wird die Einbeziehung des Betriebsrates in die Planungen und die Einführung der Telearbeit manifestiert. Hieraus resultieren damit umfangreiche Regelungs- und Einflussnahmekompetenzen auf die technische und zeitliche Gestaltung von Telearbeit.

151

Letztlich bleibt unter sozialen Gesichtspunkten auch an eventuelle Lohnbestandteile zu denken. Soweit eine tarifvertragliche Regelung nicht besteht oder eine Öffnungsklausel vorhanden ist, könnte daran gedacht werden, für die Tele-Arbeitnehmer eine gesonderte Zusatzleitung zum Lohn zu gewähren. In diesem Falle würde ein Mitbestimmungsrecht nach § 87 Abs. 1 Nr. 10 oder 11 ausgelöst[170], wobei allerdings zu berücksichtigen ist, dass die Ausgestaltung des § 87 Abs. 1 Nrn. 10 und 11 sich als Formulierung eines kollektiven Mitbestimmungstatbestandes darstellen und nur eine generelle, alle Tele-Arbeitnehmer erfassende Regelung betreffen[171]. Hinsichtlich besonderer Lohnabsprachen mit nur einem individuellen Arbeitnehmer findet eine Mitbestimmung nicht statt. Problematisch wird damit der Versuch, die Mitbestimmung etwa durch eine Reihe von Einzelabsprachen umgehen zu wollen. Hierbei ist zu berücksichtigen, dass durch die Gewährung von einzeln vereinbarten Lohnzusätzen wieder eine kollektive Regelung differenzierter Art vorhanden ist, die den Mitbestimmungstatbestand auslösen muss. Schließlich ist die Beteiligung des Betriebsrates unter sozialen Aspekten darauf ausgerichtet, den Arbeitnehmern eine Gleichheit bei der Behandlung zukommen zu lassen.

152

---

[166] BVerwG, PersV 1992, 385 und 1993, 225; vgl. auch Vogelgesang, PersV 1994, 100
[167] Vgl. die dem Wortlaut des BetrVG entsprechende Vorschrift des § 75 Abs. 3 Nr. 17 BPersVG und die gleichlautenden Vorschriften der Personalvertretungsgesetze der Länder.
[168] Vogelgesang, PersV 1994, 104
[169] Fitting/Kaiser/Heither/Engels § 87 Rdnr. 252
[170] Fitting/Kaiser/Heither/Engels § 87 Rdnrn. 416 ff., 487, 510 ff.
[171] BAG, AP § 87 BetrVG 1972 Lohngestaltung Nr. 51

6.2.2.3 Beteiligung in personellen Angelegenheiten

153 Dass Telearbeit zu einer Veränderung der Personalstruktur führt, ist nicht zwingend. Immer aber werden durch die Veränderung der Arbeitsbedingungen Beteiligungstatbestände in personellen Einzelmaßnahmen und auch in kollektiven Regelungsnotwendigkeiten ausgelöst werden.

154 Dass die Einführung von Telearbeit nicht ohne planerischen Vorlauf möglich ist, liegt bereits im Rahmen betriebswirtschaftlicher Überlegungen auf der Hand. Dass hierbei auch Überlegungen angestellt werden müssen, wie sich der gegenwärtige und der künftige Personalbedarf qualitativ und quantitativ entwickeln, wie die geplanten Kapazitäten gewonnen und eingesetzt werden, füllt den Begriff der Personalplanung aus[172], wie er § 92 BetrVG zugrunde liegt. Dabei ist nicht auf einzelne, ausgrenzbare Bereiche der Personalplanung abzustellen[173], sondern alle Bereiche einschließlich der Stellenbeschreibungen künftiger Tele-Arbeitsplätze[174] und deren Anforderungsprofile[175] werden erfasst und sind vom Arbeitgeber dem Betriebsrat rechtzeitig und umfassend zur Kenntnis zu geben und zu beraten. Dass hierbei die unter Rdnr. 143 angegebenen Einflussnahmemöglichkeiten des Betriebsrates unter dem Gesichtspunkt umfassender und rechtzeitiger Information bestehen bleiben müssen, folgt aus § 92 Abs. 1 BetrVG unmittelbar. Dies bedeutet indes auch, dass ggf. bestehender oder zukünftiger Ausbildungs- oder Fortbildungsbedarf nach §§ 96 und 97 BetrVG in den Informations- und Beratungsumfang einzubeziehen ist. Insbesondere im Hinblick auf die von § 92 Abs. 1 BetrVG vorgesehene Härtevermeidung bzw. einen erforderlichen Härteausgleich ist dabei Bedacht zu nehmen. Betriebsrat und Arbeitgeber sind damit bei der Einführung von Tele-Arbeitsplätzen gleichsam zu einer Planungs- und „Konstruktions"gemeinschaft zusammen geschlossen. Allerdings erschöpft sich diese in der gemeinsamen Beratung und begründet bei der Festlegung genereller Maßstäbe und Vorgaben keine Mitbestimmung, sodass die alleinige Schlussentscheidung dem Arbeitgeber verbleibt (vgl. aber Rdnr. 157).

155 Die Mitbestimmung des Betriebsrates setzt aber bei der Umsetzung des Konzeptes in personelle Einzelmaßnahmen ein. Zum einen sind die in § 99 genannten Tatbestände der Einstellung, Ein- oder Umgruppierung wie auch der Versetzung (in Telearbeit) der Mitbestimmung unterworfen, zum anderen werden ggf. erforderliche Kündigungen – wie auch Änderungskündigungen – nach § 102 BetrVG vom Betriebsrat mit Stellungnahmen im Rahmen des Anhörungsrechts versehen. Dass bei mangelhaftem informativem, planerischem und einseitig bestimmtem Vorlauf hierbei – neben der Möglichkeit, ein solches Verhalten möglicherweise als Ordnungswidrigkeit i.S. des § 121 BetrVG mit einer Geldbusse durch das Arbeitsgericht ahnden zu lassen[176] – Schwierigkeiten entstehen werden, steht zu er-

---

[172] Fitting/Kaiser/Heither/Engels § 92 Rdnr. 5 lit. b); GK-Kraft, § 92 Rdnr. 12
[173] Vgl. hierzu die Differenzierung: Fitting/Kaiser/Heither/Engels § 92 Rdnr. 6; GK-Kraft, § 92 Rdnr. 14 ff.; Richardi, § 92 Rdnr. 7
[174] BAG, AP § 95 BetrVG 1972 Nr. 3
[175] BAG, AP § 95 BetrVG 1972 Nr. 2
[176] Hierzu und zu weiteren Sanktionen s. Dulle, S. 253

Kollektivrechtliche Fragen

warten. Dies führt zwangsläufig zumindest zu Verzögerungen des personalwirtschaftlichen Ablaufes.

Von besonderem Gewicht werden bei den personellen Einzelmaßnahmen auch Rückgriffe auf allgemeine Mitbestimmungstatbestände sein. Zum einen kann dem Betriebsrat als Repräsentanten der im Betrieb beschäftigten Arbeitnehmer nicht verwehrt werden, in den Einzelfällen eine betriebsinterne Ausschreibung, ggf. sogar verbunden mit individuellen Personalentwicklungsmaßnahmen als Härteausgleich oder -vermeidung für die vorhandenen Beschäftigten nach § 93 auszuschreiben; zum anderen kann er auf den Erlass von Auswahlrichtlinien nach § 95 BetrVG dringen und diese unter Einbeziehung seiner Überlegungen innerhalb der Einigungsstelle ggf. durchsetzen. Dass hierbei die dann im Betrieb bestehenden Richtlinien nicht in allen Fällen eine Verweigerung der Zustimmung des Betriebsrates zu einer personellen Einzelmaßnahme wirksam begründen können[177], hat unter betriebswirtschaftlichen Überlegungen zu einem möglichst reibungslosen Ablauf des personalwirtschaftlichen Vollzuges nur marginale Bedeutung, ist doch eine innerbetriebliche Auseinandersetzung vorprogrammiert.

156

6.2.2.4 Beteiligung in wirtschaftlichen Angelegenheiten

Die Einführung von Telearbeit stellt regelmäßig die Einführung grundlegend neuer Arbeitsmethoden i.S. von § 111 BetrVG dar[178]. In Betrieben, in denen in der Regel mehr als 20 wahlberechtigte Beschäftigte vorhanden sind, ergibt sich daraus dann eine gesonderte Beteiligungsnotwendigkeit, wenn daraus wesentliche Nachteile für die Belegschaft oder Teile der Belegschaft, zumindest aber 5 % der Arbeitnehmer[179] resultieren könnten. Dass dies angesichts der oben unter 2.3, 3.2 und 3.3 erörterten Gesichtspunkte durchaus möglich erscheint, ist offenbar[180]. Damit besteht das Recht des Betriebsrates einen Interessenausgleich für die Arbeitnehmer zu verlangen und ggf. vor der Einigungsstelle durchzusetzen, § 112 BetrVG.

157

Durch die gesetzliche Formulierung wird der Gegenstand des Interessenausgleichs nicht beschränkt. Er soll „die z.T. gegenläufigen Interessen von Arbeitgeber und Arbeitnehmern in Einklang bringen"[181]. Damit ist in einer solchen Regelung Raum für

– Veränderungen der ursprünglichen Planung in zeitlicher, qualitativer oder quantitativer Sicht,
– methodische Veränderungen, z.B. alternierende statt isolierte Telearbeit

---

[177] Das BAG lässt bei Zustimmungsverweigerung nach § 99 Abs. 2 Nr. 2 BetrVG eine Berufung auf Auswahlrichtlinien nicht im Zusammenhang mit Anforderungsprofilen oder Stellenbeschreibungen zu – BAG, AP § 95 BetrVG 1972 Nrn. 2, 3; vgl. dagegen: Fitting/Kaiser/Heither/Engels § 95 Rdnr. 16 ohne weitere Begründung.
[178] Vgl. näher: Dulle, S. 264 ff. m.w.N.
[179] BAG, AP § 111 BetrVG 1972 Nr. 34
[180] Vgl. insoweit auch Wank, Telearbeit, Rdnrn. 229 ff.
[181] Fitting/Kaiser/Heither/Engels §§ 112, 112 a Rdnr. 15

- Vereinbarungen von Telearbeit in Satellitenbüros statt Arbeitnehmerwohnungen[182]
- Vermeidung wirtschaftlicher Nachteile
- Festlegung von Kündigungsverboten
- Umschulungs- oder Fortbildungsmaßnahmen
- Kostenübernahme für Aufwendungen im Zusammenhang mit der Ausgestaltung familiärer Räume für Telearbeit
- Haftungsfragen[183].

6.2.2.5 Empfehlung: Abschluss von Betriebsvereinbarungen

158 Betrachtet man die arbeitnehmervertretungsrechtliche Seite der Telearbeit, so erhellt eine umfassende Beteiligung des Betriebsrates aus einer Vielzahl unterschiedlicher Tatbestände. Im Ergebnis erscheint damit eine einseitige Regelung und Durchsetzung von Telearbeit weder möglich noch sinnvoll. Hinzu kommen arbeitsschutzrechtliche Komponenten, deren Einhaltung nicht in allen Einzelheiten, wohl aber nach der Bemessung der Standards auch vom Betriebsrat verlangt werden können. Aus all dem ergibt sich ein umfassendes Miteinander in einer Vielzahl von Einzelfällen hinsichtlich genereller Planungen und Implementierungsüberlegungen sowie der Umsetzung dessen im organisatorischen und personalwirtschaftlichen Vollzug. Die damit erforderlichen Beteiligungen in jedem einzelnen Mitbestimmungsfall stehen einem Verfahren, das ökonomisch sinnvoll gestaltet und durchgeführt werden soll, allein schon deshalb entgegen, weil die Vielzahl der Schritte immer wieder durch Abwarten und Erwarten der Zustimmung Zeitaufschübe verursachten. Eine kombinierte, alle Schritte umfassende Mitbestimmung im Sinne einer Vorlage des Arbeitgebers an den Betriebsrat und dessen Zustimmung scheint wegen des Erörterungs- oder Beratungsbedarfs kaum möglich. Es bietet sich deshalb an, über eine gangbare Alternative in gegenseitiger Abstimmung nachzudenken.

In Betracht käme die Regelung über eine Betriebsvereinbarung, in der auch ausserbetriebliche Verhaltensweisen während der Arbeit und im Umgang mit Betriebsangelegenheiten festgelegt werden. Nur muss dabei auch rechtlich beachtet werden, dass derartige Anforderungen mangels Kompetenz nicht dazu dienen können, unmittelbare Verpflichtungen, Zugriffsrechte oder Sanktionen auch für das Verhalten ausserhalb des Betriebes zu begründen. Die Regelungen qualifizieren sich damit eher als Standards, die zu erfüllen sind, aber nur im Betrieb zunächst verpflichtend gelten können. Im Rahmen einer Betriebsvereinbarung über Telearbeit besteht aber durchaus die Möglichkeit zu vereinbaren, diese Standards über einen individualrechtlichen Arbeitsvertrag an den Arbeitnehmer verpflichtend weiter zu geben. Dass dafür im Sinne einer von vornherein möglichst festgelegten Gleichbehandlung der Betriebsvereinbarung ein Muster-Arbeitsvertrag angefügt werden sollte, entspricht einem rechtlichen und zugleich auch einem

---

[182] Wank, Telearbeit Rdnr. 640
[183] Fitting/Kaiser/Heither/Engels §§ 112, 112a Rdnr. 17; Richardi, § 112 Rdnr. 25

ökonomischen Bedürfnis und macht die Inhalte des von beiden Partnern der Betriebsvereinbarung Gewollte transparent.

Damit eröffnet die Betriebsvereinbarung die Möglichkeit, innerbetriebliche Regelungen umfassend festzulegen, arbeitschutzrechtliche Standards (vgl. auch Glied.Nr. 6.3), vertragliche Konditionen hinsichtlich der Arbeitsbedingungen und zusätzlich auch alle weiteren Erfordernisse der Telearbeit im Hinblick auf Überwachungsrechte bzw. Kontrollnotwendigkeiten festzulegen.

6.3 Arbeitsschutz

Aufgrund des Umganges der Tele-Arbeitnehmer mit technischen Geräten ergeben sich vielfältige Vorgaben für die Tätigkeit aufgrund arbeitsschutzrechtlicher Vorschriften. Deren Einhaltung ist allerdings mit besonderen Schwierigkeiten deshalb verbunden, weil der Arbeitgeber nicht mehr den unmittelbaren Einfluss auf den Arbeitsplatz hat. Soweit der Tele-Arbeitnehmer in alternierender Telearbeit beschäftigt ist, besteht die Möglichkeit des Zugriffe einmal über den immer noch im Betrieb befindlichen Arbeitsplatz wie auch über die dann mögliche Kontrolle der Telearbeitsgeräte, nicht hingegen die Zugriffsmöglichkeit auf die Arbeitsbedingungen, die der Tele-Arbeitnehmer ausserhalb des Betriebes vorfindet oder beachtet. Bei isolierten Tele-Arbeitnehmer ergibt sich der erst genannte Kontakt überhaupt nicht, und – unterstellt der Arbeitnehmer ist sogar ausserhalb des Einzugsgebietes tätig, in dem sich der Betrieb befindet – begegnet auch die Möglichkeit einer Stichprobenüberprüfung oder eine regelmäßigen Einflussnahme auf den Arbeitsplatz größeren Schwierigkeiten.

159

Die besondere Problematik besteht dabei darin, dass sich die Arbeitsschutzvorschriften überwiegend an die Arbeitgeber richten[184]. Daneben bestehen zwar ebenfalls Verpflichtungen der Arbeitnehmer überwiegend aus der vertraglichen Beziehung, jedoch trifft die wesentliche Verantwortung für die Einhaltung der Vorschriften zunächst den Arbeitgeber. Gleiches gilt auch für die durch die Europäische Union erlassenen Verordnungen bzw. Richtlinien oder die aufgrund dieser Richtlinien erlassenen deutschen Vorschriften[185], so dass der Arbeitgeber letztlich immer wieder als „Garant für die Einhaltung der Arbeitsschutzvorschriften" einzustehen hat.

Bei der Implementierung von Telearbeit ist mithin darauf zu achten, dass dem Arbeitgeber ausreichend Handlungsspielraum gegenüber dem Arbeitnehmer bleibt, die Einhaltung der Arbeitsschutzvorschriften durchzusetzen. Dies wird im übrigen auch für die Einhaltung sozialer Arbeitsschutzvorschriften zu gelten haben, indem der Arbeitgeber auf die Einhaltung von Arbeitszeiten, den Schutz werdender oder stillender Mütter und auch den Schwerbehindertenschutz sicherstellen muss.

---

[184] MünchHb/Wlotzke, a.a.O. Rdnr. 2; Kittner/Pieper, Einl. Rdnr. 30; Wank/Börgmann, S. 11
[185] Wank/Börgmann, S. 89

6.3.1 Regelungsdichte und Handlungsspielräume

160 Geht man dem Begriff des Arbeitsschutzrechts zunächst einmal nach, so ergibt sich systematisch „ein ungeordnetes Konglomerat buntscheckiger, teilweise veralteter Normen"[186], die unterschiedlichen Zwecken dienen, nicht nur denen des Arbeitnehmerschutzes[187]. Zuzurechnen sind diesem Rechtsgebiet alle Rechtsvorschriften, die unmittelbar darauf gerichtet sind oder die nach ihren Schutzzielen dazu beitragen, dass Sicherheit und Gesundheitsschutz der Beschäftigten bei der Arbeit gewährleistet sind[188]. Dazu gehören mithin alle sozialen, betrieblichen und technischen Arbeitsschutzvorschriften, soweit sie das Telearbeitsverhältnis betreffen. Dass diese Vorschriften nicht nur den deutschen Standards entsprechen, ergibt sich zwischenzeitlich aus den Regelungen der EU, deren Bildschirmarbeitsplatzrichtlinie[189] zur Verordnung über Sicherheit und Gesundheitsschutz bei der Arbeit an Bildschirmgeräten[190] geführt hatte[191], die allerdings nicht für die tragbaren Bildschirmgeräte gilt, also z.B. auf Laptops oder Notebooks nicht anwendbar ist[192], soweit diese nicht überwiegend auf einem Arbeitsplatz ortsfest eingesetzt werden. Für den Bereich der Telearbeit bedeutet dies, dass die Vorgaben der Bildschirmarbeitsverordnung ebenso zu erfüllen sind wie etwa die Vorschriften der Arbeitsmittelbenutzungsverordnung[193].

Nach Maßgabe dieser Regelungen obliegt dem Arbeitgeber und den nach § 13 ArbSchG weiter Verpflichteten die Aufgabe, Bildschirmarbeitsplätze den ergonomischen Anforderungen an die Gestaltung der Arbeitsmittel ebenso anzupassen wie die Arbeitsumgebung. Zusätzlich sind nach § 5 BildschirmarbVO durch die notwendigen die Arbeitszeit gestaltenden Maßnahmen (Lage der Arbeitszeit, Pausen, abwechselnde Tätigkeiten) die Belastungen der Bildschirmarbeitstätigkeit zu verringern[194].

161 Interessanterweise unterlässt es die Verordnung jedoch vorzugeben, in welcher Form und durch welche Maßnahmen im Einzelnen zu handeln ist. Damit wird dem Arbeitgeber ein Rahmen zum Handeln belassen, der die betriebsgerechte Ausgestaltung und auch die der Entwicklung der Technik angemessene Ausgestaltung ermöglicht[195]. Auch wenn es hierbei in erster Linie um Bildschirmar-

---

[186] Wank/Börgmann, S. 10; Herschel, RdA 1978, 69
[187] MünchHb/Wlotzke, § 206 Rdnr. 1
[188] Ebenda.
[189] Richtlinie 90/270/EWG v. 29.5.1990, ABl. L 156, S. 14
[190] v. 4. Dezember 1996 (BGBl. I S. 1841)
[191] Kittner/Pieper, § 1 BildschArbVO Rdnr. 1
[192] EuGH (Sechste Kammer), v. 6.7.2000 – AuR 2000, 383 für den Geltungsbereich der EU-Richtlinie; § 1 Abs. 2 Nr. 4 BildschArbVO; Kittner/Pieper, § 1 BildschArbVO Rdnr. 20
[193] Verordnung über Sicherheit und Gesundheitsschutz bei der Benutzung von Arbeitsmitteln bei der Arbeit v. 11. März 1977 (BGBl. I S. 450)
[194] Als solche sind bekannt: Kopfschmerzen, Augenbeschwerden, Verspannungen und Schmerzen im Rücken und im Bewegungsapparat, Verschleiß und Schmerzen der Muskeln, Sehnen und Gelenke, der Unterarme, Hände und Handgelenke bis hin zur Berufsunfähigkeit – Kollmer, NZA 1997, 141
[195] Dulle, S,. 147; Wank § 4 BildschirmArbVO Rdnr. 4, der auch auf die enge Verbindung zu § 5 Abs. 1 ArbSchG hinweist.

beitsplätze in einem Betrieb zu gehen scheint, werden auch die Arbeitsplätze von Tele-Arbeitnehmern in deren Wohnung, in Nachbarschafts- oder Satellitenbüros von dieser Verpflichtung erfasst, wenn ein Arbeitsverhältnis zwischen beiden vorliegt. In diesem Falle werden allerdings nicht nur das Gerät als solches sondern auch die weiteren Arbeitsmittel den Regelungen unterworfen, als da sind: PC, Tatstatur, Mouse, Scanner, Drucker, Plotter, externe Speichermedien, Modem, Reflex- oder Blendschutz, aber in dem hier weit zu fassenden Sinne der Arbeitsmittel auch Arbeitstisch, Arbeitsstuhl, Fußstütze, Manuskripthalter, Arbeitsfläche[196]. Wenn andererseits die nicht ortsgebundenen Bildschirmarbeitsgeräte von diesen Regelungen nicht erfasst werden, so sind die dementsprechenden Arbeitsplätze der alternierenden Tele-Arbeitnehmer auch nicht der Verordnung unterworfen. Dass sich hieraus nicht nur eine Regelungslücke ergibt, sondern dass hier möglicherweise ein für Arbeitnehmer schutzloser Raum besteht, bemängelt Dulle[197] zu Recht. Allerdings bedarf es keiner Doppelausstattung[198] alternierender Telearbeitnehmer sowohl mit Laptop als auch mit PC am betriebsinternen Arbeitsplatz, um etwa weitergehenden Schutz im Rahmen einer Betriebsvereinbarung sicherstellen zu wollen. Allein die Einrichtung einer Dockingstation würde bereits die Verbindung herstellen, um die Annahme eines festen Arbeitsplatzes sicher stellen zu können.

Im Ergebnis lassen die Vorschriften über die Bildschirmarbeit[199] damit einen Regelungsspielraum zu, der dem Arbeitgeber eine Vielzahl von Maßnahmen und Möglichkeiten eröffnet, den auftretenden oder zu befürchtenden Gefahren oder Schäden zu begegnen. Hervor zu heben ist dabei zunächst die Verpflichtung, die potenziellen Gefahren zunächst zu bewerten und damit auch die Pflicht, diese zu ermitteln. Dies fordert zum einen in allgemeiner Form bereits § 5 ArbSchG, der durch § 3 der auf dem Arbeitsschutzgesetz basierenden Bildschirmarbeitsverordnung konkretisiert wird. Mit anderen Worten wird dem Arbeitgeber die Ermittlung, die Beurteilung und Bewertung sowie die Einhaltung der Maßstäbe menschengerechter Arbeit abverlangt. Dass dies sachverständiger Prüfung bedarf, ist erkannt und dementsprechend stehen sachverständige Hilfen zur Verfügung[200].

In weiterer Sicht sind vom Arbeitgeber aber auch die Vorschriften des Arbeitsschutzgesetzes zu befolgen. So hat er bei den Tele-Arbeitsplätzen ebenso seiner Dokumentationspflicht nach § 6 ArbSchG[201] nachzukommen. Mit dieser Dokumentation sollen den für den Arbeitsschutz im Betrieb aber auch den Aussenste-

162

---

[196] BR – Drs. 656/96 S. 28; vgl. Dazu den in Schlagworten gehaltenen Anhang zur BildschArbVO – s. Rdnr. 173
[197] S. 153 ff.
[198] Bredemeier, ZfPR 1997, 61
[199] In diesem Zusammenhang dürfen allerdings nicht die zu Bildschirmarbeitsplätzen bestehenden Anforderungen durch die Reihe DIN – EN 29241 ausser acht gelassen werden, bei deren Vorliegen von einer Gestaltung entsprechend der BildschirmArbVO ausgegangen werden kann – BR-Drs. 656/96, S. 30
[200] Vgl. etwa die Angaben bei: Kittner/Pieper, § 3 BildschirmVO Rdnr. 15; Bundesanstalt für Arbeitsschutz und Arbeitsmedizin, Die systematische Beurteilung von Bildschirmarbeitsplätzen; dslb., Telearbeit – gesund gestaltet
[201] Sofern er mehr als 10 Arbeitnehmer beschäftigt

henden[202] die Arbeitsschutzentscheidungen und -maßnahmen transparent gemacht werden[203], damit diese ihren Aufgaben nachkommen können. Auch hierbei überlässt es das Arbeitsschutzgesetz dem Arbeitgeber, über Form und Art der Dokumentation zu entscheiden[204], sofern er die Ergebnisse der Gefährdungsbeurteilung, die von ihm festgelegten Maßnahmen zum Arbeitsschutz und die Überprüfungsergebnisse dokumentiert. Diese festgelegte Überprüfung wird bei alternierenden oder isolierten Telearbeitsplätzen allerdings an ihre Grenzen stoßen. Der Schutz der Wohnung des Arbeitnehmers genießt zunächst Vorrang und verschließt eine regelmäßige, ständige Kontrolle. Im Rahmen dahingehender Überlegungen ist dem Arbeitgeber letztlich auch eine Beschränkung aus Verhältnismäßigkeitsgesichtspunkten aufgezwungen. Deshalb wird die einmalige Einrichtung, Bewertung und Festlegung von notwendigen Maßnahmen auch wegen der zu erwartenden Konstanz in der Wohnung eines Arbeitnehmers als ausreichend erachtet werden können und müssen[205].

Betrachtet man unter diesen Gesichtspunkten die Regelungsdichte für Telearbeit, so ist eine technische Einschränkung des Handlungsspielraumes zweifelsohne vorhanden, schließt aber eine weitergehende, arbeitsschutzrechtlich bessere Lösung anstehender Probleme nicht aus. Gleiches gilt letztlich auch für die Aspekte des sozialen Arbeitsschutzes, soweit sich die betriebsgerechten Gestaltungen in den Grenzen von Mutterschutz-, Arbeitszeit-, Jugendarbeitsschutz- und Schwerbehindertengesetz halten.

163 Betrachtet man vor diesem Hintergrund die Arbeitgeberentscheidung, so stellt sich zugleich die Frage nach der Beteiligung der Arbeitnehmervertretung – wie oben Rdnr. 143 dargestellt, ist dies für Betriebsverfassungs-, Personalvertretungs- oder Mitarbeitervertretungsrecht gleich zu sehen. Angesichts § 87 Abs. 1 Nr. 7 BetrVG wird dabei insbesondere die Frage aufgeworfen, inwieweit der Betriebsrat bereits bei der Gefahrenermittlung nach Arbeitsschutzgesetz zu beteiligen ist[206]. Entgegen gehalten wird dem insbesondere, dass die Mitbestimmung zu einer Ausweitung des Tatbestandes führen würde, die keine gesetzliche Grundlage habe[207]. Berücksichtigt werden muss demgegenüber aber auch, dass dem Betriebsrat nach § 89 BetrVG ein umfassendes Beteiligungsrecht bei allen Fragen des Arbeitsschutzes und der Unfallverhütung zusteht. Wenn dementsprechend der Arbeitgeber bei den Maßnahmen zum Gesundheitsschutz, Arbeitsschutz und zur Unfallverhütung einerseits der Informations- und Beratungspflicht unterliegt und darüber hinaus die Maßnahmen selbst weitest gehend mitbestimmen lassen muss (§ 87 Abs. 1 Nr. 7 BetrVG), so erscheint es nahezu widersinnig, dies nicht auch im Rahmen der Gefährdungsermittlung nach § 5 ArbSchG zuzulassen. Dass es dabei nicht nur um das Verfahren selbst geht sondern auch um das Zusammen-Tragen aller Gefährdungspotenziale, gebietet letztlich die Möglichkeit, im Nach-

---
[202] Vgl. dazu Rdnr. 165
[203] Wlotzke, NZA 1996, 1020; Kittner/Pieper, § 6 ArbSchG Rdnr. 1
[204] Wank, § 6 ArbSchG Rdnr. 3
[205] So mit Recht: Dulle, S. 165
[206] Wank, § 5 ArbSchG Rdnr. 11
[207] ebenda

Hinein über Mitbestimmung und Initiativrecht zusätzliche Maßnahmen und Argumente einzubringen. Betriebswirtschaftlich – praktisch gesehen kann deshalb nur eine Bereitschaft zur gemeinsamen arbeitsschutzrechtlich korrekten und arbeitsrechtlich alle Interessen berücksichtigenden Einführung der Telearbeit als dem Wohl des Betriebes und der Arbeitnehmer (§ 2 Abs. 1 BetrVG) dienend betrachtet werden. Folgte man der Gegenauffassung[208] mit der Begründung, die gesetzlichen und verordnungsrechtlichen Regelungen enthielten unbestimmte Rechtsbegriffe, deren konkretisierende Interpretation Voraussetzung dafür sei, dass das Mitbestimmungsrecht erst ausgelöst werde und auch erst dann – und zwar danach – eingreifen könnte, ließe das gestaltende Miteinander in einem Formalismus erstarren. Hinzu käme dann, dass von der im Interesse der Arbeitnehmer und ihres Schutzes möglichen und erwünschten erweiternden Auslegung dann kaum Gebrauch zu machen sei. Bezogen auf die Telearbeit schlösse dies eine einvernehmliche Regelung, etwa alternierende Tele-Arbeitnehmer, die nicht über einen Bildschirmarbeitsplatz innerhalb des Betriebes verfügen, in den Kreis der von der Bildschirmarbeitsverordnung Geschützten aufzunehmen, aus. Gerade hier wie auch in den Bereichen des technischen Arbeitsschutzes oder der möglichst arbeitnehmerfreundlichen Gestaltung von Arbeitszeit bleibt jedoch wünschenswert, die Möglichkeit zu erhalten, Abweichendes zu vereinbaren. Nicht unbeachtet werden darf insoweit insbesondere die offensichtlich bewusst zurückhaltende Formulierung des § 2 Abs. 3 BildschirmArbVO, die als Beschäftigte im Sinne der Vorschriften die Arbeitnehmer behandelt wissen will, deren Arbeit am Bildschirm gewöhnlich einen nicht unwesentlichen Teil ihrer normalen Arbeit ausmacht. Wenn damit einerseits die überwiegende Tätigkeit am Bildschirm nicht gefordert wird, andererseits aber auch die gelegentliche ausgeschlossen sein soll[209], so lässt dies erkennen, dass die Ausformung des Arbeitsschutzes bei derartigen Tätigkeiten in nicht geringem Teil den betrieblichen Erfordernissen angepasst und die betriebsverfassungsrechtlichen Partner geregelt werden soll[210]. Bedenkt man weiter den allgemeinen Schutzauftrag des Betriebsrates[211], ergibt sich im Bereich der persönlichen Geltung bildschirmarbeitsrechtlicher Schutzvorschriften die Berechtigung und Notwendigkeit dafür, das Mitbestimmungsrecht des § 87 Abs. 1 Nr. 7 hierauf auszudehnen[212].

Bei gleicher Betrachtungsweise kann dann auch nicht verkannt werden, dass sich dieses Mitbestimmungsrecht – insbesondere angesichts der Verstärkung durch § 89 BetrVG – auch auf die Erfassung der Gefährdungspotenziale zu erstrecken hat. Damit schließt sich der Kreis der Mitbestimmungstatbestände zu einer Beteiligung an dem Gesamtobjekt „Telearbeit", da alle Maßnahmen i.S. des § 5 BildschirmArbVO solche sind, die Belastungen aus dieser Arbeitsform verringern sollen[213]. Nicht anders kann die Verpflichtung zur Untersuchung der Augen und des

164

---

[208] s. die Darstellung bei: Dulle, S. 246 f.
[209] BR-Drs. 656/96 S.28
[210] So mit Recht: Dulle, S. 247
[211] Vgl. etwa § 80 Abs. 1 Nrn. 1, 2, 4
[212] Vgl. auch Kittner/Pieper, § 3 BildschirmArbVO Rdnr. 10
[213] Wank, § 5 BildschirmarbVO Rdnr. 5

Arbeitsrechtliche Gefahren und Lösungen

Sehvermögens nach § 6 BildschirmArbVO bewertet werden. Auch hier legt die Verordnung nur die Durchführung innerhalb angemessener Fristen fest und eröffnet damit einen Regelungsspielraum. Gerade dies ist indes regelmäßig der Ansatz, der zur Beteiligung des Betriebsrates i.S. eines Mitbestimmungsrechtes – hier ebenfalls eines aus § 87 Abs. 1 Nr. 7 BetrVG – führt.

In der Gesamtschau betrachtet ergeben sich damit für die Fragen des Arbeitsschutzes, speziell bezogen auf die Notwendigkeiten der Telearbeit, umfangreiche innerbetriebliche Regelungsspielräume für den Arbeitgeber[214]. Deren nähere Konkretisierung stellen sich als Maßnahmen dar, die dem Unfallschutz, dem Schutz der Gesundheit und der Abwehr von Gesundheitsgefahren dienen. Auch wenn diese Regelungskompetenzen künftig weiter durch zusätzliche Vorgaben konkretisiert werden[215] werden, insbesondere durch die Unfallverhütungsvorschriften der Berufsgenossenschaften als Träger der gesetzlichen Unfallversicherung, werden regelmäßig betriebsbezogene Regelungsspielräume bleiben, deren Ausfüllung dem Arbeitgeber und dem Betriebsrat obliegen.

Angesichts dieser rechtlichen Situation und des Erfordernisses, dem Gefährdungspotenzial entgegen zu wirken, sind auch hier die betriebsverfassungsrechtlichen Partner aufgefordert und gezwungen, einen gemeinsamen Weg zu finden, mit dem dem Arbeitnehmerschutz in gebührendem Umfang entsprochen wird. Dies kann auf Ersuchen des Arbeitgebers durch mitbestimmte Maßnahmen geschehen, dürfte sich aber immer als der aufwendigere Weg erweisen, als das gemeinsame Bemühen von Anfang an, um im Wege einer umfassenden Betriebsvereinbarung und unter Beachtung der gesetzlichen und verordnungsrechtlichen Vorgaben eine gemeinsame Regelung vorzunehmen.

6.3.2 Aufgabenträger des Arbeitsschutzes

165 Wenn bislang regelmäßig die Verantwortlichkeit des Arbeitgebers für den Arbeitsschutz betont worden ist, so folgt dies einerseits aus dessen vertraglicher Verpflichtung zu Schutzmaßnahmen für den Arbeitnehmer, andererseits aus den sich an ihn richtenden Anordnungen des Arbeitnehmerschutzrechtes als öffentlich-rechtlicher Verpflichtungen. Zusätzlich ergeben sich aus den Beteiligungsrechten der Arbeitnehmervertretungen indes auch interne Verantwortlichkeiten des Betriebsrates, die dessen Einbindung in die entsprechenden Planungen und Maßnahmen nach sich ziehen. Dies hat seine Ausprägung auch in der Tatsache, dass sich Betriebsrat als Ansprechpartner der Arbeitnehmer fühlt und von den Arbeitnehmern als solcher betrachtet wird. Folge dessen wiederum ist, dass der Betriebsrat eventuelle Probleme diesbezüglicher Art an den Arbeitgeber heran tragen wird. Insonderheit aber kleiden die Arbeitnehmervertretungsgesetze die Stellung der Arbeitnehmervertretung als eine solche aus, der das Recht zukommt, nicht nur

---

[214] So ausdrücklich: MünchHb/Wlotzke, § 208 Rdnr. 34
[215] Vgl. dazu den Entwurf der Verwaltungs-Berufsgenossenschaft für eine Unfallverhütungsvorschrift „Arbeit an Bildschirmgeräten" (VBG 104), der allerdings noch keine Verbindlichkeit erlangt hat.

an allen Besprechungen, Begehungen und Maßnahmen teilzuhaben, sondern auch über alle informiert zu werden und sich dazu äußern zu können. Damit wird neben dem Arbeitgeber die Arbeitnehmervertretung zu einem wichtigen Träger betriebsinternen Unfall- und Gesundheitsschutzes.

Betriebsintern sind weitere Funktionsträger zu beachten, deren Aufgabenstellung ebenfalls die Stellung der Tele-Arbeitnehmer erfasst und beeinflussen kann. Nach §§ 2 und 5 Arbeitssicherheitsgesetz[216] und in Verbindung mit der Unfallverhütungsvorschrift VBG 122, 123 sind Betriebsärzte und Fachkräfte für Arbeitssicherheit zu bestellen, deren Aufgabenstellung auch den Schutz auf Bildschirmarbeitsplätzen erfasst. Gleiches gilt auch für die betrieblichen Sicherheitsbeauftragten in Betrieben mit mehr als 20 Beschäftigten nach § 22 SGB VII. Da es sich bei diesen Kräften aber um Beauftragte des Arbeitgebers, also gesetzlich vorgesehene Kräfte, deren Aufgabenstellung sich von den Verpflichtungen des Arbeitgebers ableitet[217], handelt, bestehen ihre Möglichkeiten ausschließlich betriebsintern gegenüber dem Betriebsleiter und im Sonderfall dem Arbeitgeber gegenüber[218], während ihnen keine Kompetenzen zustehen, sich an Aussenstehende, etwa an die Berufsgenossenschaft oder eine Aufsichtsbehörde zu wenden. Sofern ein Konsens innerbetrieblich nicht möglich erscheint, haben diese allenfalls das Recht, eine schriftliche Ablehnung beanspruchen zu können. Demgegenüber bleibt die Kontaktaufnahme mit dem Betriebsrat innerbetrieblich und ist damit möglich. Allerdings kann auch der Betriebsrat allenfalls im Zusammenhang mit Begehungen des Betriebes auf eventuelle Probleme aufmerksam machen. Eine Prüfungsmöglichkeit beschränkt sich dabei allerdings auch ausschließlich auf den Betrieb.

166

Eine darüber hinausgehende Aufgabenstellung trifft dagegen die Berufsgenossenschaften als Träger der gesetzlichen Unfallversicherung. Sie können durch Begehungen des Betriebes, durch vollziehbare Anordnungen und Zwangsmaßnahmen die Unfallsicherheit und den Gefahrenschutz innerhalb eines Betriebes durchsetzen, wobei ihre Maßnahmen sich auch gegen den Arbeitnehmer richten können[219].

167

Der staatlichen Aufsicht stehen gleiche, regelmäßig nur gegen den Arbeitgeber gerichtete Befugnisse zu, um die Arbeitsschutzvorschriften durchzusetzen, wobei heute deren Schwerpunkt in der Überwachung des sozialen Arbeitsschutzes liegt[220].

Eine Zusammenarbeit mit diesen Trägern besteht für den Arbeitgeber als gesetzliche Verpflichtung. Es ist ihm auch angeraten angesichts der Eingriffsmöglichkeiten, die zumindest den Berufsgenossenschaften und den staatlichen Aufsichtsbehörden zustehen. Eine betriebsinterne Zusammenarbeit bietet sich unter dem Ge-

---

[216] Gesetz über Betriebsärzte, Sicherheitsingenieure und andere Fachkräfte für Arbeitssicherheit v. 12. Dez. 1973 (BGBl. I S. 1885) mit nachfolgenden Änderungen
[217] Wank, Deutsches und Europäisches Arbeitsschutzrecht, S. 61
[218] Kittner/Pieper, Arbeitssicherheitsgesetz Rdnr. 108.
[219] Wank, S. 70f.
[220] Wank, S. 66

Arbeitsrechtliche Gefahren und Lösungen

sichtspunkt an, dass die bestellten Fachkräfte als Hilfen für den Arbeitgeber tätig werden sollen. Die Zusammenarbeit stellt sich als interne Notwendigkeit dar, bedenkt man die Beteiligungs- und Mitbestimmungsrechte, deren Missachtung zum einen gegen die Unternehmenskultur sprechen, zum anderen aber auch die interne Ablauforganisation belasten. Andererseits darf nicht verkannt werden, dass die Einrichtung und der Erhalt oder Unterhalt von Telearbeitsplätzen, auch wenn dies auf Kosten des Arbeitgebers erfolgt, gerade nicht innerbetrieblich vor sich geht, sondern dass es sich hierbei um dezentrale Arbeitsplätze handelt, bei denen der Arbeitgeber kraft eigenen Rechts keine unmittelbare Einflussnahme zusteht. Damit erschwert sich auch jegliche Form der Kontrolle.

6.3.3 Kontrolle der Arbeitsplätze

168 Erscheint es nötig, Zugriff auf einen Tele-Arbeitnehmer oder auf den Arbeitsplatz innerhalb der Wohnung des Arbeitnehmers zu nehmen, wirft sich die Frage nach den gesetzlichen Kompetenzen auf. Die gesetzlich formulierten Zutrittsrechte beziehen sich in erster Linie auf Arbeitsstätten, also Arbeitsplätze in der Verfügungsgewalt des Arbeitgebers, nicht aber auf solche Arbeitsplätze, die im Privatbereich des Arbeitnehmers angesiedelt sind. Hierfür bestehen überwiegend das Erfordernis der Einwilligung durch den Berechtigten. Andererseits kann nicht verkannt werden, dass der Teil der Wohnung des Tele-Arbeitnehmers, der der Vertragserfüllung ausschließlich zu dienen bestimmt ist, auch einen Charakter als Arbeitsplatz, also ggf. als Arbeitsstätte im Sinne der Arbeitsschutzvorschriften angenommen haben könnte. Diffiziler ist dies darüber hinaus dann, wenn der Arbeitsplatz ohne räumliche Trennung in den Wohnungsbereich integriert ist. Zusätzlich ist zu differenzieren, wer von den in Betracht kommenden und zur Kontrolle Aufgerufenen in der Wohnung des Arbeitnehmers den Arbeitsplatz, dessen Einrichtung und sein Umfeld inspizieren oder kontrollieren will.

6.3.3.1 Zugangsrechte von staatlichen Institutionen

169 Gegenüber staatlichen Stellen, zu denen wegen der Funktionszuweisung neben der Gewerbeaufsichtsverwaltung auch die Berufsgenossenschaften als Verwaltungsträger zu zählen sind, gilt die Garantie der Unverletzlichkeit der Wohnung nach Art. 13 GG[221]. Sofern nicht eine diese Garantie zulässigerweise einschränkende Zugangsbefugnis gesetzlich eingeräumt ist[222], bedürfen mithin alle staatlichen Funktionsträger zum Betreten der Wohnung des Tele-Arbeitnehmers und zur Kontrolle seines häuslichen Telearbeitsplatzes dessen Einwilligung. Eine davon abweichende Befugnis besteht nur bei dringender Lebensgefahr oder zur Verhütung von Gefahren für die öffentliche Sicherheit und Ordnung; dementsprechende Regelungen sind in §§ 139 GewO, 17 Abs. 5 AZG, 3 Abs. 2 HAG, 13

---

[221] Vgl. Fenski, Rdnr. 418
[222] Auf die Behandlung der Frage, wann und unter welchen Voraussetzungen eine derartige Regelung verfassungsrechtlich zulässig ist, wird hier verzichtet. Vgl. zu dieser Frage: Collardin, S. 48 ff.; Dulle, S. 192 ff.

Abs. 2 ASiG, 20 Abs. 2 MuSchG, 51 Abs. 2 JArbSchG, 19 Abs. 1 SGB VII enthalten. Darüber hinaus gehende Befugnisse sind den hier involvierten Personen nicht eingeräumt.

Wegen der gesetzlichen Verpflichtung des Arbeitgebers, gegenüber der Gewerbeaufsichtsverwaltung und auch gegenüber der Berufsgenossenschaft als Verantwortlicher für die Einhaltung von Unfall- und Arbeitsschutzvorschriften einstehen zu müssen, ergibt sich deshalb Handlungsbedarf. Dass dies nicht mit der Einräumung eines jederzeitigen Zutrittrechts einer gehen kann, erhellt bereits daraus, dass der Arbeitnehmer sich damit jeglichen Schutzes seiner Privatsphäre begebe und dies mit Verhältnismäßigkeitsgrundsätzen nicht vereinbar wäre; dem stünde das Verbot entgegen, in vollem Umfang auf eigene Grundrechte verzichten zu können[223].

Dementsprechend sollten für über die reine Gefahrenabwehr hinaus gehende Zugangsmöglichkeiten Abreden getroffen werden, die sich auf die staatlichen Funktionsträger beziehen. Dass hierbei die Zugangsrechte der Ordnungsbehörden bei dem Verdacht strafbarer Handlungen nicht ausgeschlossen werden oder beschränkt werden können, bedarf keiner weiteren Erwähnung.

6.3.3.2 Zugangsrecht des Arbeitgebers

Aus der besonderen Konstellation, dass Grundrechte keine Drittwirkung zwischen Arbeitgeber und Arbeitnehmer entfalten, ergibt sich kein Zutrittsverbot des Arbeitgebers, den Arbeitsplatz in der Wohnung zu betreten, wohl aber aus dem privatrechtlichen Verhältnis zwischen Arbeitgeber und Arbeitnehmer, das den Arbeitnehmer berechtigt, jedem Privaten den Zutritt zu seiner Wohnung zu verbieten. Bedenkt man aber, dass der Arbeitgeber nicht nur die Einrichtung des Arbeitsplatzes entsprechend den Arbeitsschutzvorschriften zu verantworten hat, sondern dass dies eine Dauerverpflichtung ist und er zur Prüfung von deren Einhaltung auch stichprobenartige Kontrollen vornehmen können muss, ergibt sich Zugangsbedürfnis über den Zeitraum, für den ein Telearbeitsverhältnis besteht. Andererseits bestehen im Rahmen eines Arbeitsverhältnisses die durch die §§ 138, 242 BGB gezogenen Grenzen, die ein Zutrittrecht aus dem Vertrag heraus jedenfalls nicht unbeschränkt zulassen. Dementsprechend sind die Zutrittsrechte an besondere Erfordernisse betrieblicher Art gebunden[224] oder an den Verdacht Datenmissbrauchs[225]. Sinnvollerweise sollten allerdings die betrieblichen Notwendigkeiten wenigstens beispielhaft definiert werden. In Betracht kommt sicherlich nicht der Aspekt einer allgemeinen, weil gerade für richtig gehaltenen Kontrolle, wohl aber z.B. der Zugang im Rahmen einer intervallmäßig durchgeführten regelmäßigen Kontrolle der EDV-Anlagen des Betriebes. Ebenso erscheinen allgemeine Wartungsmaßnahmen oder Fehlerquellen-Beseitigungsarbeiten rechtfertigend. Gleiches kann auch nicht ausgeschlossen werden, wenn Fehler am Zentral-

170

---

[223] BVerfGE 32, 54 (75)
[224] Dulle, S. 209
[225] Fenski, S. 233

rechner möglicherweise durch von aussen kommende Einflüsse bedingt erscheinen. Sinnvollerweise können in diesem Zusammenhang auch gleichzeitig die Zutrittsrechte der die Einhaltung von Arbeitsschutzvorschriften prüfenden Funktionsträger vereinbart werden. In allen Fällen wird aber darauf zu achten sein, dass zuvor eine Terminabstimmung mit dem Tele-Arbeitnehmer stattfindet und das Betreten im Einvernehmen vonstatten gehen muss.

Immer bleibt zu bedenken, dass die Vereinbarung von Telearbeit per se in keinem Falle geeignet ist, bereits ein stillschweigend vereinbartes Zugangsrecht zu begründen[226]. Zwar zieht der Arbeitnehmer seinen Arbeitsplatz aus dem Betrieb heraus und in seinen häuslichen Bereich hinein, möglicherweise führt er weitere Arbeiten – wie etwa Besprechungen o.ä. – in seiner Wohnung durch und bewahrt Unterlagen in seinem häuslichen Bereich auf, daraus kann aber nicht auf eine konkludente Öffnung der Wohnung für den Arbeitgeber geschlossen werden[227]. Das Kennzeichen der Telearbeit ist die dezentrale Erbringung der vertraglich geschuldeten Arbeit, nicht aber auch die Öffnung der Wohnung für den Arbeitgeber. Es muss vielmehr umgekehrt davon ausgegangen werden, dass der Arbeitnehmer aus besonderen, meist privaten Gründen heraus versucht, die dem Arbeitgeber offene Arbeit in seine private Sphäre hinein zu ziehen. Es kann deshalb immer nur eine ausdrückliche Vereinbarung von Zugangsrechten geben. Andererseits darf der Arbeitnehmer aber nicht generell den Zugang zu dem Telearbeitsplatz verwehren. Er würde insoweit dem Arbeitgeber die Möglichkeit nehmen, seinen gesetzlichen Pflichten nachzukommen. Dem hat eine Vereinbarung im beiderseitigen Interesse zu entsprechen.

6.3.3.3 Zugangsrechte des Betriebsrates

171 Die im gleichen Zusammenhang vorzunehmenden Besuche des Betriebsrates werden kontrovers behandelt. So wird einerseits auf die im Betriebsverfassungsgesetz festgelegten Aufgabenstellungen des Betriebsrates abgehoben und daraus auf den Zwang von Arbeitnehmer und Arbeitgeber zur Vereinbarung eines Zugangsrechts geschlossen[228]. Ein solcher Schluss würde dem Betriebsrat mehr Ansprüche zuerkennen, als für den Arbeitgeber bestehen. Bedenkt man insoweit, dass der Betriebsrat in den betrieblichen Ablauf eingebunden ist und letztlich – ebenso wie alle anderen Arten von Arbeitnehmervertretungen – seine Rechte nur aus dem Betrieb und damit vom Arbeitgeber ableiten kann, erscheint dies rechtlich unmöglich. Angesichts der Aufgabenstellung des Betriebsrates bietet es sich indes an, eine entsprechende Vereinbarung zu treffen, allerdings würde es auch rechtlich ausreichen, den Betriebsrat an dem vom Arbeitgeber vorgesehenen Betreten des Arbeitsplatzes in der Wohnung eines Telearbeitnehmers zu beteiligen. Immer aber besteht auch die Notwendigkeit des Einverständnisses des Arbeitnehmers,

---

[226] Collardin, S. 70
[227] Wedde, Telearbeit, S.121 f.; Schuppert, Zutrittsrechte zu Telearbeitsplätzen, S. 52
[228] Wedde, Telearbeit und Arbeitsrecht, S. 161; Fitting/Kaiser/Heither/Engels § 5 Rdnr. 58

6.3.3.4 Zugangsrechte von Gewerkschaften

Unter dem Gesichtspunkt, dass ein die Telearbeit betreffendes Regelwerk tarifvertraglich vereinbart werden kann, wird die Möglichkeit gewerkschaftlicher Zugangsrechte diskutiert und mindestens, wenn der Betriebsrat dies unterstützt, angenommen[229]. Insoweit ist allerdings zu bedenken, dass Gewerkschaften eine Betriebsnähe nur durch den Betriebsrat vermittelt wird, soweit sie nicht am Arbeitsschutzausschuss teilhaben. Darüber hinaus stehen ihnen gesetzlich fixierte Rechte und der Anspruch auf eine Zusammenarbeit im Sinne des § 2 Abs. 1 BetrVG zu. Damit sind aber noch keinerlei betriebliche Funktionen eingebunden und auch keine über die gesetzlich festgehaltenen begründet. Es steht ausser Frage, dass der Tele-Arbeitnehmer seinerseits die Anwesenheit eines Beauftragten seiner Gewerkschaft veranlassen kann. Es erscheint auch möglich, die Gewerkschaften i.S. eines Beauftragten des Betriebsrates oder des Arbeitsschutzausschusses zum Betreten der Wohnung und des Arbeitsplatzes zu entsenden. In diesen Fällen wird der Beauftragte einer Gewerkschaft regelmäßig als innerbetrieblicher Funktionsträger tätig und nicht als Gewerkschaftsmitglied oder -beauftragter. Zusätzlich kann auch bei Einverständnis des Tele-Arbeitnehmers ein Gewerkschaftsbeauftragter an der Besichtigung o.ä. teilnehmen, wenn dann die Schutzfunktion für die Wohnung durch den Arbeitnehmer eigenständig aufgegeben wird. Eine insoweit über den Kopf des Tele-Arbeitnehmers hinaus festgelegte Anwesenheit durch Tarifvertrag, auch wenn dies als eine betriebliche Norm i.S. des § 3 Abs. 3 TVG betrachtet würde, verstiesse gegen die negative Koalitionsfreiheit des Art. 9 Abs. 3 und wäre per se nichtig.

Wenn daher ein gewerkschaftliches Zutrittsrecht aus dem Gesetz nicht heraus zu lesen ist, so kann die Vereinbarung eines solchen Rechts nur in der Weise vereinbart werden, dass Betriebsrat oder Arbeitgeber den betroffenen Arbeitnehmer auf die Möglichkeit hinweisen, einen Gewerkschaftsvertreter hinzu zu ziehen bzw. mit der Hinzuziehung einverstanden zu sein. Widerspricht der Arbeitnehmer dem, so kommt eine Teilnahme bei der Besichtigung nur dann in Betracht, wenn der Gewerkschaftsvertreter eine gesetzliche formulierte Funktion im Rahmen des Arbeitsschutzes wahrnimmt, die entweder mit einem funktionellen oder gesetzlichen Zutrittsrecht verbunden ist.

6.3.4 Ausstattung des Arbeitsplatzes

Auf die Ausstattung des Arbeitsplatzes näher einzugehen, würde bedeuten, betriebsgerechte Ausstattungsvarianten näher ausgestalten zu wollen. Festzuhalten bleibt, dass für die Ausgestaltung des Tele-Arbeitsplatzes die im Anhang zur

---

[229] Collardin, S. 90; Fitting/Kaiser/Heither/Engels a.a.O.

Arbeitsrechtliche Gefahren und Lösungen

BildschirmarbeitsVO festgelegten Grundsätze einzuhalten sind. Dies sind bezogen auf die unterschiedlichen Anforderungsbereiche:

Bildschirmgerät und Tastatur

1. Die auf dem Bildschirm dargestellten Zeichen müssen scharf, deutlich und ausreichend groß sein sowie einen angemessenen Zeichen- und Zeilenabstand haben.
2. Das auf dem Bildschirm dargestellte Bild muß stabil und frei von Flimmern sein; es darf keine Verzerrungen aufweisen.
3. Die Helligkeit der Bildschirmanzeige und der Kontrast zwischen Zeichen und Zeichenuntergrund auf dem Bildschirm müssen einfach einstellbar sein und den Verhältnissen der Arbeitsumgebung angepaßt werden können.
4. Der Bildschirm muß frei von störenden Reflexionen und Blendungen sein.
5. Das Bildschirmgerät muß frei und leicht drehbar und neigbar sein.
6. Die Tastatur muß vom Bildschirmgerät getrennt und neigbar sein, damit die Benutzer eine ergonomisch günstige Arbeitshaltung einnehmen können.
7. Die Tastatur und die sonstigen Eingabemittel müssen auf der Arbeitsfläche variabel angeordnet werden können. Die Arbeitsfläche vor der Tastatur muß ein Auflegen der Hände ermöglichen.
8. Die Tastatur muß eine reflexionsarme Oberfläche haben.
9. Form und Anschlag der Tasten müssen eine ergonomische Bedienung der Tastatur ermöglichen. Die Beschriftung der Tasten muss sich vom Untergrund deutlich abheben und bei normaler Arbeitshaltung lesbar sein.

Sonstige Arbeitsmittel

10. Der Arbeitstisch beziehungsweise die Arbeitsfläche muß eine ausreichend große und reflexionsarme Oberfläche besitzen und eine flexible Anordnung des Bildschirmgerätes, der Tastatur, des Schriftguts und der sonstigen Arbeitsmittel ermöglichen. Ausreichender Raum für eine ergonomisch günstige Arbeitshaltung muß vorhanden sein. Ein separater Ständer für das Bildschirmgerät kann verwendet werden.
11. Der Arbeitsstuhl muß ergonomisch gestaltet und standsicher sein.
12. Der Vorlagenhalter muß stabil und verstellbar sein sowie so angeordnet werden können, daß unbequeme Kopf- und Augenbewegungen soweit wie möglich eingeschränkt werden.
13. Eine Fußstütze ist auf Wunsch zur Verfügung zu stellen, wenn eine ergonomisch günstige Arbeitshaltung ohne Fußstütze nicht erreicht werden kann.

Arbeitsumgebung

14. Am Bildschirmarbeitsplatz muß ausreichender Raum für wechselnde Arbeitshaltungen und -bewegungen vorhanden sein.
15. Die Beleuchtung muß der Art der Sehaufgabe entsprechen und an das Sehvermögen der Benutzer angepaßt sein; dabei ist ein angemessener Kontrast zwischen Bildschirm und Arbeitsumgebung zu gewährleisten. Durch die Gestaltung des Bildschirmarbeitsplatzes sowie Auslegung und Anordnung

der Beleuchtung sind störende Blendwirkungen, Reflexionen oder Spiegelungen auf dem Bildschirm und den sonstigen Arbeitsmitteln zu vermeiden.
16. Bildschirmarbeitsplätze sind so einzurichten, daß leuchtende oder beleuchtete Flächen keine Blendung verursachen und Reflexionen auf dem Bildschirm soweit wie möglich vermieden werden. Die Fenster müssen mit einer geeigneten verstellbaren Lichtschutzvorrichtung ausgestattet sein, durch die sich die Stärke des Tageslichteinfalls auf den Bildschirmarbeitsplatz vermindern läßt.
17. Bei der Gestaltung des Bildschirmarbeitsplatzes ist dem Lärm, der durch die zum Bildschirmarbeitsplatz gehörenden Arbeitsmittel verursacht wird, Rechnung zu tragen, insbesondere um eine Beeinträchtigung der Konzentration und der Sprachverständlichkeit zu vermeiden.
18. Die Arbeitsmittel dürfen nicht zu einer erhöhten Wärmebelastung am Bildschirmarbeitsplatz führen, die unzuträglich ist. Es ist für eine ausreichende Luftfeuchtigkeit zu sorgen.
19. Die Strahlung muß – mit Ausnahme des sichtbaren Teils des elektromagnetischen Spektrums – so niedrig gehalten werden, daß sie für Sicherheit und Gesundheit der Benutzer des Bildschirmgerätes unerheblich ist.

Zusammenwirken Mensch – Arbeitsmittel
20. Die Grundsätze der Ergonomie sind insbesondere auf die Verarbeitung von Informationen durch den Menschen anzuwenden.
21. Bei der Entwicklung, Auswahl, Erwerb und Änderung von Software sowie bei der Gestaltung der Tätigkeit an Bildschirmgeräten hat der Arbeitgeber den folgenden Grundsätzen insbesondere im Hinblick auf die Benutzerfreundlichkeit Rechnung zu tragen.
21.1 Die Software muß an die auszuführende Aufgabe angepaßt sein.
21.2 Die Systeme müssen den Benutzern Angaben über die jeweiligen Dialogabläufe unmittelbar oder auf Verlangen machen.
21.3 Die Systeme müssen den Benutzern die Beeinflussung der jeweiligen Dialogabläufe ermöglichen sowie eventuelle Fehler bei der Handhabung beschreiben und deren Beseitigung mit begrenztem Arbeitsaufwand erlauben.
21.4 Die Software muß entsprechend den Kenntnissen und Erfahrungen der Benutzer im Hinblick auf die auszuführende Aufgabe angepaßt werden können.
22. Ohne Wissen der Benutzer darf keine Vorrichtung zur qualitativen oder quantitativen Kontrolle verwendet werden.

Hierbei handelt es sich Mindestanforderungen, denen die Hardware, die Software und das Arbeitsumfeld zu entsprechend haben. Dass derartige Anforderungen technischer Art von unterschiedlichsten Geräten und Programmen und Arbeitsmitteln unterschiedlichster Hersteller erfüllt werden, ist bereits Bestandteil des heutigen Wettbewerbs. Zusätzlich ist die Ausstattung eines Tele-Arbeitsplatzes betriebsbedingt und muss deshalb auf die betriebliche Erfordernisse und die Fragen der Kompatibilität mit bereits vorhandenen Geräten und Programmen abgestimmt werden. Mithin ergeben sich keine weiteren zwangsweisen Bindungen für den weiteren Ausbau der EDV durch die Einrichtung von Telearbeitsplätzen. Zu bedenken bleibt insoweit allerdings, dass eine Reihe von Mitbestimmungstatbeständen berührt wird und der Betriebsrat in einer wesentlichen Aufgabenstellung berührt wird. Dementsprechend wird es möglich sein, eine Ausstattungsplanung dem Betriebsrat zur Mitbestimmung zu übermitteln und sein Einverständnis einzuholen. Es bleibt indes für weitere Fälle zu bedenken, dass eine immer wieder auftretende Fallgestaltung ggf. sinnvoller durch eine Vereinbarung geregelt werden könnte, die wiederkehrende Beteiligungsvorgänge obsolet macht. Betriebswirtschaftlich optimiertes Vorgehen würde dies erfordern.

6.3.5 Organisation der Arbeitszeit

174 Betrachtet man die Überlegungen der Vorteile von Telearbeit für den Arbeitnehmer, so wird immer wieder die Möglichkeit flexibler Handhabung der Arbeitszeit hervorgehoben[230]. In der privaten Gestaltung durch den Arbeitnehmer ergeben sich damit einige zusätzliche Probleme, denen entgegen gesteuert werden muss. In Sonderheit wird hervorgehoben, dass aus der Zeitsouveränität heraus die Gefahr entstehen kann, dass Mehrarbeit, Sonn- oder Feiertagsarbeit und Nachtarbeit erbracht werden können, die den Arbeitszeitvorschriften widersprechen oder mit denen sich der Arbeitnehmer selbst konstitutionell gefährdet[231].

Im Rahmen einer Arbeitszeit muss diesen Gefährdungen entgegen gewirkt werden und der Arbeitnehmer in einen zulässigen Zeitrahmen unter Berücksichtigung aller von ihm zu erbringenden Tätigkeiten für den Betrieb eingepasst werden. Dass hierbei betriebliche Gleitzeiten ausgenutzt werden können, ergibt sich ebenso wie die Berechnung der Arbeitszeit nach den allgemeinen Vorschriften für die Berücksichtigung von Rufbereitschaft, Arbeitsbereitschaft oder Abruftätigkeit. Daraus folgt zugleich, dass diese Tätigkeiten in ihrer Gesamtheit dem zulässigen Rahmen des Arbeitszeitgesetzes zu entsprechen haben, soweit nicht tarifvertragliche Regelungen bestehen, die diese nach § 7 ArbZG wegen Rufbereitschaft erweitern, oder eine Ausnahmebewilligung nach § 7 Abs. 5 ArbZG erteilt worden ist. In gleicher Weise ist sicher zu stellen, dass der Arbeitnehmer Pausen gemäß § 4 ArbZG einhält. Dies kann im übrigen auch dadurch unterstützt werden, dass im Zusammenhang mit evtl. mitbestimmten Einschaltzeiten[232] darauf Bedacht genommen wird. Hinsichtlich der Erbringung von Nachtarbeit ist der Zeitrahmen des § 6 ArbZG einzuhalten, von dem allerdings durch einen Tarifvertrag oder eine Betriebsvereinbarung aufgrund eines Tarifvertrages unter den Voraussetzungen des § 7 ArbZG abgewichen werden kann, wobei maßgeblich in all diesen Fällen die Tatsache ist, dass der Gesundheitsschutz des Arbeitnehmers durch entsprechenden Zeitausgleich gewährleistet bleibt[233]. Hierbei bleibt auch die grundsätzliche Ruhezeit zwischen zwei Arbeitstagen von 11 Stunden nach § 5 Abs. 1 ArbZG sicher zu stellen.

---

[230] Vgl. Rdnr. 83, 88
[231] Wank, Telearbeit Rdnr. 413; Wedde, Telearbeit, S. 126
[232] Vgl. o. Rdnr. 149
[233] ErfK/Wank, § 7 ArbZG Rdnr. 12

Bezogen auf Telearbeit bleibt dabei fragwürdig, ob die zur Verfügung stehenden Kontrollmöglichkeiten die Einhaltung dieser arbeitszeitrechtlichen Vorgaben absichern können. Hierbei wird an die Möglichkeit der durch das System vorgenommenen Protokollierung der Leistung gedacht[234], die Kontrolle über Einschaltzeiten ist bereits erwähnt, gedacht wird auch an die zeitliche Beschränkung des Zugangs zu den Betriebssystemen nur während der betriebsüblichen Arbeitszeiten[235] oder die Sperrung der Telekommunikationsverbindung außerhalb dieser Zeiten[236]. Inwieweit diese Kontrollmechanismen wirksam sind, erscheint allerdings fraglich. Ihnen steht entgegen,

- dass der Telearbeitnehmer nicht nur online arbeitet, sondern auch Rüstzeiten und andere Tätigkeiten während der Arbeit vornehmen muss, die dann nicht erfasst würden[237],
- dass der Telearbeitnehmer möglicherweise gerade der Flexibilität wegen die Telearbeit gewählt hat und somit um die Motivation gebracht würde,
- dass der Arbeitgeber gerade wegen der Flexibilität die Telearbeit eingeführt hat, weil er etwa kapazitätsorientierte Arbeitsleistung wünscht (KAPOVAZ) oder mit dem Arbeitnehmer eine ergebnisorientierte Arbeitszeit vereinbarte, also gerade von den Möglichkeiten Gebrauch machen will, die das Arbeitszeitgesetz mit der Flexibilisierung der Arbeitszeit schaffen wollte[238],
- dass damit eine technische Verhaltenskontrolle geschaffen wird, deren Einführung nur mitbestimmt erfolgen kann und von Betriebsräten allgemein mit wenig Zustimmung bedacht wird[239],
- dass solche Maßnahmen einen Eingriff in die Privatsphäre des Arbeitnehmers darstellen, dessen Verhältnismäßigkeit fragwürdig erscheint[240].

Arbeitszeitregelungen und Kontrollmechanismen könnten darüber hinaus durch Manipulation am Terminal und durch falsche Angaben – wie dies immer wieder geschieht – unterlaufen werden. Sinnvoll erscheint deshalb eher, mit dem Arbeitnehmer und/oder dem Betriebsrat eine allgemeine Regelung zu treffen, die im wesentlichen auf eine Kontrolle durch Arbeitszuweisung geschieht. Es sollte betriebsbezogen deshalb vielmehr auf die Zusammenstellung einer Arbeitsmenge, eines Pensums, abgestellt werden, dessen Arbeitswerte sich innerhalb der zulässigen Arbeitszeit bewegen, dabei würde zudem die Möglichkeit eröffnet, einem ergebnisorientierten Vergütungssystem näher zu treten. Bei der Vereinbarung von Telearbeit muss schließlich den Beteiligten auch klar sein oder gemacht werden, dass mit Verstößen gegen Arbeitszeitregelungen Bußgeldtatbestände verwirklicht werden. Dass diese den Arbeitgeber treffen, ist dabei nicht entscheidend, wohl aber gibt es die Berechtigung, den Arbeitnehmer zu einer Selbstaufzeichnung von

---

[234] Otten, C Rdnr. 54
[235] Wedde, Entwicklung der Telearbeit, S. 184; Wank, Telearbeit Rdnr. 416
[236] Collardin, S. 138
[237] Collardin, S. 134
[238] ErfK/Wank, § 1 ArbZG Rdnr. 8
[239] S.o. Rdnr. 150
[240] Dulle, S. 190 m.w.N.

Arbeitszeiten in einem Arbeitszeittagebuch zu verpflichten, das in regelmäßigen Intervallen überprüft wird[241].

175 Für die betriebliche Praxis ergeben sich daraus als Folgerungen, dass einerseits die Kontrollmöglichkeit nicht ausser Acht gelassen werden darf, andererseits bei Einhaltung der Arbeitszeitvorschriften letztlich eine umfassende Arbeitzeitflexibilisierung vorgenommen werden kann. Unter Berücksichtigung des § 6 ArbZG ließe sich dies bis zu der Möglichkeit hin gestalten, den Telearbeitnehmer nachts in das System einzuschalten, um die während des Tages erfassten Daten und/oder erbrachten Leistungen be- und verarbeiten zu lassen. Betrieblich könnten sich damit unterschiedlichste Gestaltungsmöglichkeiten eröffnen, die je nach Notwendigkeit und Wunsch Parallelität der Arbeit oder ein Nacheinander beinhalten und den betrieblichen Ablauf optimieren. Zu bedenken bleibt insoweit, dass es hier eines Ausgleichs zwischen Arbeitnehmerinteressen und Arbeitgeberinteressen bedarf. Regelmäßig wird der Telearbeitnehmer eigene Vorstellungen von Gestaltung der Arbeitszeit haben. Andererseits besteht unverzichtbar die Notwendigkeit der Kommunikation zwischen Betriebsangehörigen und Telearbeitnehmern[242]. Dementsprechend werden nach Betriebserfordernissen bestimmte arbeitstägliche Zeiten vereinbart werden müssen, in denen gegenseitige Absprachen und Kontakte möglich sind. Der Zeitumfang in denen gleichsam eine Kernzeit für den Telearbeitnehmer vereinbart wird, in der er seinen häuslichen Arbeitsplatz innehalten muss, wird dabei von betrieblichen Erfordernissen abhängig sein. Insoweit sollten Arbeitgeber und Tele-Arbeitnehmer oder, falls eine betriebsbedingt generelle Regelung getroffen werden soll, Betriebsrat und Arbeitgeber eine Verteilung der Arbeitszeit auf „Betriebsbedingte" und „selbstbestimmte" vornehmen[243]. Im Zusammenhang mit der Betrachtung des Telearbeitnehmers unter den Erfordernissen des Arbeitnehmerbegriffes[244] ergäbe sich anderenfalls die Gefahr, dass durch Loslösung von der betrieblichen Organisationsstruktur der Arbeitnehmer seine Eigenschaft als Arbeitnehmer verlöre. Dies brächte wiederum eine Vielzahl weiterer Konsequenzen mit sich.

Da es sich bei derartigen Regelungen wiederum um mitbestimmungspflichtige Tatbestände handelt, bietet es sich auch hier an, den Betriebsrat im Rahmen einer Betriebsvereinbarung an der Optimierung zu beteiligen.

6.4 Arbeitsbedingungen

176 Angesichts der geänderten Arbeitsform werden für Telearbeitnehmer einige Arbeitsbedingungen in besonderer Weise problematisiert, weil die organisatorische Einbindung als Arbeitnehmer nicht mit der räumlichen übereinstimmt. Zu bedenken bleibt bei der Schaffung von Telearbeitsplätzen, dass sie nicht den Regeln der

---

[241] Dieser Rückgriff Dulles (S. 191) auf Vereinbarungen der Telekom, IBM und der Dresdner Bank setzt ein ausgeprägtes Vertrauensverhältnis voraus, scheint aber die einzige „praktikable Lösungsmöglichkeit" darzustellen. Vgl.auch: Boehmke, BB 2000, 151
[242] Rensmann/Gröpler, S. 98
[243] Albrecht, NZA 1996, 1243
[244] S.o. Rdnr. 133

betrieblichen innerhalb eines Firmengebäudes folgen. Darüber hinaus stellen sich Telearbeitsplätze und Telearbeiter auch in unterschiedlicher Form dar. Auch wenn hier in erster Linie auf den Arbeitnehmer abgestellt worden ist, der lediglich seinen Arbeitsplatz ausserbetrieblich erhält, können in gleicher Weise – falls sich dies aus betrieblichen Gründen anbieten sollte – selbstständige Unternehmer für einen Betrieb Telearbeit leisten, können freie Mitarbeiter EDV-Arbeit „zuliefern" oder können Heimarbeiter eingesetzt werden. Die Beschäftigung dieser Berufstätigen, die nicht Arbeitnehmer in dem oben[245] definierten Sinne sind, regelt sich entweder ausschließlich nach dem allgemeinen Vertragsrecht für Dienstleistungen oder unterliegt zusätzlich den Vorschriften des Heimarbeitsgesetzes, das insoweit jeweils zu fest gefügten Vertragsverhältnissen führt. In den dementsprechenden Vereinbarungen wird im Normalfall der Anbieter der Leistungen unter Berücksichtigung seiner Kalkulation und unter Einrechnung seiner eigenen Kosten und Verpflichtungen für seine Leistung einen Preis verlangen, der alle sächlichen und personellen Kosten berücksichtigt. Für den Arbeitgeber – hier in der Funktion des Leistungsempfängers – ergibt sich damit eine von vorn herein überschaubare und erfassbare Kostengröße.

Wird dagegen der Arbeitnehmer mit Telearbeit betraut und erledigt seine vertraglichen Aufgaben aus einem Satelliten- oder Nachbarschaftsbüro heraus, stellen sich über die allgemeinen, dem Arbeitgeber bekannten Verpflichtungen, Kosten pp. ebenfalls keine Besonderheiten in der Leistungsabwicklung dar, weil der Arbeitnehmer auf einen quasi-betrieblichen Territorium tätig wird. Dies ändert folglich nichts an seinem Status als Arbeitnehmer und der räumlichen Einbindung in den Betrieb und damit der Geltung aller arbeitsrechtlichen Schutz- und Vertragsvorschriften, einschließlich des kollektiven Arbeitsrechts etwa im Hinblick auf die Geltung des Betriebsverfassungsgesetzes.

Leistet der Arbeitnehmer seine Arbeit aber aus seiner Wohnung heraus, verändern sich seine Leistungen durch die zusätzliche Inanspruchnahme seiner Wohnung und ergeben sich weitere Probleme aus der Tatsache einer nur begrenzten Einwirkungsmöglichkeit auf seine unmittelbare Tätigkeit. Aus diesen Gründen ist einigen besonderen Fragestellungen nachzugehen.

6.4.1 Kosten des Arbeitsplatzes

Auch wenn berücksichtigt wird, dass die Interessen des Telearbeitnehmers durchaus darauf gerichtet sind, in räumlicher und zeitlicher Souveränität zu arbeiten, werden Telearbeitsplätze doch nur dann geschaffen, wenn dies auch aus betrieblichen Gründen sinnvoll und wirtschaftlich erscheint[246]. Deshalb ist auch der Arbeitgeber gehalten, den Tele-Arbeitsplatz einzurichten, zumal dabei Erfordernisse zu erfüllen sind[247], die erheblich über Anforderungen einer häuslichen privaten

---

[245] S.o. Rdnr. 134 ff.
[246] Hierzu kann z.B. auf die Wirtschaftlichkeitsberechnung von Ewert/Teske, Personal 1998, 430 verwiesen werden. In den Unternehmen, die Telearbeit bereits eingeführt haben, werden Systeme zu einer Kosten-Nutzen-Analyse entwickelt.
[247] S.o. Rdnr. 173

Ausstattung und Einrichtung hinaus gehen und auch der Verantwortung des Arbeitgebers unterliegen. Etwas anderes gilt nur und in beschränktem Umfang für einen alternierenden Telearbeiter, der als Reisender Ergebnisse von unterwegs an den Betrieb weitergibt und der deshalb im Normalfall nicht über ein privates Büro verfügen muss, sondern durch die regelmäßige Rückkehr in den Betrieb einen betriebseigenen Arbeitsplatz zur Verfügung hat.

Die Kosten eines Telearbeitsplatzes bei seiner Einführung betragen etwa zwischen 7.300,– DM[248] und 17.000,– DM[249]. Die stark voneinander abweichenden Werte ergeben sich zum einen aus den unterschiedlichen Erhebungszeiträumen, aber auch aus dem unterschiedlichen Umfang der berücksichtigten Investitionen. Im wesentlichen wird festzuhalten bleiben, dass die Ausstattung eines Arbeitsplatzes umfassen muss

– die notwendige Büroeinrichtung
– das notwendige Büromaterial
– Telekommunikationseinrichtungen wir ISDN-Anschluss, Modem, Fax, Terminal, Telefon, ggf. Drucker usw.

In diesem Zusammenhang sind allerdings auch die Unterhaltungskosten zu berücksichtigen wie

– anteilige Miete
– anteilige Beleuchtung
– anteilige Heizung
– Verbindungskosten zum betriebsinternen Rechner
– Wartungskosten der Telekommunikationseinrichtungen.

In der Regel werden diese Kosten dem Arbeitgeber angelastet[250]. Wegen der Kostentragung und um der einfacheren rechtlichen Gestaltung willen empfiehlt es sich dabei, dass der Arbeitgeber diese Gegenstände selbst anschafft und inventarisiert und sie danach dem Arbeitnehmer zur Verfügung stellt. In diesem Falle behält er von vorn herein das Eigentum und die Rechte an den Einrichtungsgegenständen, so dass er eine etwaige private Nutzung oder eine Überlassung an Dritte untersagen kann[251]. Im Hinblick auf zur Verfügung gestellte Gegenstände ist darauf Bedacht zu nehmen, dass in einem späteren Falle Klarheit geschaffen wird. Es sollte also eine Inventarliste aufgestellt und zum Gegenstand der Telearbeitsabrede gemacht werden, damit bei Beendigung der Telearbeit oder des Arbeitsverhältnisses unnötiger Streit vermieden werden kann[252].

---

[248] Klinge, Telearbeit im Mittelstand, S. 8–16
[249] Luithlen, PersR 1997, 395
[250] Vgl. Albrecht, NZA 1996, 1243; Boehmke, BB 2000, 152 m.„w.N.; Schaub, Arbeitsrechtshandbuch, § 85; dslb., BB 1998, 2109 – lediglich die rechtliche Konstruktion unterscheidet sich z.T.
[251] Boehmke, a.a.O.
[252] S.a. Boehmke a.a.O.; Albrecht, NZA 1996, 1243

Arbeitsbedingungen

Sollte demgegenüber der Arbeitnehmer Arbeitsmittel zur Verfügung stellen, so ist an eine Vereinbarung hinsichtlich eines Nutzungsentgelts zu denken; ggf. wäre der Arbeitgeber nach § 670 BGB aufwandsentschädigungspflichtig.

178

Inwieweit sich die hierdurch auftretenden Entschädigungsregelungen pauschalieren lassen, steht zunächst dahin. Insoweit wird es von der Vereinbarung und den gegenseitigen Interessen von Arbeitgeber und Arbeitnehmer abhängig sein, in welcher Höhe und in welcher Form eine Abgeltung stattfindet. Der Höhe nach bleibt regelmäßig festzuhalten, dass der Arbeitnehmer die vollen Kosten der Unterhaltung dieses ausgelagerten Arbeitsplatzes beanspruchen kann.

179

In diesem Zusammenhang kann sich zusätzlich das Problem von Fahrtkosten erheben, je nachdem ob der Telearbeitnehmer regelmäßig oder doch nach Absprache gelegentlich den Betrieb aufzusuchen hat oder ob ausschließlich häusliche Telearbeit vereinbart ist:

- Ist ausschließlich häusliche Telearbeit vereinbart, so stellen sich Fahrten in den Betrieb oder zu Besprechungen, Terminen usw. als zusätzliche Aufwendungen dar, die betriebsbedingt auftreten. Diese Aufwendungen nehmen somit den Charakter einer Dienst- oder Geschäftsfahrt oder -reise an. Für diese besteht ein Fahrtkostenerstattungsanspruch des Arbeitnehmers[253].
- Ist alternierende Telearbeit vereinbart, bei der dem Arbeitnehmer auferlegt regelmäßig oder zu bestimmten Anlässen den Betrieb aufzusuchen, oder erfolgt die Telearbeitsleistung in einem Satelliten oder Nachbarschaftsbüro, so stellen sich Fahrten zum Betrieb oder zum Büro als Fahrten zum vereinbarten Erfüllungsort dar, für dessen Erreichen der Arbeitnehmer Kosten und Verantwortung trägt. Grundsätzlich kann der Arbeitgeber mithin in einem solchen Fall jede Kostenerstattung ablehnen, es bleibt gleichwohl die Möglichkeit, eine Kostenbeteiligung einzelvertraglich oder über eine Betriebsvereinbarung vorzusehen.

Die rechtlichen Grundsätze zeigen, dass auch hinsichtlich der Kosten Verhandlungsspielraum bleibt und interessenbezogen ausgeschöpft werden kann. Je nach Bedürfnis oder Wunsch nach Telearbeit kann mithin durch Einhalten der klaren rechtliche Linie Telearbeit eingegrenzt werden, aber es besteht auch die Möglichkeit, durch entsprechende finanzielle Beteiligung Anreize für Telearbeit zu schaffen.

6.4.2 Haftungsfragen

In allen Fällen der Telearbeit stellen sich die Haftungsfragen, die auch im allgemeinen Arbeitsverhältnis auftreten und nach der vom Bundesarbeitsgericht entwickelten Erleichterungstrias[254] gelöst werden:

180

---
[253] Schaub, BB 1998, 2109
[254] BAG GS, EzA Nr. 59 zu § 611 BGB Arbeitnehmerhaftung; vgl. statt der h.L.: ErfK/Preis, § 611 BGB Rdnr. 1035 ff. m. einer Vielzahl w.N.

- führen vorsätzliche oder grob fahrlässige[255] Handlungen im Rahmen der betrieblichen Tätigkeit zu einem Schaden für den Arbeitgeber, so haftet der Arbeitnehmer in vollem Umfang,
- handelt es sich hingegen um leicht fahrlässige Handlungen des Arbeitnehmers, so ist er von der Haftung befreit,
- bei Handlungen in mittlerer Fahrlässigkeit ist eine quotierte Haftung anzunehmen und Abwägung vorzunehmen, wem von beiden welcher Anteil im Einzelfall zuzurechnen ist. Dabei sind u.a. maßgebliche Abwägungskriterien: Grad des Verschulden des Arbeitnehmers, Schadenshöhe, berufliche Stellung des Arbeitnehmers, Höhe seines Einkommens, Kalkulierbarkeit des Schadensrisikos, Versicherungsschutz, Dauer der Betriebszugehörigkeit, Alter oder bisheriges betriebliches Verhalten des Arbeitnehmers[256]

Hierbei ist die Art der Arbeit ohne Bedeutung, insbesondere der Begriff der gefahrgeneigten Tätigkeit ist für das Anforderungsprofil der Haftungserleichterungen aufgegeben worden.

Für die Telearbeit sind indes differenziertere Betrachtungsweisen erforderlich. Die Verbindung von dienstlicher Tätigkeit und privatem Umfeld eröffnet Zugriffsmöglichkeiten und Schadensfälle, die mit den herkömmlichen Regelungsmechanismen nicht mehr oder nur unzureichend erfasst werden können.

a) Geht man von dem Normalfall aus, dass der Telearbeitnehmer einen Schaden an den ihm zur Verfügung gestellten Geräten verursacht, Dateien beschädigt oder andere EDV-Störungen verursacht, während er für den Arbeitgeber tätig ist, so bleibt es bei der allgemeinen Haftungsdifferenzierung.

b) Ist der Telearbeitnehmer aber nicht im Rahmen seiner Vertragserfüllung tätig, sondern benutzt den ihm zur Verfügung gestellten Rechner privat, so kann ihn die Haftungsbegrenzung nicht schützen[257].

c) Schädigt der Telearbeitnehmer während der Telearbeit einen betriebsfremden Dritten, so folgt seine Haftung aus den allgemeinen Vorschriften des BGB, also ergibt sich keine Haftungsbegrenzung im Außenverhältnis[258]. Der Arbeitnehmer wird also in vollem Umfange in Anspruch genommen werden können, kann aber seinerseits vor Leistung vom Arbeitgeber Freistellung im Rahmen der Haftungsbegrenzungsgrundsätze verlangen[259]. Dies folgt insbesondere auch daraus, dass er als Erfüllungsgehilfe des Arbeitgebers (§ 278 BGB) neben dem Arbeitgeber als Gesamtschuldner haftet.

d) Haben der Telearbeiter und ein sich berechtigt in seiner Wohnung befindlicher Dritter gemeinsam an den Geräten des Arbeitgebers oder an der EDV einen Schaden verursacht, so gilt das zu a) und b) Ausgeführte auch im Verhältnis

---

[255] Allerdings mit der Einschränkung, dass eine Haftungseinschränkung bei grob fahrlässigem Verschulden dann doch berücksichtigt werden muss, wenn das Schadensrisiko in einem deutlichen Missverhältnis zum Einkommen des Arbeitnehmers steht – BAG, EzA Nr. 23 zu § 611 BGB Gefahrgeneigte Arbeit m. Anm. von Rieble.
[256] BAG GS a.a.O.
[257] Schaub, BB 1998, 2109
[258] MünchHB/Blomeyer, § 60 Rdnrn. 1, 3
[259] Dulle, S.112 ff m. einer Vielzahl von N.; MünchHB/Blomeyer, § 60 Rdnr. 16.

des geschädigten Arbeitgebers zu den Ersatzpflichtigen, der Dritte hat also Teil an dem Haftungsprivileg des Telearbeiters, soweit eine betriebliche Tätigkeit statt gefunden hat. Diese Konstellation gilt auch für Familienangehörige[260]. In all diesen Fällen wird dem Arbeitsvertrag über Telearbeit zuglich die Wirkung eines Haftungsausschlusses für Dritte beigemessen[261].

e) Ist ein betriebsfremder Dritter oder ein Familienangehöriger des Arbeitnehmers alleiniger Schadensverursacher wird in den Lösungsversuchen getrennt nach Grundsätzen der Leistungsnähe oder des völligen Unbeteiligt-Seins[262]. Betrieblich betrachtet, ist jede Auseinandersetzung, die in einem solchen rechtlichen Bereich stattfindet, ein das Vertrauensverhältnis zwischen Arbeitgeber und Arbeitnehmer störendes Ereignis. Es ist jedoch als bekannt vorauszusetzen und bedarf der Regelung, bevor ein solcher Fall eintritt. Für die Regelungsmöglichkeiten können sowohl Abreden über die unterschiedlichen Haftungsfälle, ihre Höhe und ihre Aufteilung in Betracht gezogen werden, es können aber auch durch strikte Vereinbarungen über den Zugang zu den vom Arbeitgeber zur Verfügung gestellten Geräten Lösungswege gefunden werden. Dies ist Aufgabe des Einzelvertrages und einer betriebsinternen kollektiven Regelung durch Dienst- oder Betriebsvereinbarung.

6.4.3 Entgeltschutz

Angesichts des Einsatzes komplizierter Maschinen und Geräte ist das Ausfallrisiko nicht zu unterschätzen. Es kann durch Energieausfall ebenso eintreten wie etwa durch den Absturz des Zentralrechners oder den des häuslichen Terminals. In diesem Falle ist der Telearbeitnehmer unverschuldet nicht in der Lage zu arbeiten. In diesen Fällen tritt die Frage danach auf, wem dieser Ausfall und damit das Lohnrisiko aufzubürden ist. Zur Lösung sind hier die allgemeinen Ansätze der Betriebsrisikolehre angezeigt[263]. Der Arbeitgeber haftet also für Energieausfall, Geräteausfall, Nachfragerückgang und andere betriebliche Gründe, aus denen er den Arbeitnehmer nicht (mehr) beschäftigen kann, der Arbeitnehmer hat ggf. für Arbeitsausfall wegen Arbeitskampfes[264], Zerstörung des Gerätes durch Familienmitglieder u.ä. Anlässe, die in seiner privaten Sphäre liegen. Anderes gilt selbstverständlich dann, wenn eine Vertragsform gewählt ist, bei der Abhängigkeit als Arbeitnehmer nicht besteht (Werkvertrag, Dienstleistungsvertrag). In einem solchen Fall regelt sich der Ausfall ausschließlich nach den Regeln des allgemeinen Schuldrechts (§§ 323 ff. BGB)

181

---

[260] So zu Recht Collardin, S. 179 ff.
[261] BGH, NJW 1973, 2059 ff.
[262] Collardin, S. 180 f.
[263] Vgl. im Einzelnen Dulle, S. 120 ff.
[264] Schaub, Arbeitsrechts-Handbuch, § 101, III

7. Inhaltliche Ansätze für innerbetriebliche Regelungen

Zur Umsetzung von Telearbeit unter den vorstehend behandelten Überlegungen bietet es sich an, mit dem Betriebs-/Personalrat oder der Mitarbeitervertretung eine innerbetriebliche Regelung zu treffen, die durch ihren Rechtscharakter als Betriebs- oder Dienstvereinbarung für alle Beschäftigten gilt, die durch die Regelung des Geltungsbereiches von ihr erfasst werden sollen. Der Vorteil liegt in der verbindlichen Geltung der Vereinbarung für alle Beschäftigten, ohne dass es insoweit einer einzelvertraglichen Gestaltung bedarf. Allerdings bleiben eine Reihe von Maßgaben übrig, die sich einer Regelung durch Arbeitgeber/Dienststellenleiter und Betriebs-/Personalrat wegen des unmittelbaren Bezuges auf dem Arbeitnehmer zustehende Rechte außerhalb der arbeitsrechtlichen Zugriffsmöglichkeiten verschließen. Eine innerbetriebliche Vereinbarung bedarf deshalb zugleich einer Ergänzung durch einzelvertragliche Regelungen, wobei dieser „Telearbeitsvertrag" als Muster aber auch Bestandteil der Dienstvereinbarung sein kann bzw. sollte. Mit einer dementsprechenden Vorgehensweise erschließen sich im betrieblichen Miteinander von Arbeitgeber und Arbeitnehmervertretung zugleich auch die gemeinsame Verantwortung für die und die Betreuung der Telearbeitnehmer. Eine derartige Vereinbarung, die die gemeinsame Überzeugung von Arbeitgeber und Arbeitnehmervertretung dokumentiert, sorgt innerbetrieblich für zusätzliche Akzeptanz bei den Beschäftigten und lässt sie darauf vertrauen, dass ihre Belange in diesen Regelungen ausreichend vertreten sind.

182

Inhaltliche Ansätze für innerbetriebliche Regelungen

Beispielhafte Zusammenstellung möglicher Inhalte einer Vereinbarung mit der Vertretung der Mitarbeiter und einer ergänzenden einzelvertraglichen Vereinbarung

Inhalte der Vorschriften der Betriebs-/Dienstvereinbarung	Inhalte der einzelvertraglichen Regelung
7.0 Absichtserklärung	
Präambel oder Vorspruch zur Zielsetzung der Regelung der Betriebs-/Dienstvereinbarung (flexibilisiertes Arbeitnehmerverhalten, Vereinbarkeit von Beruf und Familie, Auflockerung der örtlichen Abhängigkeit, unternehmensspezifische Belange, Vereinbarkeit von Beruf und Familie pp.)	Aussagen zum Grund bzw. zum Motiv der Vereinbarung der Telearbeit im speziellen Fall. Bezugnahme auf die bestehende Betriebs-/Dienstvereinbarung.
7.1 Geltungsbereich der Regelungen innerhalb des Betriebes	
Festlegung des Kreises der an der Telearbeit zur Teilnahme berechtigten Arbeitnehmer durch Bezeichnung der betriebsorganisatorischen Teilbereiche wie etwa Personalabteilung, Rechnungswesen, Lagerverwaltung, Call-Center, Konstruktion, Entwicklung, Akquisition, Bestellannahme u. ä.	Genaue Bezeichnung des Arbeitnehmers, mit dem Telearbeit vereinbart wird. Angabe des Orts der Leistung und der in Telearbeit zu erbringenden Leistungen.
Festlegung der Arten von Telearbeit, die zwischen dem Betrieb/ der Dienststelle und dem Arbeitnehmer vereinbart werden können.	Vereinbarung über die Art der Telearbeit (isolierte, mobile oder alternierende) und die Festlegung von Anwesenheiten im Betrieb/ in der Dienststelle.
Betonung der Tatsache, dass durch die Vereinbarung von Telearbeit durch einzelvertragliche Regelung und eine Betriebs-/Dienstvereinbarung weder geltende gesetzliche noch tarifvertragliche Regelungen außer Kraft gesetzt oder berührt werden.	Sinnvoller Weise auch Aufzählung der für das Arbeitsverhältnis über den Einzelvertrag hinaus geltenden tariflichen Vorschriften und eine allgemeine Bezugnahme auf die Gesetze, die das Arbeitsverhältnis bestimmend beeinflussen.
Festlegung, dass die Vereinbarung von Telearbeit der schriftlichen Niederlegung zwischen Arbeitgeber und Arbeitnehmer bedarf und als Zusatzvereinbarung zum Arbeitsvertrag geschlossen wird.	Vereinbarung, dass alle Konditionen der Telearbeit nur schriftlich erfolgen und nur in schriftlicher Form Gültigkeit haben.
Hinweis darauf, dass die Eröffnung der Telearbeitsmöglichkeit bei dieser Arbeitsform nicht zu einer maschinellen Kontrolle der Leistung und des Verhaltens der Telearbeitnehmer führt.	
7.2 Prinzip der Freiwilligkeit	
Die Teilnahme an der Telearbeit erfolgt nur, wenn der Arbeitnehmer dies wünscht und bei dem Betrieb/der Dienststelle beantragt. Weitere Voraussetzung ist die positive Einschät-	Im Einzelvertrag ist dazu keine weitere Aussage notwendig, da die Bezeichnung der Art der Arbeit dies bereits einschließt.

Inhaltliche Ansätze für innerbetriebliche Regelungen

Inhalte der Vorschriften der Betriebs-/ Dienstvereinbarung

zung der Arbeit durch Arbeitgeber/Dienststelle als telearbeitsfähig, so dass persönliche, organisatorische und wirtschaftliche Komponenten für die Inanspruchnahme der Möglichkeit, Telearbeit zu leisten sprechen.

Erforderlich bleibt in der Dienstvereinbarung allerdings auch der Vorbehalt, die Telearbeit aus wichtigem Grund oder bei organisatorischen Problemen wie auch bei Unwirtschaftlichkeit abbrechen zu können.

Inhalte der einzelvertraglichen Regelung

Hier sollte allerdings über eine Klausel nachgedacht werden, die den Arbeitgeber/ die Dienststelle berechtigt, die Telearbeit aus wichtigem Grund beenden zu können – Ggf. ist hier allerdings an einen Vertrauensschutztatbestand i.S. einer Übergangsregelung für den Mitarbeiter zu denken.

Über die Kündigungsmöglichkeit der Telearbeitsvereinbarung ist an späterer Stelle eine Regelung zu treffen.

7.3 Nichtdiskriminierung

Festlegung eines ständigen Informationsflusses zwischen Mitarbeiter und Betrieb. Möglichkeit einer allgemeinen Inanspruchnahme der betrieblichen Kommunikationsmittel.

Übereinkunft, dass die Arbeitnehmer, die eine Telearbeitsvereinbarung mit dem Betrieb/ der Dienststelle abschließen, in ihrem Status als Arbeitnehmer und in ihrer mitarbeitervertretungsrechtlichen Stellung unverändert bleiben. Es ist ihnen der Zugang zu beruflicher Entwicklung und Förderung in gleicher Weise wie den Arbeitnehmern, die im Betrieb verbleiben zuzusichern, d.h. es sollte eine Absichtserklärung aufgenommen sein, jegliche berufliche oder persönliche Nachteile wegen der Inanspruchnahme von Telearbeit durch einzelne Arbeitnehmer auszuschließen.

Ggf. bietet sich hier eine weitere Vereinbarung darüber an, dass die Telearbeitsvereinbarung mit neuen Beschäftigten ggf. auch in einer anderen Form als einem Arbeitsverhältnis möglich ist. Zu denken ist hierbei vornehmlich an solche Vertragspartner, die in isolierter Telearbeit tätig werden und sich möglicherweise sogar im Ausland befinden und keinen direkten Kontakt zum Betrieb/ zur Dienststelle aufnehmen werden. Für derartige Fälle sollte die Geltung der Betriebs-/Dienstvereinbarung ausgeschlossen sein.

Festlegung, dass der Arbeitnehmer den Zugang zu betrieblichen Kommunikationsmittel behält.

Vereinbarung über die Fortdauer des Arbeitnehmerstatus und die Fortgeltung aller arbeitsrechtlichen Standards, denen auch die im Betrieb/der Dienststelle verbleibenden Arbeitnehmer unterliegen. Ausschluss von diskriminierenden Wirkungen der Telearbeit.

(Im Falle isolierter Telearbeit ohne Betriebskontakte dürfte es sich um keinen Arbeitsvertrag handeln. In solchen Fällen wäre losgelöst von den hier erörterten Aspekten an einen Dienst-, Werk- oder Werklieferungsvertrag zu denken, der mit einem selbstständigen Unternehmen geschlossen wird und deshalb anderen Gesetzlichkeiten folgt.)

Inhalte der Vorschriften der Betriebs-/ Dienstvereinbarung	Inhalte der einzelvertraglichen Regelung
7.4 Rückkehroption	
In einer allgemeinen Bestimmung wird es angebracht sein festzulegen, dass die Arbeitnehmer, die eine Telearbeit vereinbaren und damit aus dem innerbetrieblichen Geschehen örtlich ausscheiden, das Recht erhalten, in den Betrieb zurück zu kehren.	Festlegung der Rückkehroption und ihrer Bedingungen (Mindestdauer der Telearbeit, Frist für die Ausübung der Rückkehroption, zeitlich einzuhaltender Vorlauf für eine Rückkehr, Möglichkeit des Betriebes/der Dienststelle zur Forderung nach Rückkehr und ggf. zum Hinausschieben der Rückkehr)
7.5 Arbeitszeit	
Allgemeine Regelung über die Arbeitszeiten, z.B. durch Festlegung einer Maximalanzahl von Telearbeitstagen, eines Zeitkorridors für Einschaltzeiten des häuslichen Rechners, eines Zeitraumes der elektronischen Erreichbarkeit. Daneben sind an Anwesenheitstage oder -anlässe im Betrieb/in der Dienststelle zu denken.	Konkretisierung der Arbeitszeiten und Anwesenheiten durch Festlegung bestimmter Tage und Zeiten. Alternativ ist daran zu denken, die Festlegung in die Kompetenz des jeweiligen Vorgesetzten zu legen bzw. eine Konkretisierung der Arbeits- und Anwesenheitszeiten in Absprache mit dem Vorgesetzten vornehmen zu lassen (Letzteres lässt Raum für flexiblere und einvernehmliche Regelungen)
Hinweis auf die Arbeitszeitvorschriften und die Verpflichtung zur Einhaltung derselben durch den Betrieb/die Dienststelle und die Überwachung der Einhaltung durch Betrieb/Dienststelle. Angesichts der Fortgeltung der allgemein im Betrieb geltenden Arbeitsbedingungen entfällt die Notwendigkeit, Einzelheiten zu Fragen von Überstunden, Urlaub pp. zu vereinbaren.	Verpflichtung des Arbeitnehmers zur Einhaltung der festgelegten Arbeitszeiten und Einhaltung der näher zu konkretisierenden Arbeitszeitvorschriften (z.B. kann auch daran gedacht werden, hier Maximalarbeitszeiten festzulegen oder Sonntags- oder Nachtarbeit zu verbieten). Zur Sicherung und Kontrollmöglichkeit sollte der Telearbeiter verpflichtet sein, ein Arbeitszeitbuch zu führen und dieses dem Arbeitgeber regelmäßig zur Kontrolle und Abrechnung vorzulegen.
7.6 Arbeitsschutz/Gesundheitsschutz	
Festlegung, dass der Telearbeitsplatz den Vorschriften des Arbeitsschutzes entsprechen muss und dass dafür bestimmte Vorschriften (die hier näher bezeichnet werden könnten) zu erfüllen sind.	Der Arbeitnehmer muss sich verpflichten, die vorgegebenen Arbeitsschutzvorschriften einzuhalten und eigenmächtige Veränderungen am Arbeitsplatz und seiner Einrichtung zu unterlassen.
Daneben ist hier die Verpflichtung des Betriebes/der Dienststelle festzulegen, den Arbeitsplatz auf die Erfüllung der Vorschriften zu prüfen. Wird insoweit an die Endabnahme des Arbeitsplatzes gedacht, so ist der Kreis der betrieblichen Kontrolleure festzulegen und dabei daran zu denken, dass Mitarbeitervertretungen aller Rechtsformen eine besondere Verantwortlichkeit und Mitsprachemög-	Der Arbeitnehmer muss sich verpflichten, den betrieblichen Kontrolleuren Zugang zu seiner Wohnung und dem dort befindlichen Arbeitsplatz zu betriebsüblichen Zeiten zu ermöglichen. Dass hierbei Vorinformation und Terminabsprachen erfolgen müssen, versteht sich von selbst.

Inhalte der Vorschriften der Betriebs-/Dienstvereinbarung

lichkeit in Fragen des Arbeitsschutzes haben. Dementsprechend muss der Kreis der benannten Kontrolleure auch ein Mitglied der Mitarbeitervertretung umfassen.

Hierher gehört auch die Regelung über die Durchführung von Kontrolluntersuchungen etwa im Zusammenhang mit Belastungen des Sehvermögens und deren Kostenübernahme durch den Betrieb/Die Dienststelle.

Schließlich sollte hier auch die Aussage erfolgen, dass die häusliche Telearbeit an die Stelle der betrieblichen Arbeitsleistung tritt und damit als Arbeitszeit i.S. aller arbeits- und sozial- bzw. sozialversicherungsrechtlichen Regelungen anzusehen ist.

Inhalte der einzelvertraglichen Regelung

Verpflichtung des Arbeitnehmers, sich den vorgeschriebenen Kontrolluntersuchungen auf Anforderung durch den Betrieb/die Dienststelle zu unterziehen, ggf. auch die Information über das Ergebnis an den Betrieb/die Dienststelle und die jeweilige Mitarbeitervertretung weiter zu geben (soweit es sich um Untersuchungen durch den Betriebsarzt oder Vertrauensärzte des Betriebes/der Dienststelle handelt könnte sogar die Vereinbarung einer diesbezüglichen Befreiung von der Schweigepflicht in Betracht gezogen werden).

7.7 Arbeitsmittel, Schulung und Kostenübernahme

Die Ausstattung der Telearbeitsplätze mit Geräten, Möbeln und Geschäftsbedarf ist üblicherweise Aufgabe und Verpflichtung des Arbeitgebers. Eine dementsprechende allgemeine Ausstattungs- und Kostenpflicht des Arbeitgebers findet hier in der Vereinbarung ihren Platz.

Soweit anwendungsbezogene EDV-Schulungen der Telearbeiter erfolgen sollen, sind diese allgemein hier aufzunehmen und die entsprechende Kosten- und Arbeitsbefreiungsregelungen hier anzusprechen.

Die Unterhaltung eines Telearbeitsplatzes löst Kostenlasten für den Arbeitnehmer aus. Deren generelle, teilweise oder spezifizierte Übernahme durch den Arbeitgeber ist in diesem Zusammenhang zu regeln. Sollte keine Erstattung erfolgen, bietet es sich an, diese Aussage ebenfalls hier zu treffen.

In der Regelung mit dem Arbeitnehmer hat an dieser Stelle die Vereinbarung über die Ausstattung des Arbeitsplatzes und die Verteilung der Kosten ihren Platz. Hierbei dürfte eine Absprache mit dem Arbeitnehmer über die Ausstattung und ihre Notwendigkeit erforderlich sein. Soweit der Arbeitgeber die Ausstattung zur Verfügung stellt, sollte hier die Inventarisierung und der Verbleib im Eigentum des Arbeitgebers angesprochen werden, wobei es sich anbietet, die zur Verfügung gestellte Ausstattung in einer Anlage zu diesem Vertrag aufzuführen.

Soweit Schulung erforderlich sein oder erforderlich werden sollten, ist hier festzulegen, unter welchen Gesichtspunkten der Arbeitnehmer zur Teilnahme verpflichtet ist und wem welche Kosten dafür zufallen.

Für die Unterhaltungskosten kann zwischen Arbeitgeber und Arbeitnehmer eine Verrechnungsabrede, eine Erstattungsabrede nach genau abgerechneten Kosten oder aber ein pauschalierter Aufwendungsersatz getroffen werden. Im Einzelfall wird sich dies als Verhandlungssache oder Praktikabilitätserfordernis erweisen. Einer besonderen Betrachtung dürften evtl. anfallende Fahrtkosten bedürfen. Die Tatsache, dass bei alternierender Telearbeit der Arbeitnehmer an bestimmten Tagen im Betrieb/der Dienst-

Inhalte der Vorschriften der Betriebs-/ Dienstvereinbarung	Inhalte der einzelvertraglichen Regelung
	stelle anwesend sein muss, unterfällt der allgemeinen Verpflichtung, am Leistungsort die Arbeit anbieten zu müssen.
7.8 Datenschutz	
Zum Schutz der verwendeten Arbeitsmaterialien (Software, Arbeitunterlagen, Passworte usw.) ist eine Verpflichtung des Arbeitnehmers zu vereinbaren, dass diese geschützt vor dem Zugriff Dritter unter Verschluss aufzubewahren sind. Hierbei sind auch Familienangehörige als Dritte anzusehen.	Der Arbeitnehmer muss sich verpflichten, alle Arbeitsunterlagen usw. so aufzubewahren, dass weder seine Familienangehörigen noch andere dritte Personen auf diese Unterlagen zugreifen können. Zu diesem Zweck kann ihm z.B. die Verpflichtung auferlegt werden, persönliche Kennworte für den Zugang einzugeben und diese in regelmäßigen Abständen zu ändern und keinem Dritten kenntlich zu machen.
Im Hinblick auf den Schutz der Daten und der Systeme des Arbeitgebers ist auch darauf bedacht zu nehmen, dass keine Verbindung zu fremder Software hergestellt wird und die dienstlichen/betrieblichen Geräte vor solchen Verbindungen zu schützen sind.	Der Arbeitnehmer kann insoweit z.B. verpflichtet werden, die überlassenen Geräte nur zu betrieblichen/dienstlichen Zwecken zu benutzen, sie nach Abschluss der Arbeiten grundsätzlich auszuschalten und keinem Dritten die Benutzung zu ermöglichen. Ebenso sind technische Veränderungen durch den Arbeitnehmer auszuschließen. Der Arbeitnehmer muss sich darüber hinaus auch verpflichten, dem betrieblichen Datenschutzbeauftragten Zugang zum Arbeitsplatz einzuräumen. Hier allerdings gilt ebenfalls die Forderung nach vorheriger Terminsabsprache.
Ein weiterer Aspekt des Datenschutzes ist der Umgang mit Ausdrucken und anderen –möglicherweise nicht mehr benötigten- schriftlichen Unterlagen. Eine Vernichtung über die häuslichen Entsorgungsmöglichkeiten kann dabei nicht in Betracht gezogen werden, derartige Unterlagen sollten vielmehr über die betriebliche Aktenvernichtung entsorgt werden.	Die Einzelvereinbarung muss aus Gründen der Datensicherheit deshalb auch eine Regelung darüber enthalten, dass Arbeits- und Geschäftsunterlagen, soweit sie vernichtet werden können, nicht über den Hausmüll oder Sammelcontainer entsorgt werden dürfen, sondern der Arbeitnehmer verpflichtet ist, diese Unterlagen in die betriebliche Aktenvernichtung zu geben.
7.9 Zugangssicherung	
Innerhalb einer Wohnung wird der Telearbeitnehmer die Möglichkeit des Betretens seines Arbeitszimmers durch Familienangehörige oder durch Besucher nicht ausschließen können. Es wird deshalb erforderlich sein, bereits in der Betriebs- /Dienstvereinbarung eine Zugangssicherung zu verlangen und den Arbeitnehmer zu verpflichten, Arbeitsunter-	Der Arbeitnehmer muss verpflichtet werden, die Gerätschaften vor unbefugtem Zugriff zu sichern sowie alle Arbeitsunterlagen für Dritte unzugänglich und verschlossen zu verwahren. Um die Gefahr einer Verletzung des Datenschutz zu minimieren, sollte auch an eine Regelung gedacht werden, die den Arbeit

Inhalte der Vorschriften der Betriebs-/Dienstvereinbarung

lagen für andere unzugänglich und verschlossen zu verwahren; ggf. kann auch an die Möglichkeit gedacht werden, die zur Verfügung gestellten Anlagen mit zusätzlichen Zugangssicherungen zu versehen.

7.10 Haftung

Angesichts des geschilderten Haftungsrechts scheint es sinnvoll, von vornherein nur eine Haftung des Arbeitnehmers für Vorsatz und grobe Fahrlässigkeit festzulegen. Diese Beschränkung sollte auch die Familienangehörigen umfassen sowie solche Personen, die mit Zustimmung des Arbeitnehmers oder Arbeitgebers an den Geräten gearbeitet haben und dabei Schäden verursachten.

7.11 Geltungsdauer/Kündigung

Hier sind für die Vereinbarungen Bestimmungen darüber zu treffen, für welchen Zeitraum die Vereinbarung gelten soll. Zu bedenken bleibt, dass im Hinblick auf eine Nachwirkung von Betriebs-/Dienstvereinbarungen diese Frage rechtlich umstritten ist bzw. die entsprechenden mitarbeitervertretungsrechtlichen Vorschriften unterschiedliche Regelungen treffen. Dementsprechend sollte

- entweder eine Nachwirkung ausgeschlossen werden, wenn es sich bei der Telearbeit um eine Pilotphase handelt oder um eine vorübergehend geplante Arbeitsweise
- oder ein Nachwirkung substantiell geregelt werden, wenn Telearbeit in vollem Umfange implementiert werden und beibehalten werden soll.

Einer weiteren Regelung bedarf die Kündigungsmöglichkeit der Vereinbarung. Hierbei kann an die gesetzlichen Vorschriften angeknüpft werden, es können aber auch abweichende Fristen vereinbart werden. Insonderheit sollte an die Möglichkeit gedacht werden, einzelne Regelungen zu kündigen, um sie etwa einer zukünftigen Entwicklung, die z.Zt. nicht übersehen werden kann, anzupassen.

Inhalte der einzelvertraglichen Regelung

nehmer verpflichtet, nicht (mehr) benötigte Unterlagen unverzüglich in den Betrieb/die Dienststelle zurück zu bringen.

Eine vergleichbare Schadensbegrenzungsvereinbarung sollte in die Einzelabrede ebenfalls aufgenommen werden. Um dem Arbeitnehmer aber die Folgen einer vereinbarungs- oder sachwidrigen Benutzung vor Augen zu halten und ihm die möglichen Konsequenzen klar zu machen, scheint es angezeigt, die Haftung für ausserbetriebliche oder ausserdienstliche Benutzung und für dadurch eintretende Schäden deutlich aufzuzeigen.

Die Kündigungsmöglichkeit einer einzelvertraglichen Abrede über Telearbeit stellt sich letztlich als unverzichtbar dar, weil sich betriebliche Notwendigkeiten ebenso verändern können wie persönliche oder technologische. Die Fristen können, da es sich nicht um die Kündigung eines Arbeitsvertrages handelt, mit den Möglichkeiten einer Veränderung der Betriebs-/Dienstvereinbarung harmonisiert werden und ermöglichen so eine zeitgleiche Anpassung.

Literaturverzeichnis

AIB-Gespräch	Virtuelle Betriebe – Auswirkungen auf die Betriebsratsarbeit ?, AIB 1997, 31
Albrecht, R.	Die Einrichtung von Tele- und Außenarbeitsplätzen – Rechtliche und personalpolitische Anforderungen, in: NZA 1996, 1240 ff.
Banerjee A.	A Joint Economic-Lot-Size Model for Purchaser and Vendor, in: Decision Sciences, Vol. 17 (1986), S. 292–311.
Bauer, J.-H./Diller, M./Lorenzen, S.	Das neue Gesetz zur „Scheinselbständigkeit", in: NZA 1999, 169 ff.
Boehmke, B.	Das Telearbeitsverhältnis, in: BB 2000, 147 ff.
Dslb./Ankersen, P.	Telearbeit und Betriebsverfassung, in: BB 2000, 2254 ff.
Dslb./Dslb.	Das Telearbeitsverhältnis – Arbeitsschutz, Datenschutz, Sozialversicherungsrecht, in: BB 2000, 1570 ff.
Börnecke, D.	Handbuch Telearbeit, Publicis-MCD-Verlag, Erlangen. (1998)
Brecht, H.-T.	Heimarbeitsgesetz. Kommentar. München 1977
Bredemeier, J.	Bildschirmarbeitsplatz: Umsetzung der EG-Richtlinie für Bildschirmarbeitsplätze in nationales Recht erfolgt!, in: ZfPR 1997, 60 ff.
British Telecommunications	Teleworking – Glimpse of the future, BT Laboratories, 1995.
Bundesanstalt für Arbeitsschutz und Arbeitsmedizin	Telearbeit – gesund gestaltet, 2. Auflage Berlin 1997
Bundesministerium für Arbeit und Sozialordnung (BMA)	Abschlussbericht über den Ablauf des Modellversuchs „Verbesserung der Vereinbarkeit von Familie und Beruf" (August 1995 bis Juni 1997), Bonn 1997.
Bundesministerium für Arbeit und Sozialordnung (BMA)/Bundesministerium für Wirtschaft und Technologie (BMWi)/Bundesministerium für Bildung und Forschung (BMBF),	Telearbeit. Ein Leitfaden für die Praxis, Januar 1999.
Bundesministerium für Bildung, Wissenschaft, Forschung und Technologie (BMBF)	Elektronischer Leitfaden zur Telearbeit, Bonn 1996

Literaturverzeichnis

Bundesministerium des Innern	Moderner Staat – Moderne Verwaltung, Initiative Telearbeit der Bundesregierung, Berlin Mai 2000
Bundesministerium für Wirtschaft und Technologie (BMWi)/Bundesministerium für Arbeit und Sozialordnung (BMA)	Telearbeit. Chancen für neue Arbeitsformen, mehr Beschäftigung, flexible Arbeitszeiten, Ratgeber für Arbeitnehmer und Unternehmen, Dezember 1998
Bundesministerium für Wirtschaft und Technologie	Innovation und Arbeitsplätze in der Informationsgesellschaft des 21. Jahrhunderts, hrg. zusammen mit dem Bundesministerium für Bildung und Forschung, Berlin/Bonn September 1999
Dslb.	Telearbeit, Bonn 1998
Bundesministerium für Wirtschaft und Technologie (BMWi)/Fachverband Informationstechnik im VDMA und ZVEI/ VDMA/ZVEI,	Electronic Business, Chancen für den Mittelstand, Update 1999.
Bundesregierung	Moderner Staat – Moderne Verwaltung, Zwischenbilanz – Chancen und Veränderungen, Kabinettsbeschluss vom 22. November 2000, hrg. vom Bundesministerium des Innern, Stabsstelle Moderner Staat – Moderne Verwaltung, Berlin 2000
Collardin, M.	Aktuelle Rechtsfragen der Telearbeit. Berlin 1995
Deges	Ergebnisorientiert führen, Personalwirtschaft 1998, S. 58 ff.
Dieterich, T./Hanau, P./ Schaub, G. (Hrg.)	Erfurter Kommentar zum Arbeitsrecht. München 1998 (Beck'sche Kurzkommentare Bd. 51) (zit.: ErfK/Verfasser, §, Rdnr.)
Doppler, K./Lauterburg, Ch.	Change Management, 6. Auflage, Frankfurt/Main, New York 1997
Dorsch, F. (Hrsg.)	Psychologisches Wörterbuch, 11. Auflage, Bern, Stuttgart, Toronto 1987
Dostal, W	Telearbeit in der Informationsgesellschaft, 1. Aufl., Verlag für angewandte Psychologie, Göttingen. 1999
Dulle, K.	Rechtsfragen der Telearbeit, Diss. Hagen 1999, Aachen 1999
Empirica	Interesse an Telearbeit. 1994
Ensthaler/Gesmann-Nuissl	Virtuelle Unternehmen in der Praxis – eine Herausforderung für das Zivil-, Gesellschafts- und Kartellrecht, BB 2000 S. 2265 ff.

Europäischen Kommission in Deutschland, Vertretung der	EU – Informationen Nr. 2/Februar 1995 – Die Informationsgesellschaft, Bonn 1995
Ewert, D./Teske, K.	Wirtschaftlichkeit von Telearbeit – Studie zu Kosten- und Nutzenaspekten einer neuen Arbeitsform, in: PERSONAL 1998, 428 ff.
Fabricius, F./Kraft, A./ Wiese, G./ Kreutz, P.	Gemeinschaftskommentar zum Betriebsverfassungsgesetz – Bd. I §§ 1–73 mit Wahlordnungen, 5. Aufl. Neuwied 1994 Bd. II §§ 74–132 mit Kommentierung des BetrVG 1952 und des Sozialplangesetzes, 5. Aufl. Neuwied 1995
Fachverband Informationstechnik im VDMA und ZVEI	Wege in die Informationsgesellschaft, Heft 65, Frankfurt. 1996
Fenski, M.	Außerbetriebliche Arbeitsverhältnisse: Heim- und Telearbeit. 2. Aufl. Neuwied – Kriftel 1999; (Arbeitsrecht für Personal-Praktiker)
Finanzbehörde Hamburg	Telearbeit jetzt für alle in der Verwaltung, Pressemitteilung vom 27.12.2000
Fischer, G./Rieker, J./ Fisch, S.	Ein trauriges Kapitel. In: Manager Magazin, Heft 24/ 1994
Fischer /Schierbaum	Telearbeit und Datenschutz, CR 1998, S. 321 ff.
Fitting, K./Kaiser, H./ Heither, F./Engels, G.	Betriebsverfassungsgesetz, Handkommentar, 19.Aufl. München 1998
Flechsig, K. H.:	Neues Lernen – Studienprogramm Interkulturelle Didaktik für Wirtschaftsdozenten (Seminarskript), Göttingen 1993
Focus	Job: Endlich frei, Heft 41 vom 11. Oktober 1999, S. 321
Focus	Genervte Nomaden, Heft 10 2000, S. 272.
Förster, G.	Praktische Aspekte der Telearbeit, in: CR 1997, 743 ff.
French, W. L./Bell jr. C. H.	Organisationsentwicklung, 3. Auflage, Stuttgart 1990
Führich	Wirtschaftsprivatrecht, 4. Auflage München 2000.
Glaser/Glaser	Telearbeit in der Praxis, Psychologische Erfahrungen mit Außerbetrieblichen Arbeitsstätten bei der IBM Deutschland GmbH, Neuwied Kriftel Berlin 1995.
Glaser, W. R./Vogt, W.	Auswirkungen neuer Arbeitsmarktkonzepte und insbesondere von Telearbeit auf das Verkehrsverhalten, in: TA Telearbeit GmbH (1999), Telearbeit im Mittelstand, Abschlußbericht.

Godehardt, B.	Telearbeit, Rahmenbedingungen und Potentiale, Westdeutscher Verlag. 1994
Godehardt, B. et al.	Management Handbuch Telearbeit, Heidelberg. 1998
Gola	Neuer Tele-Datenschutz für Arbeitnehmer?, Die Anwendung von TKG und TDDSG im Arbeitsverhältnis, Multimedia und Recht (zit. MMR) 1999, S. 322 ff.
Haag, Haag & Partner	Schein oder Sein ?, in: Börsenblatt des Deutschen Buchhandels 1999, Heft Nr. 38, S. 18 ff.
Dslb.	Fristen beachten, in: Börsenblatt des Deutschen Buchhandels 1999, Heft Nr. 45, S. 13 ff.
Hammer M./J. Champy	Reengineering the Corporation, New York.,1993
HAZ	3. März, 2000, Verlagsbeilage, S. 3.: Zum Arbeiten in die Lounge des Business-Clubs
Herkner, W.	Lehrbuch Sozialpsychologie, 5. Auflage, Bern, Stuttgart, Toronto 1991
Herschel, W.	Zur Dogmatik des Arbeitsschutzrechts, in: RdA 1978, 69 ff.
Höhler, G	Unternehmenskultur als Erfolgsfaktor. In: Königswieser, R./Lutz, Ch. (Hrsg.). Das systemisch evolutionäre Management, Wien 1992
Hromadka, W.	Arbeitnehmerbegriff und Arbeitsrecht, in: NZA 1997, 569 ff.
Institut der Deutschen Wirtschaft	Telearbeit: Mut zur Veränderung, in: Informationsdienst des Instituts der Deutschen Wirtschaft (zit. IWD) Nr. 48 vom 2. Dezember 1999, S. 6.
Johanning, D.	Telearbeit: Einführung und Leitfaden für Unternehmen und Mitarbeiter, München/Wien. 1997
Junker, A.	Internationales Arbeitsrecht im Konzern, 1992
Kappus, M.	Die Computerheimarbeit, in: NJW 1984, 2384 ff.
Dslb.	Rechtsfragen der Telearbeit. Heidelberg 1986
Kilian, W./ Borsum, W./ Hoffmeister, U.	Telearbeit und Arbeitsrecht. Forschungsbericht 139 im Auftrag des Bundesministers für Arbeit, hrg. vom Bundesminister für Arbeit und Sozialordnung. Bonn 1987
Kilz, G./Reh, D. A.	Einführung in die Telearbeit. Ökonomische, rechtliche und soziale Aspekte. Berlin 1997
Dslb.	Der Begriff des Arbeitnehmers und die informationelle Abhängigkeit, in: AuR 1991, 203 ff.
Kirchmair, G	Telearbeit: Realität und Zukunft – Telearbeit und Qualifikationen in der postmodernen Wissensgesellschaft, OeGB-Verlag, Wien. 1996

Kittner, M./Pieper, R.	Arbeitsschutzrecht. Kommentar für die Praxis zum Arbeitsschutzgesetz, Arbeitssicherheitsgesetz und zu den anderen Arbeitsschutzvorschriften, Frankfurt/Main 1999
Klinge, C.	Abschließende Ergebnisse der Begleitforschung, in: BMWi, Telearbeit im Mittelstand. Konferenzdokumentation v. 18.02.1999, S. 8-1 ff.
Kollmer, N. (Hrg.)	Praxiskommentar Arbeitsschutzgesetz (Loseblatt), München Stand: 2000 *(zit.: Kollmer/Bearb., ArbSchG, Rdnr.)*
Dslb.	Inhalt und Anwendungsbereich der vier neuen Verordnungen zum Arbeitsschutzgesetz, in: NZA 1997, 138 ff.
Kordey N./K. Gareis (Hrsg.)	Managementhandbuch Telearbeit. 2. Ergänzungslieferung, Heidelberg; 1998.
Kordey N./W. Korte	Telearbeit erfolgreich realisieren, Verlag Vieweg, Wiesbaden. 1996
Kraft/Kreutz	Gesellschaftsrecht, 11. Auflage Neuwied Kriftel 2000.
Kreis-Engelhardt	Telearbeit – arbeiten von zu Hause aus, Planegg 1999
Küttner, W. (Hrg.)	Personalbuch 2000. Arbeitsrecht – Lohnsteuerrecht – Sozialversicherungsrecht. 7. Aufl., München 2000 *(zit.: Küttner/Verfasser, Nr., Stichwort)*
Lammich	Kommentar zum Telekommunikationsgesetz, Loseblatt, Stand Juli 2000.
Leinemann, W.(Hrg.)	Kasseler Handbuch zum Arbeitsrecht. Bd. I und II. 2. Aufl. Neuwied 2000 *(zit.: HzA/Verfasser, Gr., Rdnr.)*
Liebs/Schuchardt	Telearbeit – ein Leitfaden für Unternehmen, (herausgegeben vom Ministerium für Frauen, Jugend, Familie und Gesundheit des Landes Nordrhein-Westfalen), Düsseldorf 1998.
Linnenkohl, K.	Tele-Computing. Ein Modell für selbstbestimmte und flexible Arbeitszeit, in: BB 1996, 51 ff.
Little, A D (Hrsg.)	Management in vernetzten Unternehmen, Gabler Verlag, Wiesbaden, (1996).
Löchler, S.	Netzwerk von Freelancern, in: Personalwirtschaft 1997, Heft 8, 21 ff.
Lohre, W./Mayer, U./Stevens-Bartol, E. (Hrg.)	Arbeitsförderung/Sozialgesetzbuch III. 2. Aufl. Frankfurt 1999 (Frankfurter Kommentare)
Lucas, M.	Telearbeit – Strategien für die Zukunft ihres Unternehmens, Econ. 1997

Luithlen, C.	Erfahrungsbericht über den Modellversuch „Telearbeit" im Bundesministerium für Arbeit und Sozialordnung (BMA), in: PersR 1997, 393 ff.
Maciejewski, P. G.	Telearbeit – ein neues Berufsfeld der Zukunft. Heidelberg 1987
Mangold, K.	Die Welt der Dienstleistung: Perspektiven für Arbeit und Gesellschaft im 21. Jahrhundert, FAZ u.a., Frankfurt a.M. 1999
Matthies, P.	Telearbeit – Das Unternehmen der Zukunft – Umwälzung in der Arbeitswelt, Markt & Technik, Haar bei München. 1997
Maus, W./Schmidt, K.	Heimarbeitsgesetz. Kommentar. 3. Aufl. München 1976
Meyer-Timpe, U.	Einsamkeit und Recht und Freiheit, Die Zeit Nr. 43/1998, S. 38
Müllner, W.	Arbeitsrechtliche Aspekte der Telearbeit, in: CuR 1985, 33 ff.
Müssig	Wirtschaftsprivatrecht, 3. Auflage Heidelberg 2000.
Dslb.	Privatisierung des Arbeitsplatzes, Stuttgart/München/Hannover 1985
Niggl M./J. Pavlovic	Projektbericht zum Projekt TWIST bei der BMW AG, München. 1998
Noack	Moderne Kommunikationsformen vor den Toren des Unternehmensrechts, ZGR 1998, S. 592 ff.
Online Forum Telearbeit	Basisinformation Telearbeit, Frankfurt 1997.
Oppermann, T.	Europarecht. 2. Aufl. München 1999
Osterloh M./Frost J	Prozeßmanagement als Kernkompetenz: Wie Sie Business Reengineering strategisch nutzen können, Gabler Verlag, Wiesbaden. 1998
Ostrowski, H.	Virtualisierung von Kundenkontakt und Service, in: Picot, A. (Hrsg.), Telekooperation und virtuelle Unternehmen, Heidelberg, 1997.
Otten, A. W.	Heim- und Telearbeit. München 1996
o.V.	Grundsätze der BMW Führungskultur, München 1985
o.V.	Infosystem Telearbeit, http://hamburg.de/Wirtschaft/telearbeit/infosys/wibhh/html/einf_schr.html
Palandt	Bürgerliches Gesetzbuch. Beck'sche Kurzkommentare Bd. 7.59. Aufl. München 2000 (zit.: Palandt/Bearbeiter, §, Rdnr.)

Paschedag, H. — Die Wohnortwahl privater Haushalte: eine theoretische Analyse, Kovac, Hamburg. 1998

Pfarr, H.M./Drüke, H. — Rechtsprobleme der Telearbeit: Arbeitsrechtliche Aspekte der Dezentralisierung von Angestelltentätigkeit mit Hilfe neuer Informations- und Kommunikations-technologien. 1. Aufl. Baden-Baden 1989

Peter, J. — Kernfragen der Telearbeit, in: DB 1998, 573 ff.

Pöltz R — Das Testfeld „Hausverbundene Arbeit" bei der Allianz Lebensversicherungs AG, in: empirica (Hrsg. 1997), Telearbeit Deutschland '96 – Neue Formen und Wege zu Arbeit und Beschäftigung, Heidelberg 1997, S. 84–91.

Popp, G.J. — Status quo und Perspektive des arbeitsvertraglichen Direktionsrechts, in: BB 1997, 1790 ff.

Presse- und Informationsamt der Bundesregierung — Chancen durch Multimedia. Was bringt die neue Technik?, Bonn.

Prognos AG — Informationsgesellschaft in Deutschland. Daten und Fakten im internationalen Vergleich, Zwischenbericht zum Benchmarking Projekt im Auftrag des Bundesministeriums für Wirtschaft und Technologie, August 1999.

Rautenberg, T./ Obenauer, P. — Teleheimarbeit – eine neue Entwicklung in der Organisation von Arbeit, in: PersR 1996, 59 ff.

Reichwald, R. et al. — Telekooperation: Verteilte Arbeits- und Organisationsformen, Springer, Berlin usw. 1998

Reichwald R./K. Möslein — Telearbeit und Telekooperation, in: Bullinger H. J. und Warnecke H. J. (Hrsg. 1996), Neue Organisationsformen in Unternehmen. Ein Handbuch für das moderne Management, Berlin u.a. 1996, S. 691–708.

Reichwald R. — Telearbeit und Telekooperation – Arbeitsformen der Informationsgesellschaft?, in: bmbf (1997), Elektronischer Leitfaden zur Telearbeit S. 5–14.

Renner, G. — Ausländerrecht. 7. Aufl. München 1999

Rensmann, J.H./ Gröpler, K. — Telearbeit – Ein praktischer Wegweiser. Berlin – Heidelberg – New York 1998

Richardi, R. — Betriebsverfassungsgesetz mit Wahlordnung, 7. Aufl. München 1998

Richardi, R./Wlotzke, O. (Hrg.)	Münchener Handbuch zum Arbeitsrecht. Bd. I – Individualarbeitsrecht I, 2. Aufl. München 2000 Bd. II – Individualarbeitsrecht II, 2. Aufl. München 2000 Bd. III – Kollektives Arbeitsrecht, 2. Aufl. München 2000 (zit.: MünchHb/Verfasser, §, Rdnr.)
Richenhagen G./ J. Wagner	Telearbeit als Arbeitsform der Zukunft, in: Personalwirtschaft 10/2000, S. 97–104.
Rieckmann, H	Was ist „Organisationsentwicklung" und was kann sie leisten? In: FB/IE, Heft 32/1983
Rumpenhorst, E.	Personalunion zwischen Arbeitnehmer und Selbständigem im gleichen Unternehmen ?, in: NZA 1993, 1067 ff.
Sbrzesny	DAK-Informationen, Praxis + Recht Magazin, Heft 2 (Juni) 2000.
Schanz, G.	Verhalten in Wirtschaftsorganisationen, München 1978
Schaub, G.	Flexibilisierung des Personaleinsatzes, in: BB 1998, 2106 ff.
Dslb.	Arbeitsrechts – Handbuch, 8. Aufl München 1996
Schlachter, M.	Grenzüberschreitende Arbeitsverhältnisse, in: NZA 2000, S. 57 ff.
Schulz, A./ Schmid, A./ Krömmelbein, S.	Telearbeit – durch eine neue Arbeitsform zu mehr Beschäftigung ? Eine Literatursynopse ausgewählter Studien, in : WSI-Mitteilungen 1999, 711 ff.
Schulz, B./Staiger, U.	Flexible Zeit – Flexibler Ort, Beltz, Weinheim u.a. 1993
Schuppert, G.F.	Zutrittrechte zu Telearbeitsplätzen. Ein Beitrag zu den rechtlichen Rahmenbedingungen der Telearbeit. Rechtsgutachten erstattet im Auftrag der Hans-Böckler-Stiftung Berlin1996
Seimert, W.	Telearbeit. Was Chefs und Mitarbeiter wissen müssen, Gabler, Wiesbaden. 1997
Simon, J./Kuhne, H.	Arbeitsrechtliche Aspekte der Telearbeit, in: BB 1987, 201 ff.
Soergel	BGB, Bd. 10 Einführungsgesetz, 12. Aufl. Stuttgart 1996 (zit.: Soergel/Verfasser, §, Rdnr.)
Stahlhacke, E. (Hrg.)	EzA – Entscheidungssammlung zum Arbeitsrecht. 5. Aufl. Neuwied. Loseblatt Stand Juli 2000
Stegmann, W./Panse, W.	Kostenfaktor Angst, Landsberg 1996

Telework, Magazin für Telearbeit und Telelearning	Förderung für den Mittelstand, Heft 2 1997, S. 14.
Toporowski W.	Unternehmensübergreifende Optimierung der Bestellpolitik – Das JELS-Modell mit einem Intermediär, in: Schmalenbachs Zeitschrift für betriebswirtschaftliche Forschung, 51. Jg. (1999), S. 963–89
Vogelgesang, K.	Die objektiv-finale Betrachtungsweise. Die Rechtsprechung zur Beteiligung des Personalrats bei der Einführung und Anwendung der EDV in den Behörden, in: PersV 1994, 97 ff.
Voss	Telearbeit, München/Wien 1998.
Walther, H./Finder, R.	Telearbeit. Situation und Erwartung österreichischer Unternehmen, Bundesministerium für Arbeit, Gesundheit und Soziales, Wien. 1997
Wank, R.	Telearbeit, Heidelberg 1997
Dslb.	Kommentar zum technischen Arbeitsschutz, München 1999
Dslb.	Telearbeit, in: NZA 1999, 225 ff.
Dslb.	Arbeitnehmer und Selbständige. München 1988
Dslb.	Telearbeit und Arbeitsrecht, in: AuA 1998, 192 ff.
Dslb./Börgmann, U.	Deutsches und europäisches Arbeitsschutzrecht. München 1992
Weber, R.G.	Neue Gefährdungspotentiale bei der Telearbeit, JurPC Web-Doc. 65/1999, Abs. 1–6, in: http://www.jura-uni-sb.de/jurpc/aufsatz/19990065.htm
Wedde, P.	Aktuelle Rechtsfragen der Telearbeit, in: NJW 1999, 527 ff.
Dslb.	Telearbeit, 2. Aufl. Köln 1994
Dslb.	Telearbeit und Arbeitsrecht – Schutz der Beschäftigten und Handlungsmöglichkeiten des Betriebsrates. Köln 1986
Weißbach/Lampe/Späker	Telearbeit: veränderte ökonomische Rahmenbedingungen, alte und neue Bedürfnisse von ArbeitnehmerInnen, Marburg 1997
Winkler, G.	Telearbeit-Chancen für Frauen, www.ies.uni-hannover.de. 2000
Welsch, J.	Telearbeit – dort arbeiten, wo man leben möchte?, in: PersR 1991, 459 ff.
Weyerer, G.	Telearbeit – feine Arbeit ?, Die Zeit Nr. 28/1997, S. 57 f.

Winkler, G./Maus, B.	Telearbeit – Heimvorteil der Frauen, www.fh-furtwangen.de 2000
Wlotzke, O.	Das neue Arbeitsschutzgesetz – zeitgemäßes Grundlagengesetz für den betrieblichen Arbeitsschutz, in: NZA 1996, 1017 ff.
Wöhe, G.	Einführung in die allgemeine Betriebswirtschaft, 17. Überarb. Auflage; Vahlen Verlag, München, 1990.
www.dgb.de	Zukunft der Arbeit. 2000
www.dgb.de:	Material an den DGB – Bundesfrauenausschuß, Antrag 44 – neue Wege in der Kinderbetreuung
www.netzwerk.de,	Ziele des Projektes „Netzwerk Telearbeit Frauen". (2000)
www.televisa.de	Für Frauen (2000)
Vahs D.	Organisation – Einführung in die Organisatiostheorie und Praxis, Schäffer-Poeschel Verlag, Stuttgart, 1999
Voß, W.	Telearbeit. München-Wien 1998
ZVEI-VDMA-Plattform	Projektgruppenbericht Telearbeit, www.BMWI.de. 1995

Stichwortverzeichnis
(Die Ziffern bezeichnen die Randnummern)

Abgrenzung von Beruf und Privatleben 43
Ablenkung 37
Agglomerations- und Infrastrukturvorteile 12
Akzeptanz 24
Allgemeine Arbeitsbedingungen 176
Alternierende Telearbeit 44, 75
Angst 101, 103, 109, 110, 111, 113, 115, 116
Anpassungskosten 7
Antipathie 105
Anzeigepflicht 118
Arbeitnehmer 91
Arbeitnehmeranforderungen 31
Arbeitnehmereigenschaft 132
Arbeitnehmervertretungen
  s. Betriebsrat, Personalrat, Mitarbeitervertretung
Arbeitsbereitschaft 45
Arbeitsort 7
Arbeitsort 63
Arbeitsplatzgestaltung 144, 146, 161, 173
Arbeitsplatzkontrolle 168
Arbeitsplatzkosten 177 ff.
Arbeitsplatzüberwachung 170 ff.
Arbeitsschutz 159 ff., 163, 45
Arbeitsvertrag-Tarifvertrag 142
Arbeitszeit 174, 37
Arbeitszeitkontrolle 121
Arbeitszeitregelungen 149
Arbeitszimmer 32
Aufenthaltserlaubnis 79, 80
Aufgaben für Telearbeit 50
Aufsicht 36
Auftragsannahme 56
Auftragsphase 97

Ausland-Datensicherheit 77
– Rechtsfragen 137, 77 ff.
– -Rechtswahl 138 f.
Ausschreibung 154
Ausstattung, technische 58
Auswertungsphase 97

Behinderte 90
Beratungsrecht 144
Berufsanfänger 31
Berufsgenossenschaften 167
Berufskrankheiten 151
Bestellannahme 56
Beteiligung der Betroffenen 96, 116
Betriebliche Ressourcen 28
Betriebsärzte 166
Betriebsrat 144
Betriebsrisikolehre 181
Betriebsteile 143
Betriebsvereinbarung 158, 164, 182, 93
Betriebsverlegungen 85
Bildschirmarbeitsrichtlinie 161, 173
Bildschirmarbeitsverordnung 163, 173
Biorhytmus 88
Büroarbeit 29
Büroräume 85
Business Reengineering 4

Chancen 83

Datenaustausch 124
Datenschutz 121 ff.
Datensicherheit 125 f
Datentausch 39
Dezentralisierung 23
Diagnosephase 98
Dienstleistungszentren 12

179

Dienstreisen 85
Dienstvereinbarung 158, 182
Dienstvertrag 127
Dokumentationspflicht 162
Doppelbelastung 16

Effektivität 29
Effizienseffekte 7
Einarbeitungskosten 85
Eingliederung in den Betrieb 133
Einkommensverbesserung 88
Einstellung 101, 102, 109
Eisbergmanagement 93, 100, 101, 112, 113, 117
Energienutzung 14
Entgeltschutz 181
Ergebnisorientierung 26
Erhaltung 7
Essenszuschüsse 84

Fachkenntnisse 33
Fachliche Gebundenheit 133
Fachpromotor 96, 97, 108
Fahrtkosten 84
Familiäre Konfliktfelder 19
Familie 32
Feed-back 44
Fehlzeiten 85
Flexibilisierung 133
Flexibilität 83
Form 140
Form der Rechtswahl 140
Freiwilligkeit 31
Führungskultur 100, 106

Geldverkehr, innerbetrieblicher 51
Gelenkte Partizipation 96, 107, 116
Geschäftsreisen 84
Gesundheitsschutz 160, 45
Gewerkschaften 92
Globalisierung 8

Haftung 128 f., 180
Häusliches Umfeld 32
Heimarbeit 68

Heimarbeit – betriebswirtschaftlich 134
Heimarbeiter 134
Heimarbeitsplätzen 14
Hobbies 87

Imagegewinn 83
Imageverlust 36
Incentive 47
Individualisierung 87
Informationsmanagement 98
Informationsrecht 144
Informationstransparenz 15
Infrastruktur 117
Interessenausgleich 157
Interessenvertretungen 92
Isolation 43, 47

Karrieremöglichkeiten 47
Kernprozeß 4
Kindererziehung 83, 88
Kollektivrechtliche Fragen 141 ff.
Kommunikation 48
Kommunikationsbereitschaft 41
Kommunikationsmittel 34, 48
Kontaktfreude 41
Kontaktpflege 54
Kontrolle 168, 174, 35
Kontrollgeräte 150
Konzepte Telearbeit 62
Kooperation 49, 86
Koordinierungsbedarf 27
Kosten 134
Kosten der Technik 58
Kosten für häusliches Büro 85
Kosteneinsparungen 84, 85
Kostensteigerungen 44
Krankenstand 15
Krankheitsbedingte Fehlzeiten 85
Kreativität 87
Kulturstandard 99
Kundennähe 86
Kundenorientierung 86
Kundenservice 54
Kundenwünsche 86

Stichwortverzeichnis

Lerntypen 7
Lizenzpflicht 118
Lohnbestandteile 152
Loyalität 30, 83

Machtpromotor 95, 107, 109
Marktzutrittsbarrieren 16
Medienkompetenz 34
Mitarbeiterfluktuation 84
Mitarbeitervertretung 143
Mitbestimmung 144 ff.
Mitwirkung 92
Mobile Telearbeit 65
Moderne Organisationsentwicklung 94, 95, 96, 106, 116
Motivation 46, 47, 83, 100, 103, 113
Multiplikatoreffekte 7

Nachbarschaftsbüro 73
Nebenerwerb 88
Neue Informationstechnologien 7
Niveaueffekte 7
Nutzen der Telearbeit 59

Öffentlichkeitsarbeit 55
Organisation 21
Organisationsentwicklung 94
Organisationsform 23

Personalangelegenheiten 152 ff.
Personalrat 143
Personalwirtschaftliche Flexibilität 87
Pilotbereich 111
Planungsphase 97
Positive externe Effekte 11
Produktionsausfälle 15
Produktivität 29, 42, 83
Produktivitätssteigerungen 7, 83
Produktivitätsvorteile 46

Qualifikation 7
Qualifikationsanforderungsniveau 7

Rationalisierungseffekt 7
Rechtswahl 138
Reisekosten 84

Reiseverkehrsaufkommen 15
Rekrutierungskosten 84
Risiken 39
Rollierende Gestaltung 97, 111
Rückkoppelung 43

Satellitenbüro 72
Scheinselbständigkeit 92, 135
Schreibdienste 26
Schulungen 34
Schwangerschaft 84
Selbständigkeit 126
Selbstausbeutung 37
Selbstdisziplin 37
Selbstständige 135
Sensible Daten 39
Servicesteigerung 86
Shared-desk 84
Sicherheit 160
Sicherheitsbeauftragte 165, 166
Situationsbezogenheit 27
Soziale Fragen 147 ff.
Soziale Rahmenbedingungen 42
Spezialisierungsmuster 8
Spitzenbelastungen 87
Sprechzeiten 35
Statusfragen 131
Störungen 34
Stress 45
Strukturwandel 7
Substitutonshypothese 13
Sympathie 104

Technik 24, 25, 58
Teilzeit 88
Telarbeit-Internent 77
Telearbeit Definition 5
Telearbeit 6
– alternierende 75, 78, 80
– mobile 65
– als Kalkulationsgröße 135, 136
– Arbeitnehmer 78, 133
– Ausland 77, 78
– Einführung 144 ff., 154
Telearbeiter
– als Heimarbeiter 134

181

Stichwortverzeichnis

– als Selbstständige 135
– Eingliederung in den Betrieb 133
– Haftung 180
– im Ausland 137 ff.
Telearbeiterin 18
– Rechtsstellung 130
– Sicherung 133
– isolierte 78, 79, 80
– Selbstständige 77
Telearbeitsformen, Auswahl von 81
Telearbeitsplatztauglichkeit 26
Telearbeitspotnezials 7
Telearbeitszentren 11, 71
Telearbeit-Tarifrecht 142
Telearbeit-Vertrag 132
Telehaus 74
Teleheimarbeit 68
Telekommunikationsgesetz 118
Telekommunikationsinfrastruktur 117
Telekommunikationskosten 117, 24
Textverarbeitung 53

Überlastung 37
Umsetzungsphase 97
Umwegrentabilität 11
Umwelteffekte 13
Unfallverhütung 151
Unternehmenskultur 100, 105
Unterrichtungsrecht 144
Urlaub 134

Veränderungsmanagement 98, 99
Veränderungsprozess 94, 95, 96, 97, 98, 99, 100, 101, 103, 104, 106, 107, 117

Verantwortungsbewusstsein 35
Vereinbarkeit von Familie und Beruf 88
Vereinsamung 43
Vergleichsmöglichkeiten 43
Verhaltensregelungen 148
Verkehrsverhaltenseffekte 13
Verschwiegenheit 38
Vertrag-Rechtswahl 138 f.
Vertragsformulierung 133, 182
Vertrauen 30, 35, 38, 40
Verwaltung, innerbetriebliche 52
Virtuelle Netzwerke 129
Virtuelle Unternehmen 126 ff.
Vorteile 82
Vorurteil 101, 108, 110, 112, 114, 116

Wachstumseffekte 7
Weisungsrecht 132
Werkvertrag 126
Wertewandel 20
Wettbewerbsfähigkeit 85
Wirkung 61
Wirtschaftliche Mitbestimmung 157
Wohnortwahl 10
Workflow 52
Workshop 108, 109, 114

Zeitliche Gebundenheit 132
Zeitliche Souveränität 46
Zeitsouveränität 87, 132
Zugang zur Wohnung 38
Zugangsrechte 169 ff.
Zuverlässigkeit 40